Building Regulations

初学者の建築講座

建築法規 （第五版）

河村　春美　著
鈴木　洋子

市ケ谷出版社

「初学者の建築講座　建築法規（第五版）」執筆にあたって

　「初学者の建築講座」シリーズの1冊として『建築法規』が発行されてから早いもので19年が経過した。初版発行以来，本書はいろいろな所で教科書などとして利用していただき，ご意見もいただいた。

　今回の改訂にあたっては，それらの意見を参考にして，より実践的な観点から本書全体の構成や内容について検討し，従来の解説中心の内容から，法文の読み方を中心とした内容へと，大きな改訂作業を行った。

　今回の改訂のポイントは
・建築士受験対策（1級，2級）として使えるように，建築基準法・建築士法の中で，試験に出るところは
　　⇨ すべて網羅し，試験で出題される項目ごとにまとめた。
・本書の中に条文を掲載し，条文中に赤線（肯定文），波線（否定文），四角囲いを入れることで，ポイントがわかりやすく，難解な条文を読みやすくした。
　　⇨ そのまま法令集に転記すれば，即，試験や実務に活用できる。
・アンダーラインと解説，イラストで，よりイメージが付きやすく，
　　⇨ 初めて法規を勉強する学生にも自学しやすくなっている。
・法律の条文などの内容を確認できるように，
　　⇨ 随所に「確認問題」を掲載した。
・各単元が授業1回分にまとまっており，各単元の最後に2級建築士試験の過去問題を掲載し，
　　⇨ 学習の効果をその都度確認できるようにした。
・採光計算・建ぺい率・容積率・高さ規制など，2級建築士試験で難易度の高い計算問題として出題されるものは，
　　⇨ 例題を記載し，解き方を解説した。
・図版は，なじみのあるイラストを豊富に取り入れた。

　今回の改訂により，本書が建築法規に取り組む初学者の皆様にとって，いままで以上に建築基準関係法令集に取り組みやすくなる良きガイド役となることを祈っている。
　令和5年12月　　　　　　　　　　　　　　　　　　　　　　　　　著者一同

（第五版発行にあたって）
　令和4年建築基準法公布日より，2年内施行（令和6年4月1日施行予定），3年内施行（令和7年4月施行予定）の法の部分までについて改訂した。（3年内施行の政令に関しては，現時点で未公布のため，改正しておりません。）建築士受験のために活用する場合は，受験年度の1月1日現在の法に基づいて出題されるので，まちがいのないように確認ください。
　令和6年1月　　　　　　　　　　　　　　　　　　　　　著者代表　河村春美

「初学者の建築講座」改版にあたって

　日本の建築は，かつての木造を主体とした歴史を経て，明治時代以降，西欧の組積造・鉄骨造の技術導入にも積極的であった。結果として，地震・火災・風水害などが多発する災害国における建築的な弱点を克服する鉄筋（鉄骨）コンクリート構造や超高層建築の柔構造開発に成功を納めた。

　その建築レベルは，企画・計画・設計・積算・法令・施工・維持・管理・更新・解体・再生の各段階において，今や世界最高の水準にある。この発展を支えた重要な要素のひとつが国家資格である建築士試験である。

　「初学者の建築講座」シリーズは，大野隆司前編修委員長の刊行のことばにもある通り，もともと二級建築士の受験テキスト作成を契機として発足し，内容的には受験用として漏れがなく，かつ建築学の基礎的な教材となるものとして完成した。

　その後，シリーズは好評に版を重ねたため，さらに一層，教科書的色彩を濃くした刊行物として，建築士試験合格可能な内容を網羅しつつ，大学・短期大学・専修学校のさまざまなカリキュラムにも対応でき，どんな教科の履修を経なくても，初学者が取り込める教材という難しい目標を掲げて編修・執筆された。

　大学教科書の出版に実績の多い市ヶ谷出版社の刊行物と競合しないという条件から，版型を一回り大きくして見やすく，「読み物」としても面白い特徴を実現するために，頻繁で集中的な編修・執筆会議を経て完成したと聞いているが，今回もよき伝統を踏襲している。

　この度，既刊シリーズの初版から，かなりの期間が経ったこともあって，今回は現行法令への適合性や建築の各分野で発展を続ける学術・技術に適応すべく，各巻の見直しを全面的に行った。

　その結果，本教科書の共通の特徴を，既刊シリーズの特徴に改善点を含めて上書きすると以下のようになる。

　1）　著者の専門に偏ることなく，基礎的内容を網羅し，今日的な話題をコラム的に表現すること
　2）　的確な表現の図表や写真を多用し，全ページで 2 色刷りを使用すること
　3）　学習の要点を再確認するために，例題や確認問題などをつけること
　4）　本文は読み物としても面白くしながらも，基礎的知見を盛り込むこと
　5）　重要な用語はゴシックで示し，必要に応じて注で補うこと

　著者は既刊シリーズの担当者を原則としたが，内容に応じて一部交代をしている。いずれも研究者・実務者として第一線で活躍しており，教え上手な方々である。「初学者の建築講座」シリーズの教科書を通して，建築について多くの人々が関心を寄せ，建築への理解を深め，楽しむ仲間が増えることを，関係者一同大いに期待している次第である。

平成 28 年 12 月　　　　　　　　　　　　　　　　　　　　　　　監修者　長澤　泰

「初学者の建築講座」発行にあたって （初版発行時）

　建築業界は長い不況から抜け出せないでいるが，建築を目指す若者は相変わらず多く，そして元気である。建設量が低迷しているといっても欧米諸国に較べれば，まだまだ多いし，その欧米にしても建築業界は新たな構想に基づく建築需要の喚起，わが国ではリフォームと一言で片づけられてしまうことも，renovation・refurbishment（改修）や conversion（用途転換）など，多様に展開して積極性を維持している。ただ，建築のあり方が転換期を迎えたことは確実なようで，新たな取り組みを必要とする時代とはいえそうである。

　どのような時代であれ，基礎知識はあらゆるもののベースである。本編修委員会の母体は，2級建築士の受験テキストの執筆依頼を契機に結成された。内容的には受験用として漏れが無く，それでいて建築学の基礎教材的な性格を持つテキストという，いわば二兎を追うものとして企画され，2年前に刊行された。

　幸いシリーズは好評で順調に版を重ねているが，その執筆が一段落を迎えたあたりから，誰言うともなく，さらに一層，教科書的な色彩を強めた本の作成希望が提案された。内容としては，建築士に合格する程度のものを網羅したうえで，大学・短期大学・専門学校において，どのようなカリキュラムにも対応できるよう，いずれの教科を経ることなく，初学者が取り組むことが可能な教材という位置付けである。

　市ヶ谷出版社には既に建築関係の大学教科書について，実績のあるものが多く，それとバッティングをしないという条件もあり，判型は一回り大きくして見やすくし，いわゆる読み物としても面白いもの，などを目標に企画をまとめ執筆に入った。編修会議は各巻，毎月約1回，約1年半，延べ数十回に及んだが，これまでに無い教科書をという関係者の熱意のもと，さまざまな工夫を試み調整を重ねた。

　その結果，本教科書シリーズは以下のような共通の特徴を持つものとなった。

   1)　著者の専門に偏ることなく，**基礎的な内容は網羅する**こと
   2)　的確な図を新たに作成するとともに，**写真を多用する**こと
   3)　学習の要点を再確認するために，**例題など**をつけること
   4)　**読み物としても面白く**，参考となる知見を盛り込むこと
   5)　**重要な用語はゴシックで示し**，必要に応じて注で補うこと

　執筆者はいずれも研究者・実務者として有能な方々ですが，同時に教え上手としても定評のある方々です。初学者の建築講座の教科書を通して，建築についての理解が深められ，さらに建築を楽しむ人，志す仲間の増えることを，関係者一同，大いに期待しているところです。

平成15年10月　　　　　　　　　　　　　　　　　　　編修委員長　大野　隆司

建築法規（第五版）

目　　次

序 章

建築法規とは

序章　建築法規とは

1　建築基準法の目的

　建築基準法（以下「法」という。ただし，表題等一部を除く。）は第1条において，その目的を明確に規定している。

> **法第1条**　この法律は，建築物の敷地，構造，設備及び用途に関する最低の基準を定めて，国民の生命，健康及び財産の保護を図り，もつて公共の福祉の増進に資することを目的とする。

　法は，建築物に関わる必要最低限の基準であり，建築に携わる技術者は法を遵守しながら，より良い建築物を生み出していく責任がある。

2　建築基準法の概要

　法に規定されている内容を図序・1に示すが，概要は，以下のような内容である。

(1)　総　則

　法の第1章は「総則」である。ここでは，この法律の目的や定義，確認・検査等の建築手続きの方法を定めている。

(2)　単体規定

　第2章の「建築物の敷地，構造及び建築設備」では，個々の建築物が遵守すべき，構造・防火・衛生のそれぞれについての必要な基準を定めている。

　これらの規定を「**単体規定**」と呼んでいるが，「単体規定」は，基本的に全国一律に適用される。

　単体規定は，構造・設備などに関わる技術的基準を規定しており，具体的には政令（建築基準法施行令（以下「令」という。））と告示において基準が規定されている。

　① 構造強度に関する規定
　　・構造方法の規定（共通事項，木造，組積造，補強コンクリートブロック造，鉄骨造，鉄筋コンクリート造，鉄骨鉄筋コンクリート造等）
　　・構造計算の規定（保有水平耐力計算，限界耐力計算，許容応力度等計算）
　　・荷重・外力（固定荷重，積載荷重，積雪荷重，風圧力，地震力）
　　・許容応力度，材料強度　等
　② 防火・避難に関する規定
　　・法第22条区域内の制限
　　・大規模木造建築物等の制限
　　・耐火建築物・準耐火建築物
　　・防火区画，避難施設，排煙設備，非常用の照明装置，内装制限
　　・耐火性能検証法，避難安全検証法　等
　③ 一般構造・設備に関する規定
　　・天井高さ，床の高さ・床下換気，階段

建築基準法の内容

1）構造的安全性：地震や台風等に対して耐えられるように
2）防火と避難　：火災に対して燃えないように，安全に避難ができるように
3）快適性と衛生：健康で快適な生活のために，採光や換気等の確保（単体規定）
4）品質の確保　：建築技術者が，構造上，防火避難上，快適性などを確保するための技術的指針
5）都市の環境　：町並み，防災，都市の活性化等を整え安全で住みよい街に（集団規定）
6）その他　　　：法律の運用について（制度規定）

- ・居室の採光・換気，換気設備，地階の居室，界壁の遮音
- ・便所，屎尿浄化槽
- ・昇降機，電気・避雷設備，給排水，煙突　等

④　敷地の安全・衛生　等

- ・敷地の安全・衛生
- ・建築材料の品質　等

⑶　集団規定

　第3章の「都市計画区域等における建築物の敷地，構造，建築設備及び用途」は，市街地の環境保護の規定で，地域，地区，道路等の立地条件により建築物の用途や形態等を規制しており，「**集団規定**」と呼んでいる。

　「集団規定」は全国一律に適用される単体規定と異なり，都市計画区域・準都市計画区域内に限り適用される。

① 　道路関係の規定
- ・道路の定義，敷地との関係，建築制限　等

② 　用途地域制の規定
- ・用途地域・地域内の建築制限，特別用途地域

③ 　建ぺい率に関する規定

④ 　容積率に関する規定

⑤ 　高さに関する規定
- ・高さの限度，斜線制限，日影規制

⑥ 　防火地域制に関する規定
- ・防火地域・準防火地域内の建築制限

⑦ 　各種地区・誘導制度に関する規定

⑷　**制度規定**（手続き規定）

　制度規定は，建築に関する手続き，違反建築物などに対する罰則などを定めたもので，全国どこでも適用される。

3　法令の構成・形式等

⑴　法令の構成

　法令の条文を理解するには，その前提として法令の体系を知っておく必要がある。

　法令の体系の概要は，以下のとおりである（図序・3）。

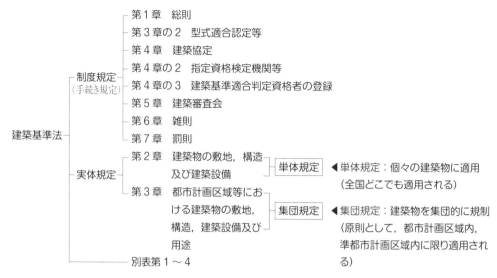

図 序・1 建築基準法の構成

　単体規定は，個々の建築物の制限で，採光・換気・構造耐力・防火や避難などがあり，全国どこに建つ場合でも適用される。

　集団規定は，地域・地区に建つ建築物への制限で，道路や建物の用途，大きさや形態（容積率，建ぺい率，高さ制限など），外壁の後退距離などを定めた規定があり，都市計画区域・準都市計画区域内に限り適用される。

図 序・2 単体規定と集団規定

① 法 律

　国会の議決を経て制定される。官報によって公布され，通常は一定の周知準備期間を経て施行される。建築基準法や建築士法などがこれにあたる。

② 政 令

　政府（内閣）が制定する命令である。法律上の委任に基づき，細部の基準等を定める。建築基準法施行令や建築士法施行令がこれにあたる。

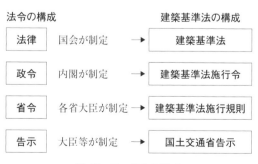

図 序・3 法令の構成

③　省　令

法律または政令の規定により，手続き等の細部について各省が発する命令である。建築基準法施行規則や建築士法施行規則がこれにあたる。

④　告　示

各省大臣が，法の解釈や技術的基準の細目を制定して公示する。国土交通省告示がこれにあたる。

なお，平成13年1月に省庁が再編され，建設省の省名は現在ないが，これ以前に告示された建設省告示は，そのまま「建設省告示」とされる。

⑤　条例・規則

地方公共団体の議会が法律の委任事項等について，議決を経て制定されるものが「条例」であり，地方公共団体の長（知事や市町村長）が必要な手続き等を定めるものが「規則」（細則）である。

(2)　**法令の形式**

法令は，一般に題名，本則，附則で構成される。本則には，その法令の目的とする事項についての実質的な規定が書かれ，附則には一般に施行期日，経過措置等が書かれる。法令の形式は，一般に，条・項・号が用いられる（図序・4）。

①　条

法文の基本となるまとまりが条である。条には通常（　）により「見出し」がつけられる。

改正によって，第1条と第2条の間に条文を追加する場合は，新しい条文を第2条として旧第2条を第3条とするのではなく，「第1条の2」というように枝番号を付しておくことになる。したがって，枝番号を付された条文は独立した条文であり，第1条に関係するものを「第1条の2」としているのではない。

②　項

条の中で類似の内容を規定する場合に，第1項，第2項というように，いくつかの項を設ける。項は算用数字で示すが，第1項は数字を書かず，第2項以降には，2，3，……と頭に付す。

```
第20条（構造耐力）
  ┌─ 第1項 （1は表記しない）
  └▶
建築物は，自重，積載荷重，積雪荷重，風圧，土圧及び水圧並びに地震その他の・・・
  一　高さが六十メートルを超える建築物・・・                    （法第20条第1項第一号）
  二　高さが六十メートル以下の建築物のうち，・・・
    イ　当該建築物の安全上必要な構造方法に関して・・・
    ロ　前号に定める基準に適合すること。                      （法第20条第1項第二号ロ）
  三　高さが六十メートル以下の建築物のうち，・・・
    イ　当該建築物の安全上必要な構造方法に関して
    ロ　前二号に定める基準のいずれかに適合すること。
  四　前三号に掲げる建築物以外の建築物・・・
    イ　当該建築物の安全上必要な構造方法に関して・・・        （法第20条第1項第四号イ）
    ロ　前三号に定める基準のいずれかに適合すること
2 前項に規定する基準の適用上一の建築物であつても・・・         （法第20条第2項）
  └▶ 第2項
```

図　序・4　条文の構成

③　号

各項の中での細区分には号が用いられる。各号は，漢数字で示し，一，二，……と頭に付す。さらに号の中を細区分する場合には，イ，ロ，ハ，……を用いる。

⑶　**法令用語について**

法令を読みこなすうえでは，法令用語の基礎的な知識が必要である。以下に，基礎的な法令用語について解説する。

①　**数量的，時間的な比較**

数量の大小や時間的な比較において，「以上・以下」「以前・以後」のように「以」の字をつけて表現される場合は，その基準点（値）を含む。

一方，「超える・未満」を用いる場合には，基準点（値）を含まない（図序・5）。

建築基準法施行令第25条第3項を例によると，条文では「階段の幅が3mを超える場合においては，中間に手すりを設けなければならない。ただし，蹴上が15cm以下で，かつ，踏面が30cm以上のものにあつては，適用しない。」とある。この場合には，階段の幅員が3mの場合はこの条文に該当せず，中間に手すりを設ける必要がない。また，幅員が3mを超えていても蹴上が15cmで踏面が30cmの場合は，中間に手すりを設ける必要はない。

②　**併合的接続詞**

AとBというように併合的に並べられる名詞・動詞などが2つあるときは，「及び」を用いて「A及びB」と表現する。AとBとCというように，3つ以上である場合は，最後のみ「及び」でつなぎ，「A，B及びC」と表現する。

さらに，並列される語句に段階がある複雑な文章では，小さな併合的連結には「及び」を用い，大きな併合的連結には「並びに」を用いて表現する。例えば，「A，B及びC」と「d及びe」を併合する場合は，「A，B及びC並びにd及びe」というように表現する。

③　**選択的接続詞**

選択的に並べられる語句は，「又は」を用いる。AかBかであれば，「A又はB」で表現する。AかBかCかというように選択が3つ以上である場合は，最後のみ「又は」でつなぎ，「A，B又はC」と表現する。

選択される語句に段階がある複雑な文章では，小さな選択的連結には「若しくは」を用い，大きな選択的連結には「又は」を用いて表現する。例えば「A，B又はC」と「d又はe」をさらに選択する場合は「A，B若しくはC又はd若しくはe」というように表現する。これは併合的接続詞の「及び・並びに」の場合とは逆であるが，従来からの慣習である（図序・6参照）。

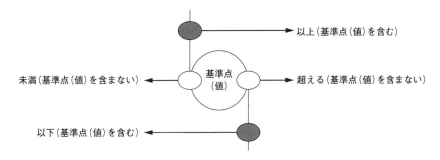

図 序・5 以上・以下，超える・未満

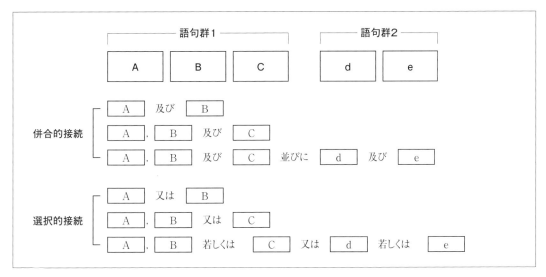

図 序・6 接続詞の使い方

法第1条 この法律は，建築物の敷地，構造，設備及び用途に関する最低の基準を定めて，国民の生命，健康及び財産の保護を図り，もつて公共の福祉の増進に資することを目的とする。

法第20条 建築物は，自重，積載荷重，積雪荷重，風圧，土圧及び水圧並びに地震その他の震動及び衝撃に対して安全な構造のものとして，次の各号に掲げる建築物の区分に応じ，それぞれ当該各号に定める基準に適合するものでなければならない。

法第2条第五号 主要構造部 壁，柱，床，はり，屋根又は階段をいい，建築物の構造上重要でない間仕切壁，間柱，附け柱，揚げ床，最下階の床，廻り舞台の床，小ばり，ひさし，局部的な小階段，屋外階段その他これらに類する建築物の部分を除くものとする。

法第2条第三号 建築設備 建築物に設ける電気，ガス，給水，排水，換気，暖房，冷房，消火，排煙若しくは汚物処理の設備又は煙突，昇降機若しくは避雷針をいう。

図 序・7 接続詞の使い方（例）

第 *1* 章

用語の定義

1・1　用語の定義－1

法令においては，使用する用語を規定することにより，さまざまな基準を実効性のあるものとしている。

1・1・1　建築物等の用語

⑴　建築物（法第2条第一号）

> 一　建築物　土地に定着する工作物のうち，屋根及び柱若しくは壁を有するもの（これに類する構造のものを含む。），これに附属する門若しくは塀，観覧のための工作物又は地下若しくは高架の工作物内に設ける事務所，店舗，興行場，倉庫その他これらに類する施設（鉄道及び軌道の線路敷地内の運転保安に関する施設並びに跨線橋，プラットホームの上家，貯蔵槽その他これらに類する施設を除く。）をいい，建築設備を含むものとする。

1）建築物とは，**土地に定着する工作物**のうち，下記に該当するものをいう。

　① 屋根をもち，かつ柱若しくは壁があるもの

　② ①に付属する門若しくは塀

　③ 観覧のための工作物（野球場や競技場のスタンドのことで，屋根のないスタンドもあるが，建築物として扱う。）

　④ 地下若しくは高架の工作物内に設けられる事務所，店舗，興行場，倉庫，その他これらに類する施設（地下街の各構え［地下道部分は道路であるので建築物ではない］，鉄道の高架下やテレビ塔のような工作物内の事務所，店舗等の部分）

　⑤建築設備

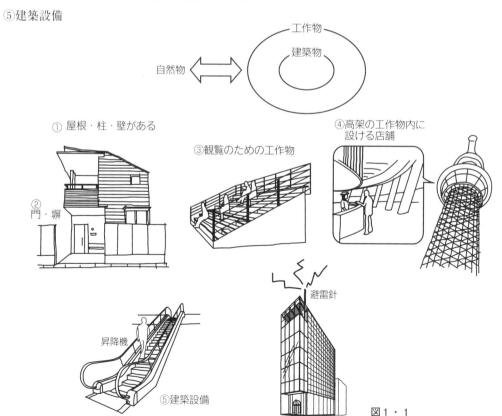

工作物
建築物
自然物

① 屋根・柱・壁がある
② 門・塀
③観覧のための工作物
④高架の工作物内に設ける店舗
昇降機
⑤建築設備
避雷針
図1・1

2）建築物から**除外される**ものとしては，

① 鉄道及び軌道の線路敷地内にある運転保安に関する施設，並びに跨線橋，プラットホームの上家

② 貯蔵槽，その他これらに類する施設

などがある。

また，建築設備は，建築物と一体となって使用するものであるので，建築物に含まれることが明記されている。

プラットホームの上家

図1・2

確認問題

法令上正しいものに○を，正しくないものに×を付けなさい。
1．高架の工作物内に設ける店舗は，「建築物」である。　　　　　　　　（　○　）
2．土地に定着する観覧のための工作物で，屋根を有しないものは，「建築物」に該当しない。　（　×　）

---

(2)　特殊建築物（法第2条第二号）

二　特殊建築物　学校（専修学校及び各種学校を含む。以下同様とする。），体育館，病院，劇場，観覧場，集会場，展示場，百貨店，市場，ダンスホール，遊技場，公衆浴場，旅館，共同住宅，寄宿舎，下宿，工場，倉庫，自動車車庫，危険物の貯蔵場，と畜場，火葬場，汚物処理場その他これらに類する用途に供する建築物をいう。

1）特殊建築物とは，住宅や事務所などの使用者が特定できる一般建築物に対して，防災・衛生・環境上の影響が大きな，以下の建築物とこれらに類する用途に供する建築物をいう。

① 不特定多数の人が利用する建築物

　学校（専修学校，各種学校を含む。），体育館，病院，劇場，観覧場，集会場，展示場，百貨店，市場，ダンスホール，遊技場，公衆浴場，旅館，共同住宅，寄宿舎，下宿

② 危険物等を取り扱う建築物

　工場，倉庫，自動車車庫，危険物の貯蔵場

③ 処理施設等

　と畜場，火葬場，汚物処理場

ただし，これらは例示であり，法別表第1，令第115条の3に耐火建築物等としなければならない特殊建築物が規定されているので，これも参照しておく必要がある。

※**特殊建築物は，用途のみで定められており，規模や構造は関係しない。**

・事務所，専用住宅，庁舎，寺社仏閣は特殊建築物ではない。

⑶ **建築設備（法第2条第三号）**

> 三 建築設備 建築物に設ける電気，ガス，給水，排水，換気，暖房，冷房，消火，排煙若しくは汚物処理の設備又は煙突，昇降機若しくは避雷針をいう。

1）**建築物に設けることが条件**であり，単独に設けられたものは建築設備には該当しない。建築設備は建築物でもあり，建築物に設けられる建築設備は法の規制対象となる。

① 建築物に設ける，電気設備，ガス設備，給水設備，排水設備，換気設備，冷暖房設備，消火設備，排煙設備，汚物処理設備，煙突，昇降機，避雷針をいう。これに対してパーキングタワーは建築設備ではなく，工作物である。

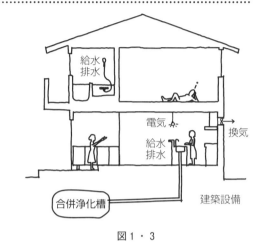

図1・3

⑷ **居室（法第2条第四号）**

> 四 居室 居住，執務，作業，集会，娯楽その他これらに類する目的のために継続的に使用する室をいう。

1）居住，執務，作業，集会，娯楽，その他これらに類する目的のために**継続的に使用する室**をいう。表1・1に居室について整理する。

表1・1 居室・非居室の例

居室の例	非居室の例
居間，食堂，書斎，寝室，子供室，応接室，教室，事務室，作業室，会議室，診察室，病室，売場，調理室等	玄関，浴室，洗面所，便所，納戸，廊下，階段室，車庫，倉庫，機械室，更衣室，湯沸室，リネン室等

確認問題

法令上正しいものに〇を，正しくないものに×を付けなさい。
1．病院の入院患者のための談話室は，「居室」に該当する。　　　　（ 〇 ）
2．レストランの調理室は，「居室」である。　　　　　　　　　　（ 〇 ）

⑸ **主要構造部（法第2条第五号）**

> 五 主要構造部 壁，柱，床，はり，屋根又は階段をいい，建築物の構造上重要でない間仕切壁，間柱，附け柱，揚げ床，最下階の床，廻り舞台の床，小ばり，ひさし，局部的な小階段，屋外階段その他これらに類する建築物の部分を除くものとする。

1）主要構造部は，主に**防火の観点**で規定されている。そのため，防火上の影響の少ない基礎は主要構造部には含まれない。これに対して次の「構造耐力上主要な部分」（令第1条第三号）は，構造の観点での規定である。

※主要構造部の6項目は暗記しよう！

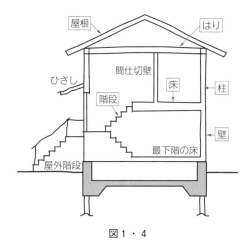

図 1・4

⑹ 構造耐力上主要な部分（令第 1 条第三号）

> 三 | 構造耐力上主要な部分 | 基礎，基礎ぐい，壁，柱，小屋組，土台，斜材（筋かい，方づえ，火打材その他こ
> れらに類するものをいう。），床版，屋根版又は横架材（はり，けたその他これらに類するものをいう。）で，建
> 築物の自重若しくは積載荷重，積雪荷重，風圧，土圧若しくは水圧又は地震その他の震動若しくは衝撃を支える
> ものをいう。

1）構造耐力上主要な部分とは，主に建築物の**構造上の観点から指定されている構造部分（荷重や外力を支える部分）**。主要構造部と重なる部分もあるが，指定されている観点が異なっているので注意が必要である。

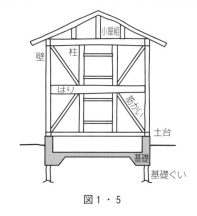

図 1・5

⑺ 延焼のおそれのある部分（法第 2 条第六号）

> 六 延焼のおそれのある部分 隣地境界線，道路中心線又は同一敷地内の 2 以上の建築物（延べ面積の合計が
> 500 m² 以内の建築物は，1 の建築物とみなす。）相互の外壁間の中心線（ロにおいて「隣地境界線等」という。）
> から，| 1 階にあつては 3 m 以下 |，| 2 階以上にあつては 5 m 以下 | の距離にある建築物の部分をいう。ただし，次
> のイ又はロのいずれかに該当する部分を除く。
> イ 防火上有効な公園，広場，川その他の空地又は水面，耐火構造の壁その他これらに類するものに面する部分
> ロ 建築物の外壁面と隣地境界線等との角度に応じて，当該建築物の周囲において発生する通常の火災時におけ
> る火熱により燃焼するおそれのないものとして国土交通大臣が定める部分

1）建築物が密集する市街地などでは，火災による延焼のおそれが大きいので，「延焼のおそれのある部分」が規定されている。

2）延焼のおそれのある部分は，具体的には，

| ① 隣地境界線 |
| ② 道路の中心線 |
| ③ 外壁間の中心線(注)1 |

から

| 1階は3m以下 |
| 2階以上は5m以下 |

の距離にある建築物の部分をいう。

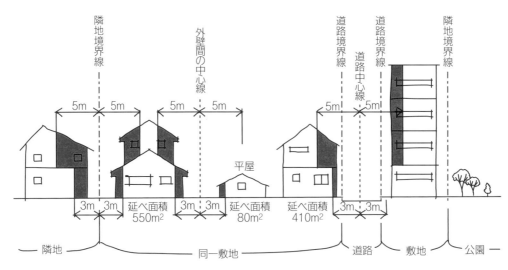

図1・6　延焼のおそれのある部分

(注) 1． 同一敷地内の2以上の建築物の延べ面積の合計が500 m² 以内であれば1つの建築物とみなす。
　　 2． 防火上有効な公園，広場，川等の空地，水面または耐火構造の壁その他これらに類するものに面する部分は除く。
　　 3． 建築物の外壁面と隣地境界線等の角度に応じて，国土交通大臣が定める部分は除く。

確認問題

法令上正しいものに〇を，正しくないものに×を付けなさい。
1． 同一敷地内に二つの地上2階建の建築物（延べ面積はそれぞれ400 m² 及び200 m² とし，いずれも耐火構造の壁等はないものとする。）を新築する場合において，当該建築物相互の外壁間の距離を5 m とする場合は，二つの建築物は「延焼のおそれのある部分」を有している。　　　　　　　　　　　　（　〇　）

⑻　**耐火構造（法第2条第七号）**

> 七　耐火構造　壁，柱，床その他の建築物の部分の構造のうち，耐火性能（通常の火災が終了するまでの間当該火災による建築物の倒壊及び延焼を防止するために当該建築物の部分に必要とされる性能をいう。）に関して政令で定める技術的基準に適合する鉄筋コンクリート造，れんが造その他の構造で，国土交通大臣が定めた構造方法を用いるもの又は国土交通大臣の認定を受けたものをいう。

1）**耐火構造**とは，壁，柱，床等が耐火性能を有する構造又は，国土交通大臣の認定を受けたもの。

2）**耐火性能**とは，通常の火災が終わるまでに，建築物が**倒壊**したり，火災が他の部分へ**延焼**することを**防止**するために，その建築物の部分に必要となる性能。　→　**令第107条（耐火性能に関する技術的基準）**

⑼　**準耐火構造（法第2条第七号の二）（令和6年4月1日施行予定）**

> 七の二　準耐火構造　壁，柱，床その他の建築物の部分の構造のうち，準耐火性能（通常の火災による延焼を抑制するために当該建築物の部分に必要とされる性能をいう。第九号の三ロ及び第26条第2項第二号において同じ。）に関して政令で定める技術的基準に適合するもので，国土交通大臣が定めた構造方法を用いるもの又は国土交通大臣の認定を受けたものをいう。

1）準耐火構造とは，壁，柱，床等が準耐火性能を有する構造又は，国土交通大臣の認定を受けたもの。

2）**準耐火性能**とは，通常の火災による他の部分への**延焼を抑制**するために，その建築物の部分に必要とされる性能。→　**令第107条の2　（準耐火性能に関する技術的基準）**

⑽　**防火構造（法第2条第八号）**

> 八　防火構造　建築物の外壁又は軒裏の構造のうち，防火性能（建築物の周囲において発生する通常の火災による延焼を抑制するために当該外壁又は軒裏に必要とされる性能をいう。）に関して政令で定める技術的基準に適合する鉄網モルタル塗，しっくい塗その他の構造で，国土交通大臣が定めた構造方法を用いるもの又は国土交通大臣の認定を受けたものをいう。

1）**防火構造**とは，**外壁又は軒裏**が防火性能を有する構造又は，国土交通大臣の認定を受けたもの。

2）**防火性能**とは，建築物の周囲において発生する通常の火災による**延焼を抑制**するためにその建築物の外壁と軒裏のみに必要とされる性能。→　**令第108条　（防火性能に関する技術的基準）**

確認問題

法令上正しいものに○を，正しくないものに×を付けなさい。
1．建築物の周囲において発生する通常の火災による延焼の抑制に一定の効果を発揮するために外壁に必要とされる性能を，「防火性能」という。

（　×　）

⑾　**準防火性能（法第23条）**

> 法第23条　準防火性能　（建築物の周囲において発生する通常の火災による延焼の抑制に一定の効果を発揮するために外壁に必要とされる性能をいう。）に関して政令で定める技術的基準・・・

1）**準防火性能**とは，建築物の周囲において発生する通常の火災による**延焼の抑制に一定の効果を発揮**するために，**外壁**に要求される性能。

⑿　**不燃材料（法第2条第九号）**

> 九　不燃材料　建築材料のうち，不燃性能（通常の火災時における火熱により燃焼しないことその他の政令で定める性能をいう。）に関して政令で定める技術的基準に適合するもので，国土交通大臣が定めたもの又は国土交通大臣の認定を受けたものをいう。

1）**不燃材料**とは，不燃性能を有する建築材料又は，国土交通大臣の認定を受けたもの。

2）**不燃性能**とは，**令第108条の2　（不燃性能及びその技術的基準）**に適合するもの。

⒀　不燃性能及びその技術的基準（令第108条の2）

> 令第108条の2　法第2条第九号の政令で定める性能及びその技術的基準は，建築材料に，通常の火災による火熱が加えられた場合に，加熱開始後20分間次の各号（建築物の外部の仕上げに用いるものにあっては，第一号及び第二号）に掲げる要件を満たしていることとする。
> 一　燃焼しないものであること。
> 二　防火上有害な変形，溶融，き裂その他の損傷を生じないものであること。
> 三　避難上有害な煙又はガスを発生しないものであること。

1）不燃性能の技術的基準：加熱開始後20分間第一号〜第三号の要件を満たしていること。

※建築物の外部仕上材に関しては，第三号の煙又はガスの規定は除外されている。

⒁　準不燃材料，難燃材料（令第1条第五号，六号）

> 五　準不燃材料　建築材料のうち，通常の火災による火熱が加えられた場合に，加熱開始後10分間第108条の2各号（建築物の外部の仕上げに用いるものにあつては，同条第一号及び第二号）に掲げる要件を満たしているものとして，国土交通大臣が定めたもの又は国土交通大臣の認定を受けたものをいう。
> 六　難燃材料　建築材料のうち，通常の火災による火熱が加えられた場合に，加熱開始後5分間第108条の2各号（建築物の外部の仕上げに用いるものにあつては，同条第一号及び第二号）に掲げる要件を満たしているものとして，国土交通大臣が定めたもの又は国土交通大臣の認定を受けたものをいう。

1）準不燃材料は10分間，難燃材料は5分間，令第108条の2の基準を満たしていること。（不燃材料同様に，建築物の外部仕上材に関しては，第三号の煙又はガスの規定は除外されている。）

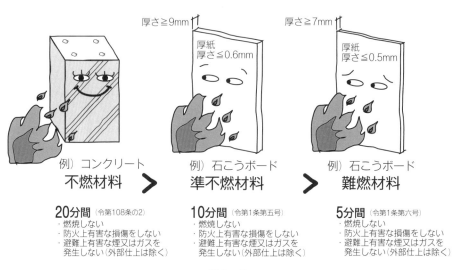

図1・7

確認問題

法令上正しいものに〇を，正しくないものに×を付けなさい。
1．建築物の外部の仕上げに用いる準不燃材料は，通常の火災による火熱が加えられた場合に，加熱開始後10分間，燃焼せず，防火上有害な変形，溶融，き裂その他の損傷を生じないものであって，避難上有害な煙又はガスを発生しないものでなければならない。

（　×　）

例題

例題01-1　法令上正しいものに○を，正しくないものに×を付けなさい。

1．土地に定着する観覧のための工作物は，屋根が無くても「建築物」である。
2．自動車車庫の用途に供する建築物は，「特殊建築物」である。
3．建築物に設ける消火用のスプリンクラー設備は，「建築設備」である。
4．娯楽のために継続的に使用する室は「居室」である。
5．住宅に付属する門及び塀で幅員4mの道路に接して設けられるものは，「延焼のおそれのある部分」に該当する。
6．通常の火災が終了するまでの間当該火災による建築物の倒壊及び延焼を防止するために当該建築物の部分に必要とされる性能を，「準耐火性能」という。
7．「不燃性能」とは，建築材料に通常の火災による火熱が加えられた場合に火熱開始後20分間，燃焼しない，防火上有害な変形等を生じさせない，避難上有害な煙等を発生しない性能をいう。
8．建築物の周囲において発生する通常の火災による延焼を抑制するために当該外壁又は軒裏に必要とされる性能を，「準防火性能」という。
9．土台は「主要構造部」である。
10．建築物に設ける消火用の貯水槽は「建築設備」である。

答え　➡ p.254

1・2　用語の定義－2

1・2・1　建築基準法の用語の定義

(1)　耐火建築物（法第2条第九号の二）（令和6年4月1日施行予定）

> 九の二　耐火建築物　次に掲げる基準に適合する建築物をいう。
> 　イ　その主要構造部のうち、防火上及び避難上支障がないものとして政令で定める部分以外の部分（以下「特定主要構造部」という）が⑴又は⑵のいずれかに該当すること。
> 　⑴　耐火構造であること。
> 　⑵　次に掲げる性能（外壁以外の特定主要構造部にあつては、(i)に掲げる性能に限る。）に関して政令で定める技術的基準に適合するものであること。
> 　ロ　その外壁の開口部で延焼のおそれのある部分に、防火戸その他の政令で定める防火設備（その構造が遮炎性能（通常の火災時における火炎を有効に遮るために防火設備に必要とされる性能をいう。第27条第1項において同じ。）に関して政令で定める技術的基準に適合するもので、国土交通大臣が定めた構造方法を用いるもの又は国土交通大臣の認定を受けたものに限る。）を有すること。

(2)　主要構造部のうち防火上及び避難上支障がない部分（令第108条の3）（令和6年4月1日施行予定）

> 令第108条の3　法第2条第九号の二イの政令で定める部分は、主要構造部のうち、次の各号のいずれにも該当する部分とする。
> 　一　当該部分が、床、壁又は第109条に規定する防火設備（当該部分において通常の火災が発生した場合に建築物の他の部分又は周囲への延焼を有効に防止できるものとして、国土交通大臣が定めた構造方法を用いるもの又は国土交通大臣の認定を受けたものに限る。）で区画されたものであること。
> 　二　当該部分が避難の用に供する廊下その他の通路の一部となつている場合にあつては、通常の火災時において、建築物に存する者の全てが当該通路を経由しないで地上までの避難を終了することができるものであること。

(3)　耐火建築物の特定主要構造部に関する技術的基準（令第108条の4）（令和6年4月1日施行予定）

> 令第108条の4　法第2条第九号の二イ⑵の政令で定める技術的基準は、特定主要構造部が、次の各号のいずれかに該当することとする。
> 　一　特定主要構造部が、次のイ及びロ（外壁以外の特定主要構造部にあつては、イ）に掲げる基準に適合するものであることについて耐火性能検証法により確かめられたものであること。
> 　　イ、ロ略
> 　二　前号イ及びロ（外壁以外の特定主要構造部にあつては、同号イ）に掲げる基準に適合するものとして国土交通大臣の認定を受けたものであること。

1）耐火建築物は、その**特定主要構造部**を次のいずれかとし、**かつ**、外壁の開口部で延焼のおそれのある部分に令第109条の2（遮炎性能）に適合する防火戸その他の**防火設備**を有するものをいう。

①　**耐火構造**であること。

②　令第108条の4で定める技術的基準に適合するもの。（**耐火性能検証法**又は国土交通大臣の**認定**）

表1・2

```
                          耐火構造
                   ┌ 主要構造部 ┤ 又は (or)
            ┌ イ  │            └ 政令で定める技術的基準に適合するもの
            │     かつ (and)      （耐火性能検証法又は国土交通大臣の認定（令第108条の4））
耐火建築物 ┤
            └ ロ  外壁の開口部（外壁の開口部で延焼のおそれのある部分に防火設備
                   （令第109条の2）遮炎性能　両面20分））
```

2）法第2条第九号の二イで定める「特定主要構造部」とは，主要構造部のうち令第108条の3により下記①，②以外の部分をいう。

①　一号　当該部分が床，壁，防火設備で区画されたもの

②　二号　当該部分が避難通路等の一部となってる場合，火災時にその部分を経由しないで避難を終了することができる。

※条文だとわかりづらいが，特定主要構造部とは，**主要構造部のうち防火上避難上支障のある部分を指す。**

(4)　防火戸その他の防火設備（令第109条）（令和6年4月1日施行予定）

> **令第109条**　法第2条第九号の二ロ，法第12条第1項，法第21条第2項，<u>法第27条第1項</u>（法第87条第3項において準用する場合を含む。第110条から第110条の5までにおいて同じ。）法第53条第3項第一号イ及び法第61条第1項の政令で定める<u>防火設備</u>は，防火戸，ドレンチャーその他火炎を遮る設備とする。
> 2　隣地境界線，道路中心線又は同一敷地内の2以上の建築物（延べ面積の合計が500 m²以内の建築物は，1の建築物とみなす。）相互の外壁間の中心線のあらゆる部分で，開口部から1階にあつては3m以下，2階以上にあつては5m以下の距離にあるものと当該開口部とを遮る外壁，袖壁，塀その他これらに類するものは，前項の防火設備とみなす。

1）防火設備とは，防火戸，ドレンチャー等で火炎を遮る設備をいう。延焼のおそれのある部分の開口部とを遮る外壁，袖壁，塀その他これらに類するものは，防火設備とみなす。

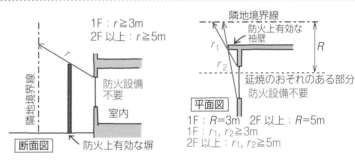

図1・8　防火戸の例

(5)　遮炎性能に関する技術的基準（令第109の2）

> **令第109条の2**　法第2条第九号の二ロの政令で定める技術的基準は，防火設備に通常の火災による火熱が加えられた場合に，<u>加熱開始後20分間</u>当該加熱面以外の面に火炎を出さないものであることとする。

1）耐火建築物，準耐火建築物の延焼のおそれのある部分に要求される遮炎性能は，通常の火災による火熱が加えられた場合に20分間加熱面以外に火炎を出さないもの（**両面20分間**）。

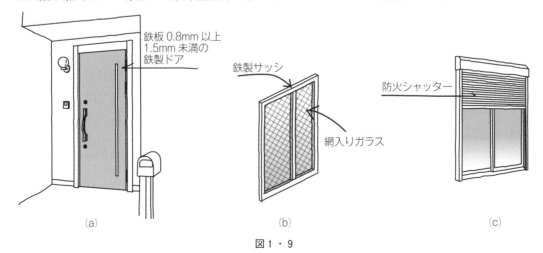

図1・9

(6) 準耐火建築物（法第2条第九号の三，令第109条の3）

> 九の三　準耐火建築物　耐火建築物以外の建築物で，イ又はロのいずれかに該当し，外壁の開口部で延焼のおそ
> れのある部分に前号ロに規定する防火設備を有するものをいう。
> 　イ　主要構造部を準耐火構造としたもの
> 　ロ　イに掲げる建築物以外の建築物であつて，イに掲げるものと同等の準耐火性能を有するものとして主要構造
> 　　部の防火の措置その他の事項について政令で定める技術的基準に適合するもの

> （主要構造部を準耐火構造とした建築物と同等の耐火性能を有する建築物の技術的基準）
> 令第109条の3　法第2条第九号の三ロの政令で定める技術的基準は，次の各号のいずれかに掲げるものとする。
> 　一　外壁が耐火構造であり，かつ・・・
> 　二　主要構造部である柱及びはりが不燃材料で，・・・

1）準耐火建築物とは，耐火建築物以外の建築物で次の①又は②のいずれかに該当し，かつ外壁の開
　口部で延焼のおそれのある部分に令第109条の2（遮炎性能）に適合する防火戸その他の**防火設備**を
　有するものをいう。

①　主要構造部を準耐火構造としたもの。

　　（一般的にイ準耐と呼ばれ，非損傷性等が45分（令第107条の2）と1時間（令第112条第2項）の
　　2種類がある。）

②　①に掲げるものと同等の耐火性能を有するものとして主要構造部の防火の措置その他の事項に
　　ついて，令第109条の3で定める技術的基準に適合するもの。

　　（一般的にロ準耐と呼ばれ，一号外壁耐火構造と，二号軸組不燃材料の2種類がある。）

　　図1・10に示す。

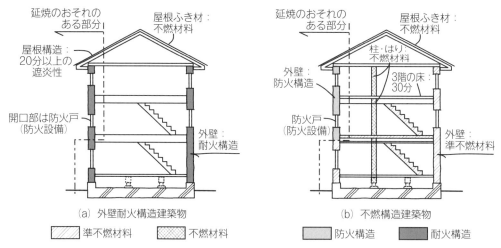

（a）外壁耐火構造建築物　　　　　（b）不燃構造建築物

図1・10　主要構造部を準耐火構造とした建築物と同等の耐火性能を有する建築物

表1・3

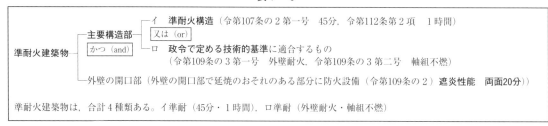

(7) 設計（法第2条第十号）

　十　 設計 　建築士法（昭和25年法律第202号）第2条第6項に規定する設計をいう。

(8) 設計図書・設計（建築士法第2条第6項）

　6　この法律で「設計図書」とは建築物の建築工事の実施のために必要な図面（現寸図その他これに類するものを除く。）及び仕様書を，「設計」とはその者の責任において設計図書を作成することをいう。

(9) 工事監理者（法第2条第十一号）

　十一　 工事監理者 　建築士法第2条第8項に規定する工事監理をする者をいう。

(10) 工事監理（建築士法第2条第8項）

　8　この法律で 工事監理 とは，その者の責任において，工事を設計図書と照合し，それが設計図書のとおりに実施されているかいないかを確認することをいう。

図1・11

(11) 設計図書（法第2条第十二号）

　十二　 設計図書 　建築物，その敷地又は第88条第1項から第3項までに規定する工作物に関する工事用の図面（現寸図その他これに類するものを除く。）及び仕様書をいう。

１）設計図書とは，工事用の**図面**と**仕様書**（原寸図は除かれる。）

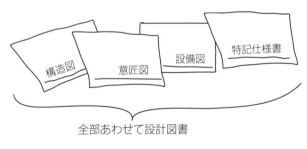

図1・12

⑿   建築（法第2条第十三号）

> 十三　|建築|　建築物を|新築し|，|増築し|，|改築し|，又は|移転|することをいう。

1）建築とは人間が建築物を造る行為を意味しており，建築物を**新築**，**増築**，**改築**，又は**移転**することと定義されている。前の3つの行為に次いで最後に記してある移転行為は，解釈上，同一敷地内の曳き家移転をいい，他の敷地からの移転は，その敷地内の新築または増築となる。

①　**新築**：更地に新規に建てること

②　**増築**：同一敷地内の建築物の床面積を増やすこと

③　**改築**：建築物の全部若しくは一部を除去して，以前と構造・用途・規模が著しく異ならないものを建てること

④　**移転**：同一敷地内で，建築物の位置を移動すること

※建築の定義4項目は暗記しよう！

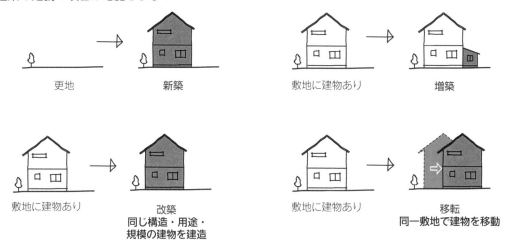

更地　　新築　　　　　敷地に建物あり　　増築

敷地に建物あり　　改築
同じ構造・用途・
規模の建物を建造　　敷地に建物あり　　移転
同一敷地で建物を移動

図1・13

⒀　大規模の修繕・大規模の模様替（法第2条第十四号・第十五号）

> 十四　|大規模の修繕|　建築物の主要構造部の一種以上について行う過半の修繕をいう。

> 十五　|大規模の模様替|　建築物の主要構造部の一種以上について行う過半の模様替をいう。

1）主要構造部（壁，柱，床，はり，屋根，階段）の一種以上について行う**過半の修繕・模様替**をいう。例えば，戸建て住宅で主要構造部である屋根を全て葺き替える場合などは該当する。（材料が同じ場合（瓦→瓦）は修繕，変わる場合（瓦→金属板）は模様替え）

確認問題

法令上正しいものに〇を，正しくないものに×を付けなさい。

1．既存建築物に設けられている木造の屋外階段を全て鉄骨造に取り替えることは，「大規模の修繕」に該当する。　　　　　　　　　　　　　　　　　　　　　　　　　　　　　　（　×　）

⑭　**建築主（法第2条第十六号）**

> 十六　建築主　建築物に関する工事の請負契約の注文者又は請負契約によらないで自らその工事をする者をいう。

1）建築物の工事の請負契約の注文者または請負契約によらないで自らその工事を行う者をいう。

⑮　**設計者（法第2条第十七号）**

> 十七　設計者　その者の責任において，設計図書を作成した者をいい，（・・・）

⑯　**工事施工者（法第2条第十八号）**

> 十八　工事施工者　建築物，その敷地若しくは第88条第1項から第3項までに規定する工作物に関する工事の請負人又は請負契約によらないで自らこれらの工事をする者をいう。

⑰　**特定行政庁（法第2条第三十五号）**

> 三十五　特定行政庁　建築主事を置く市町村の区域については当該市町村の長をいい，その他の市町村の区域については都道府県知事をいう。ただし，第97条の2第1項又は第97条の3第1項の規定により建築主事を置く市町村の区域内の政令で定める建築物については，都道府県知事とする。

1）建築主事を置いている地方自治体の長で，都道府県知事や市町村長のこと。建築基準法における許可処分などを行う。

⑱　**建築主事（法第4条第1項）**

> 法第4条　政令で指定する人口25万以上の市は，その長の指揮監督の下に，第6条第1項の規定による確認に関する事務をつかさどらせるために，建築主事を置かなければならない。

⑲　**敷地（令第1条第一号）**

> 一　敷地　1の建築物又は用途上不可分の関係にある2以上の建築物のある一団の土地をいう。

1）原則一建物一敷地

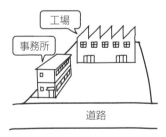

２つの建物で１つの機能を果たす
用途上不可分のケース
一団の土地

２つの建物は独立した機能
用途上可分のケース
敷地分割する必要がある

図1・14

⑳　**地階（令第1条第二号）**

> 二　地階　床が地盤面下にある階で，床面から地盤面までの高さがその階の天井の高さの1/3以上のものをいう。

1）床が地盤面下にある階で，床面から地盤面までの高さがその階の天井の高さの1/3以上のものをいう（図1・15）。

$h \geqq \frac{H}{3}$：地階となる

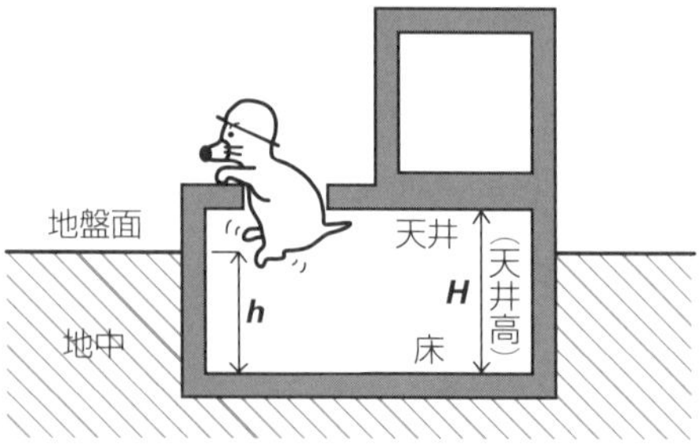

図１・15

⑵1 耐水材料（令第１条第四号）

四　耐水材料　れんが，石，人造石，コンクリート，アスファルト，陶磁器，ガラスその他これらに類する耐水性の建築材料をいう。

１）れんが，石，人造石，コンクリート，アスファルト，陶磁器，ガラス，その他これらに類する耐水性の建築材料をいう。

⑵2 避難階（令第13条第一号）

一　避難階（直接地上へ通ずる出入口のある階をいう。以下同じ。）・・・

１）直接地上へ通ずる出入口のある階をいう。通常の建築物では１階が避難階になるが，がけ地などでは，２階や地階などが避難階になることもある。

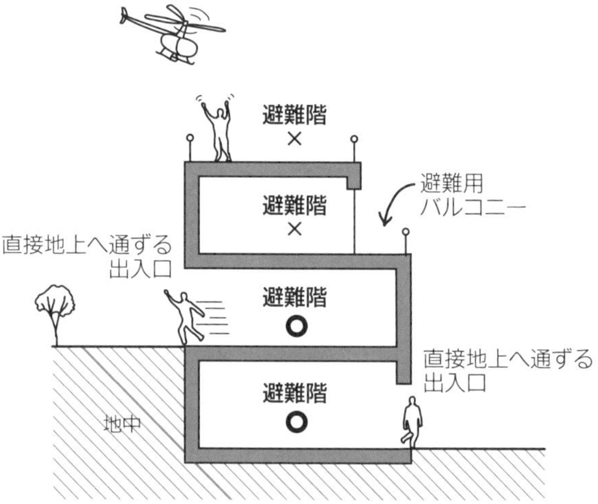

図１・16

例題

例題01-2　法令上正しいものに○を，正しくないものに×を付けなさい。

1．一戸建て住宅の構造上重要でない最下階の床のすべてを木造から鉄筋コンクリート造に替えることは，「大規模の模様替」である。

2．建築主事を置く市町村の区域については，原則として，当該市町村の長が，「特定行政庁」である。

3．ドレンチャーは「防火設備」である。

4．その者の責任において，建築物の建築工事の実施のために必要な図面（現寸図その他これに類するものを除く。）及び仕様書を作成することは，「設計」である。

5．「大規模の修繕」及び「大規模の模様替」は，「建築」に含まれる。

6．コンクリートは，「耐水材料」である。

7．用途上不可分の関係にある2以上の建築物のある一団の土地は，「敷地」である。

8．床が地盤面下にある階で，床面から地盤面までの高さが1m以上のものは，「地階」である。

9．避難上有効なバルコニーがある階は，「避難階」である。

10．その者の責任において，工事を設計図書と照合し，それが設計図書のとおりに実施されているかいないかを確認する者は，「工事監理者」である。

答え　➡ p.254，p.255

1・3 面積・高さの算定

1・3・1 各種面積の算定

(1) 敷地面積（令第2条第1項第一号）

> 一 敷地面積 敷地の水平投影面積による。ただし，建築基準法（以下「法」という。）第42条第2項，第3項又は第5項の規定によつて道路の境界線とみなされる線と道との間の部分の敷地は，算入しない。

1）敷地面積は，水平に投影した面積として算定する。

2）法第42条第2項又は第3項の規定により，道から敷地側に後退した線を道路境界線とみなす場合，後退部分は敷地面積に算入しない。

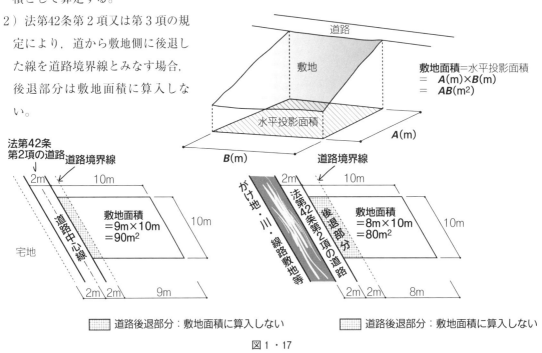

図1・17

(2) 建築面積（令第2条第1項第二号）

> 二 建築面積 建築物（地階で地盤面上1m以下にある部分を除く。以下この号において同じ。）の外壁又はこれに代わる柱の中心線（軒，ひさし，はね出し縁その他これらに類するもの（以下この号において「軒等」という。）で当該中心線から水平距離1m以上突き出たもの（建築物の建蔽率の算定の基礎となる建築面積を算定する場合に限り，工場又は倉庫の用途に供する建築物において専ら貨物の積卸しその他これに類する業務のために設ける軒等でその端と敷地境界線との間の敷地の部分に有効な空地が確保されていることその他の理由により安全上，防火上及び衛生上支障がないものとして国土交通大臣が定める軒等（以下この号において「特例軒等」という。）のうち当該中心線から突き出た距離が水平距離1m以上5m未満のものであるものを除く。）がある場合においては，その端から水平距離1m後退した線（建築物の建蔽率の算定の基礎となる建築面積を算定する場合に限り，特例軒等のうち当該中心線から水平距離5m上突き出たものにあつては，その端から水平距離5m以内で当該特例軒等の構造に応じて国土交通大臣が定める距離後退した線））で囲まれた部分の水平投影面積による。ただし，国土交通大臣が高い開放性を有すると認めて指定する構造の建築物又はその部分については，当該建築物又はその部分の端から水平距離1m以内の部分の水平投影面積は，当該建築物の建築面積に算入しない。

1）建築面積は，**外壁等の中心線で囲まれた部分の大きさ**を，建築物全体として**水平面に投影した面積**として算定する。

2）軒やひさし等の外壁面から突き出している部分の建築面積は，先端から1m後退した線により算定する。したがって，1m以下の軒やひさし等は，すべて算入しない。

3）地階で地盤面上1mを超える部分は建築面積に算入し，地盤面上1m以下の部分は算入しない。

4）特定軒等（倉庫等に設ける荷下ろし業務のために設ける軒で，①庇の端は敷地境界から5m以上離隔，②敷地境界線を基準点として，庇の高さに応じた離隔距離を確保，③庇部分の仕上げは不燃材料，④庇上部に上階を設けない等の条件あり）（告示にて制定予定）に関しては，先端から5mまでは建築面積に算入しない。（不算入となる庇の合計面積は，当該敷地の建築可能面積（敷地面積×当該敷地の建蔽率）の1割以下とする。）

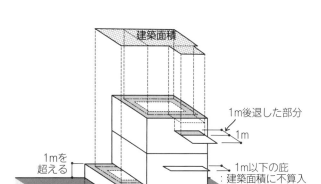

図1・18

┌─ 確認問題 ─

法令上正しいものに○を，正しくないものに×を付けなさい。
1．国土交通大臣が高い開放性を有すると認めて指定する構造の建築物については，その端から水平距離1m以内の部分の水平投影面積は，建築面積に算入しない。　　　　　　　　　　　　　　（　○　）

└─────

⑶　床面積（令第2条第1項第三号）

> 三　床面積　建築物の各階又はその一部で壁その他の区画の中心線で囲まれた部分の水平投影面積による。

1）床面積は，各階の水平投影面積又は，壁その他の区画の中心線で囲まれた部分の投影面積による。

⑷　延べ面積（令第2条第1項第四号）

> 四　延べ面積　建築物の各階の床面積の合計による。ただし，法第52条第1項に規定する延べ面積（建築物の容積率の最低限度に関する規制に係る当該容積率の算定の基礎となる延べ面積を除く。）には，次に掲げる建築物の部分の床面積を算入しない。
> 　イ　自動車車庫その他の専ら自動車又は自転車の停留又は駐車のための施設（誘導車路，操車場所及び乗降場を含む。）の用途に供する部分（第3項第一号及び第137条の8において「自動車車庫等部分」という。）
> 　ロ　専ら防災のために設ける備蓄倉庫の用途に供する部分（第3項第二号及び第137条の8において「備蓄倉庫部分」という。）
> 　ハ　蓄電池（床に据え付けるものに限る。）を設ける部分（第3項第三号及び第137条の8において「蓄電池設置部分」という。）
> 　ニ　自家発電設備を設ける部分（第3項第四号及び第137条の8において「自家発電設備設置部分」という。）
> 　ホ　貯水槽を設ける部分（第3項第五号及び第137条の8において「貯水槽設置部分」という。）
> 　ヘ　宅配ボックス（配達された物品（荷受人が不在その他の事由により受け取ることができないものに限る。）の一時保管のための荷受箱をいう。）を設ける部分（第3項第六号及び第137条の8において「宅配ボックス設置部分」という。）

1）延べ面積は，原則，建築物の**各階の床面積の合計**である。（自動車車庫，地階の住宅等も全て算入される。）

２）延べ面積は，この号でいう「**延べ面積**」と容積率を算定する場合の「**容積率の算定の基礎となる延べ面積**」の２種類ある。

３）容積率算定の基礎となる延べ面積には，自動車車庫，備蓄倉庫部分等は，令第２条第３項に掲げる規模に応じて算入されない。

４）容積率算定の基礎となる延べ面積には，そのほか

① 地階の住宅，老人ホーム等：住宅又は老人ホーム等の部分の1/3を限度として算入しない。（法第52条第3項）

② エレベーターの昇降路又は共同住宅，老人ホーム等の共用の廊下，階段：全て参入しない。（法第52条第6項第一号第二号，令第135条の16）

③ 住宅又は老人ホーム等に設ける機械室その他これに類する建築物の部分。（法第52条第6項第三号，第5章参照）

⑸ 建築物の容積率の算定の基礎となる延べ面積に算入しない部分の限度（令第２条第３項）

> 3　第１項第四号ただし書の規定は，次の各号に掲げる建築物の部分の区分に応じ，当該敷地内の建築物の各階の床面積の合計（同一敷地内に二以上の建築物がある場合においては，それらの建築物の各階の床面積の合計の和）に当該各号に定める割合を乗じて得た面積を限度として適用するものとする。
> 一　自動車車庫等部分　1/5
> 二　備蓄倉庫部分　1/50
> 三　蓄電池設置部分　1/50
> 四　自家発電設備設置部分　1/100
> 五　貯水槽設置部分　1/100
> 六　宅配ボックス設置部分　1/100

設問　図のような建築物において，延べ面積と容積率算定の基礎となる延べ面積を求めよ。

5階：事務室　250m²
4階：事務室　250m²
3階：事務室　250m²
2階：事務室　250m²
1階：自動車車庫（200m²）事務所（50m²）　250m²

※各階昇降路部分（5 m²）

解答　延べ面積は各階の床面積の合計なので

$$250\,\text{m}^2\,（各階の床面積）\times 5\,（階）= \mathbf{1{,}250\ m^2}$$

容積率算定の基礎となる延べ面積には，①自動車車庫は延べ面積の1/5を限度として算入されない。②昇降路の部分は全て算入されない。

① $1{,}250\,\text{m}^2\times 1/5 = 250\,\text{m}^2$ までは算入されない。　② $5\,\text{m}^2\times 5 = 25\,\text{m}^2$ は算入されない。

したがって，容積率算定の基礎となる延べ面積は，自動車車庫面積が200 m²なので全て算入されず，昇降路25 m²も算入されない。

$$1250\,\text{m}^2\,（各階の床面積の合計）- 200\,\text{m}^2\,（自動車車庫の床面積）- 25\,\text{m}^2\,（昇降路）= \mathbf{1{,}025\ m^2}$$

となる。

確認問題

法令上正しいものに〇を，正しくないものに×を付けなさい。

1．延べ面積 1,000 m² の建築物の電気設備室に設置する自家発電設備の設置部分の床面積が 20 m² の場合，当該部分の床面積については，建築基準法第52条第1項に規定する容積率の算定の基礎となる延べ面積に算入しない。

（　×　　10 m² は算入）

1・3・2　建築物の高さ

(1)　地盤面（令第2条第2項）

> 2　前項第二号，第六号又は第七号の⎡地盤面⎦とは，建築物が周囲の地面と接する位置の平均の高さにおける水平面をいい，その接する位置の高低差が3mを超える場合においては，その高低差3m以内ごとの平均の高さにおける水平面をいう。

1）高低差のある地盤の地盤面とは，建築物が地面と接する位置の平均の高さとする。

2）高低差が3mを超える場合は，高低差3m以内の範囲ごとにそれぞれの地盤面を平均で求める。

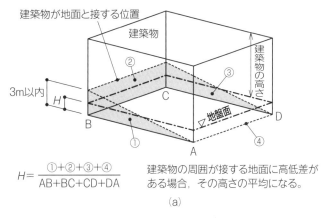

$$H= \frac{①+②+③+④}{AB+BC+CD+DA}$$

建築物の周囲が接する地面に高低差がある場合，その高さの平均になる。

(a)

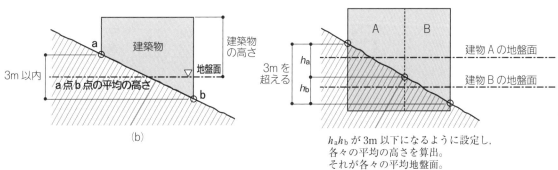

(b)

$h_a h_b$が3m以下になるように設定し，各々の平均の高さを算出。それが各々の平均地盤面。

(c)

図1・19

⑵ 建築物の高さ（令第2条第1項第六号）

六 建築物の高さ 地盤面からの高さによる。ただし，次のイ，ロ又はハのいずれかに該当する場合においては，
それぞれイ，ロ又はハに定めるところによる。
 イ 法第56条第1項第一号の規定並びに第130条の12及び第135条の19の規定による高さの算定については，前面
道路の路面の中心からの高さによる。
 ロ 法第33条及び法第56条第1項第三号に規定する高さ並びに法第57条の4第1項，法第58条第1項及び第2
項，法第60条の2の第3項並びに法第60条の3第2項に規定する高さ（北側の前面道路又は隣地との関係につ
いての建築物の各部分の高さの最高限度が定められている場合におけるその高さに限る。）を算定する場合を
除き，階段室，昇降機塔，装飾塔，物見塔，屋窓その他これらに類する建築物の屋上部分の水平投影面積の
合計が当該建築物の建築面積の1/8以内の場合においては，その部分の高さは，12 m（法第55条第1項から第
 3項まで，法第56条の2第4項，法第59条の2第1項（法第55条第1項に係る部分に限る。）並びに法別表第
 4（ろ）欄2の項，3の項及び4の項ロの場合には，5 m）までは，当該建築物の高さに算入しない。
 ハ 棟飾，防火壁の屋上突出部その他これらに類する屋上突出物は，当該建築物の高さに算入しない。

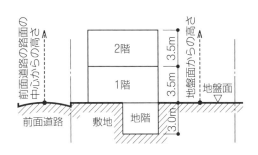

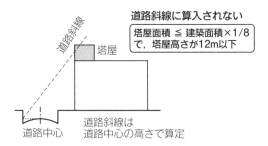

【塔屋等（建築面積が1/8以内）の高さ】

A：一般に，塔屋等は，12m
まで高さに算入しない
B：法令33条（避雷設備），
法第56条第1項第三号
（北側斜線）の場合，すべ
ての高さに算入する
C：法第55条（絶対高さ），
法第56条の2（日影規
制）の場合，5mまで高さ
に算入しない

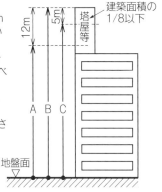

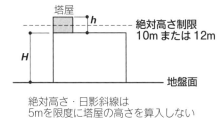

図1・20

1）建築物の高さは，原則として，**地盤面からの高さ**とする。

2）道路高さ制限（法第56条第1項）の場合等は，**前面道路の路面の中心線**からの高さとする。

3）棟飾，防火壁の屋上突出部等は，当該建物の高さに算入しない。

4）**建築面積の1/8以下の塔屋等**は，原則として，**12 m を限度**としての高さに算入しない。（道路高さ
制限（法第56条第1項第一号），隣地高さ制限（法第56条第1項第二号））（Aの部分）

① 避雷針（法第33条），北側高さ制限（法第56条第1項第三号）の場合，塔屋等は**全て算入**する。
（Bの部分）

② 絶対高さ（法第55条），日影規制（法第56条の2）の場合，塔屋部分は**5 m を限度**として算入
しない。（Cの部分）

確認問題

法令上正しいものに〇を，正しくないものに×を付けなさい。
1．避雷設備の設置の必要性を検討するにあたっての建築物の高さの算定において，階段室，昇降機塔等の建築物の屋上部分で，その水平投影面積の合計が当該建築物の建築面積の1/8以内の場合，その部分の高さは，12mまで当該建築物の高さに算入しない。　　　　　　　　　　　　　　　　　　　　　　（ × 　全て算入 ）

(3)　軒の高さ（令第2条第1項第七号）

> 七　軒の高さ　地盤面（第130条の12第一号イの場合には，前面道路の路面の中心）から建築物の小屋組又はこれに代わる横架材を支持する壁，敷桁又は柱の上端までの高さによる。

1）軒の高さとは，地盤面から建築物の小屋組又はこれに代わる横架材（はり）を支持する壁，敷げた，又は柱の上端までの高さによる。（図1・21）

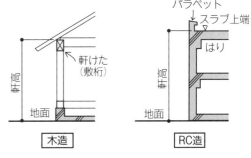

図1・21

(4)　階数（令第2条第1項第八号）

> 八　階数　昇降機塔，装飾塔，物見塔その他これらに類する建築物の屋上部分又は地階の倉庫，機械室その他これらに類する建築物の部分で，水平投影面積の合計がそれぞれ当該建築物の建築面積の1/8以下のものは，当該建築物の階数に算入しない。また，建築物の一部が吹抜きとなつている場合，建築物の敷地が斜面又は段地である場合その他建築物の部分によつて階数を異にする場合においては，これらの階数のうち最大なものによる。

1）その建築物の全ての階を数えて，階数とする。ただし，**階段室・昇降機塔などのペントハウス**，又は**地階の倉庫・機械室**などは，水平投影面積の合計がそれぞれその**建築物の建築面積の1/8以下の**ものは，その建築物の階数に算入しない。
2）建築物が吹抜けとなっていたり，斜面地に建っていて，階数を異にする場合には，**これらの階数のうち最大のものによる。**
3）地階に居室があれば，床面積に関係なく，階数に算入される。
4）法には規定していないが，階の高さは床面からその直上階の床面までの高さをいう。

確認問題

法令上正しいものに〇を，正しくないものに×を付けなさい。
1．建築物の地階で，倉庫とそれに通ずる階段室からなるものは，その水平投影面積の合計が，当該建築物の建築面積の1/8以下であっても，当該建築物の階数に算入する。　　　　　　　（ × ）
2．建築物の屋上部分で，水平投影面積の合計が当該建築物の建築面積の1/8の塔屋において，その一部に物置を設けたものは，当該建築物の階数に算入する。　　　　　　　　　　　　（ 〇 ）

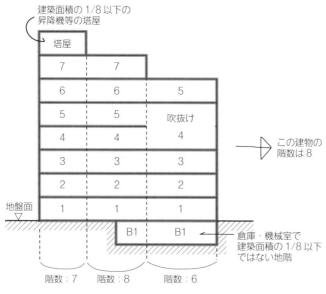

建築面積の1/8以下の
昇降機等の塔屋

塔屋

この建物の
階数は8

倉庫・機械室で
建築面積の1/8以下
ではない地階

地盤面

階数：7　　階数：8　　階数：6

図1・22

例題

例題01-3

図のような建築物に関する次の記述のうち，建築基準法上，**正しいもの**はどれか。ただし，国土交通大臣が高い開放性を有すると認めて指定する構造の部分はないものとする。

1．敷地面積は，500 m² である。
2．建築面積は，150 m² である。
3．延べ面積は，286 m² である。
4．高さは，10.5 m である。
5．階数は，3 である。

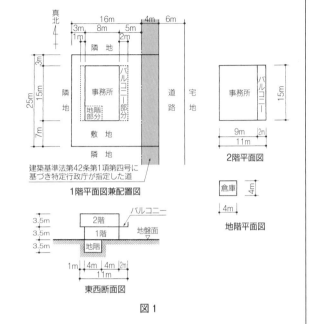

図 1

例題01-4

図のような建築物に関する次の記述のうち，建築基準法上，**正しいもの**はどれか。ただし，図に記載されているものを除き，特定行政庁の指定等はないものとし，国土交通大臣が高い開放性を有すると認めて指定する構造の部分はないものとする。

1．敷地面積は，300 m²である。
2．建築面積は，80 m²である。
3．延べ面積は，152 m²である。
4．建築基準法第56条第1項第二号に規定する高さを算定する場合の建築物の高さは，9.5 m である。
5．階数は，2 である。

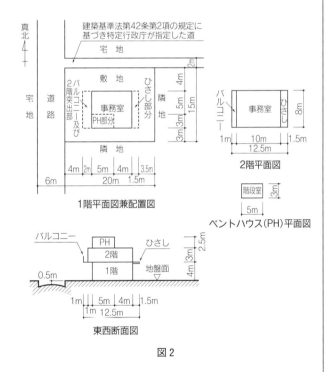

図 2

答え　➡ p.255

第2章

一般構造の規定

2・1　居室の採光

　　住宅，学校，病院等の居室については，自然光が健康に与える影響が大きい。居住環境を維持するため，居室の床面積に対して一定割合以上の「採光に有効な開口部」を設けることが必要とされている。

⑴　居室の採光（法第28条第1項，第4項）

> **法第28条**　住宅，学校，病院，診療所，寄宿舎，下宿その他これらに類する建築物で政令で定めるものの居室（居住のための居室，学校の教室，病院の病室その他これらに類するものとして政令で定めるものに限る。）には，採光のための窓その他の開口部を設け，その採光に有効な部分の面積は，その居室の床面積に対して，1/5から1/10までの間において居室の種類に応じ政令で定める割合以上としなければならない。ただし，地階若しくは地下工作物内に設ける居室その他これらに類する居室又は温湿度調整を必要とする作業を行う作業室その他用途上やむを得ない居室については，この限りでない。
> 4　ふすま，障子その他随時開放することができるもので仕切られた二室は，前三項の規定の適用については，一室とみなす。

1）1項　住宅，学校，病院，診療所，寄宿舎，下宿等の居室には，居室の床面積に対して政令（令19条第3項）で定める割合（1/5〜1/10）以上の採光に有効な窓その他の開口部を設けなければならない。

　　　採光有効面積　≧　採光必要面積（居室の床面積×1/5〜1/10）

2）4項　採光，換気に関しては，ふすま，障子その他随時開放できるもので仕切られた2室は，**1室とみなす。**

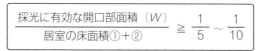

採光に有効な開口部面積：W

ふすま

居室の床面積：A＝①＋②

図2・1

(2)　居室の採光（令第19条第 2 項，第 3 項）

令第19条

2　法第28条第 1 項の政令で定める居室は，次に掲げるものとする。
　一　保育所及び幼保連携型認定こども園の保育室
　二　診療所の病室
　三　児童福祉施設等の寝室（入所する者の使用するものに限る。）
　四　児童福祉施設等（保育所を除く。）の居室のうちこれらに入所し，又は通う者に対する保育，訓練，日常生活に必要な便宜の供与その他これらに類する目的のために使用されるもの
　五　病院，診療所及び児童福祉施設等の居室のうち入院患者又は入所する者の談話，娯楽その他これらに類する目的のために使用されるもの
3　法第28条第 1 項の政令で定める割合は，次の表の左欄に掲げる居室の種類の区分に応じ，それぞれ同表の右欄に掲げる割合とする。ただし，同表の(1)の項から(6)の項までの左欄に掲げる居室のうち，国土交通大臣が定める基準に従い，照明設備の設置，有効な採光方法の確保その他これらに準ずる措置が講じられているものにあつては，それぞれ同表の右欄に掲げる割合から1/10までの範囲内において国土交通大臣が別に定める割合とする。

	居室の種類	割合
(1)	幼稚園，小学校，中学校，義務教育学校，高等学校，中等教育学校又は幼保連携型認定こども園の教室	1/5
(2)	前項第一号に掲げる居室	
(3)	住宅の居住のための居室	1/7
(4)	病院又は診療所の病室	
(5)	寄宿舎の寝室又は下宿の宿泊室	
(6)	前項第三号及び第四号に掲げる居室	
(7)	(1)の項に掲げる学校以外の学校の教室	1/10
(8)	前項第五号に掲げる居室	

---

1 ）　3 項　居室の種類による，床面積に対する有効採光面積の割合を示す。ただし書きにより，(1)の項から(6)の項に関しては，照明設備の設置等により1/7〜1/10までの範囲内において，国交大臣が別に定める割合とすることができる。

(3)　令19条第 3 項ただし書きに基づく照明設備（昭和55年建設省告示第1800号）

昭和55年建設省告示第1800号

第 1 　照明設備の設置，有効な採光方法の確保その他これらに準ずる措置の基準
　一〜三　（略）
　四　住宅の居住のための居室にあつては，床面において50ルックス以上の照度を確保することができるよう照明設備を設置すること。
第 2 　窓その他の開口部で採光に有効な部分の面積のその床面積に対する割合で国土交通大臣が別に定めるもの
　一　（略）
　二　第 1 第三号又は第四号に定める措置が講じられている居室にあつては，1/10とする。

---

1 ）　令第19条第 3 項ただし書きは，住宅の居室にあっては，床面において50 lx（ルックス）以上の照度を確保できる照明設備を設けた場合，割合は1/10とすることができる。

(4)　有効採光面積の算定方法（令第20条）

令第20条　法第28条第 1 項に規定する居室の窓その他の開口部（以下この条において「開口部」という。）で採光に有効な部分の面積は，当該居室の開口部ごとの面積に，それぞれ採光補正係数を乗じて得た面積を合計して算定するものとする。ただし，国土交通大臣が別に算定方法を定めた建築物の開口部については，その算定方法によることができる。

2　前項の採光補正係数は、次の各号に掲げる地域又は区域の区分に応じ、それぞれ当該各号に定めるところにより計算した数値（天窓にあつては当該数値に3.0を乗じて得た数値、その外側に幅90 cm 以上の縁側（ぬれ縁を除く。）その他これに類するものがある開口部にあつては当該数値に0.7を乗じて得た数値）とする。ただし、採光補正係数が3.0を超えるときは、3.0を限度とする。

一　第一種低層住居専用地域、第二種低層住居専用地域、第一種中高層住居専用地域、第二種中高層住居専用地域、第一種住居地域、第二種住居地域又は準住居地域　隣地境界線（…）又は同一敷地内の他の建築物（…）若しくは当該建築物の他の部分に面する開口部の部分で、その開口部の直上にある建築物の各部分（…）からその部分の面する隣地境界線（開口部が、道（…）に面する場合にあつては当該道の反対側の境界線とし、公園、広場、川その他これらに類する空地又は水面に面する場合にあつては当該公園、広場、川その他これらに類する空地又は水面の幅の1/2だけ隣地境界線の外側にある線とする。）又は同一敷地内の他の建築物若しくは当該建築物の他の部分の対向部までの水平距離（以下この項において「水平距離」という。）を、その部分から開口部の中心までの垂直距離で除した数値のうちの最も小さい数値（以下「採光関係比率」という。）に6.0を乗じた数値から1.4を減じて得た算定値（次のイからハまでに掲げる場合にあつては、それぞれイからハまでに定める数値）

イ　開口部が道に面する場合であつて、当該算定値が1.0未満となる場合　1.0

ロ　開口部が道に面しない場合であつて、水平距離が7 m 以上であり、かつ、当該算定値が1.0未満となる場合　1.0

ハ　開口部が道に面しない場合であつて、水平距離が7 m 未満であり、かつ、当該算定値が負数となる場合　0

二　準工業地域、工業地域又は工業専用地域　採光関係比率に8.0を乗じた数値から1.0を減じて得た算定値（次のイからハまでに掲げる場合にあつては、それぞれイからハまでに定める数値）

イ　開口部が道に面する場合であつて、当該算定値が1.0未満となる場合　1.0

ロ　開口部が道に面しない場合であつて、水平距離が5 m 以上であり、かつ、当該算定値が1.0未満となる場合　1.0

ハ　開口部が道に面しない場合であつて、水平距離が5 m 未満であり、かつ、当該算定値が負数となる場合　0

三　近隣商業地域、商業地域又は用途地域の指定のない区域　採光関係比率に10を乗じた数値から1.0を減じて得た算定値（次のイからハまでに掲げる場合にあつては、それぞれイからハまでに定める数値）

イ　開口部が道に面する場合であつて、当該算定値が1.0未満となる場合　1.0

ロ　開口部が道に面しない場合であつて、水平距離が4 m 以上であり、かつ、当該算定値が1.0未満となる場合　1.0

ハ　開口部が道に面しない場合であつて、水平距離が4 m 未満であり、かつ、当該算定値が負数となる場合　0

1）1項　採光有効面積＝開口部の面積×採光補正係数

2）2項　採光補正係数は用途地域に応じて計算する。

第一号　住居系用途地域　　$D/H \times 6.0 - 1.4$

第二号　工業系用途地域　　$D/H \times 8.0 - 1.0$

第三号　商業系用途地域　　$D/H \times 10.0 - 1.0$

D/H は採光関係比率（開口部の直上にある建築物の部分から隣地境界線までの距離（道に面する場合は道の反対側、公園、川等に面する場

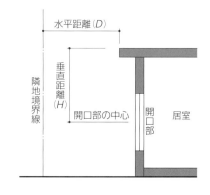

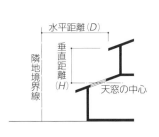

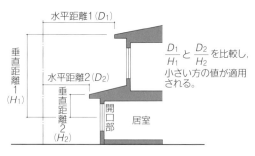

図2・2　　　　　　　　　　　　　　　　　　図2・3

合はその1/2までの距離）D を，その部分から**開口部の中心までの垂直距離 H で割った値**）

3）**天窓の場合**，採光補正係数を **3 倍**，幅90 cm 以上の縁側（ぬれ縁を除く。）がある場合**0.7倍**した値となる。ただし，**採光補正係数の限度は，3.0**である。

┌─ 確認問題 ─┐

法令上**正しいもの**に**○**を，**正しくないもの**に**×**を付けなさい。
1. 有料老人ホームにおける床面積 50 m² の入所者用娯楽室には，採光のための窓その他の開口部を設け，その採光に有効な部分の面積は，原則として，5 m² 以上としなければならない。　　　　　　（　○　）
2. 高等学校における職員室には，採光のための窓その他の開口部を設けなくてもよい。　　　　　　　（　○　）

表 2・1

号	地域		条件	数値
第一号	住居系	イ	開口部が道に面し，算定値が1.0未満となる場合	1.0
		ロ	水平距離が 7 m 以上で，算定値が1.0未満となる場合	1.0
		ハ	水平距離が 7 m 未満で，算定値が負となる場合	0
第二号	工業系	イ	開口部が道に面し，算定値が1.0未満となる場合	1.0
		ロ	水平距離が 5 m 以上で，算定値が1.0未満となる場合	1.0
		ハ	水平距離が 5 m 未満で，算定値が負となる場合	0
第三号	商業系	イ	開口部が道に面し，算定値が1.0未満となる場合	1.0
		ロ	水平距離が 4 m 以上で，算定値が1.0未満となる場合	1.0
		ハ	水平距離が 4 m 未満で，算定値が負となる場合	0

設問1　第一種中高層住居専用地域内（建築基準法第86条第10項に規定する公告対象区域外とする）において，図のような断面を持つ住宅の 1 階の居室の開口部（幅1.25 m，**面積 2.0 m²**）の①**「採光に有効な部分の面積」**，②**「居室の採光の規定に適合する当該居室の床面積の最大値」**を求めよ。また，居室の床面積が 30 m² の場合，有効な採光を確保するために，隣地境界線から後退しなければならない③**最小限度の距離 X** は，何 m となるか求めよ。

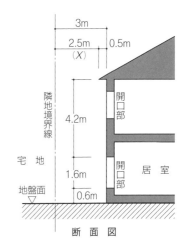

断　面　図

解答　① 採光有効面積＝開口部の面積×採光補正係数より

・開口部の面積＝2.0 m²

・採光補正係数（住居系）＝$D/H×6.0-1.4$

$D = 2.5$ m（開口部の直上か隣地境界線までの距離）

$H = 4.2$ m＋0.8 m＝5.0 m（開口部の中心までの距離）

$2.5/5.0×6.0-1.4＝1.6$

採光有効面積＝2.0 m²×1.6＝3.2 m²となる。

② 居室の床面積の最大値（A m²）は，法第28条 1 項より

採光有効面積≧採光必用面積（A m²×1/7）の関係にある。

・採光有効面積＝3.2 m²

・3.2 m²≧A m²×1/7　→　3.2 m²×7≧A m²

　　居室の床面積の最大 $A\,\mathrm{m}^2 = 22.4\,\mathrm{m}^2$ となる。

③　隣地から後退しなければならない最小限度の距離 X は，採光有効面積 ≧ 採光必要面積（$1/7 \times A\,\mathrm{m}^2$），

　　採光有効面積 = 開口部の面積 × 採光補正係数と，居室の床面面積（$A\,\mathrm{m}^2$）$30\,\mathrm{m}^2$ より

　　・採光必用面積 = $30\,\mathrm{m}^2 \times 1/7 ≒ 4.29\,\mathrm{m}^2$　→　採光有効面積と置き換えて

　　・$4.29\,\mathrm{m}^2 = 2.0\,\mathrm{m}^2 \times (X/5.0 \times 6.0 - 1.4)$　→　から X を求める。

　　居室の床面積が $30\,\mathrm{m}^2$ の場合の，隣地から後退しなければならない**最小限度の距離** $X ≒ \mathbf{2.96\,m}$

例題

例題02-1

　第一種低層住居専用地域内（建築基準法第86条第10項に規定する公告対象区域外とする。）において，川（幅4.0 m）に面して図のような断面をもつ住宅の1階居室の開口部（幅2.0 m，面積4.0 m²）の「採光に有効な部分の面積」として，建築基準法上，**正しいもの**は，次のうちどれか。

1. 0.0 m²
2. 6.4 m²
3. 8.8 m²
4. 9.4 m²
5. 12.0 m²

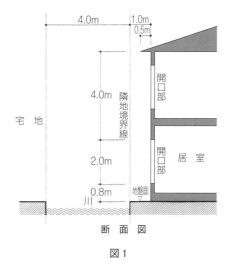

断 面 図

図1

例題02-2

　第一種住居地域内（建築基準法第86条第10項に規定する公告対象区域外とする。）において，図のような断面をもつ住宅の1階の居室の開口部（幅2.0 m，面積4.0 m²）の「採光に有効な部分の面積」として，建築基準法上，**正しいもの**は，次のうちどれか。

1. 2.4 m²
2. 4.0 m²
3. 6.4 m²
4. 8.8 m²
5. 12.0 m²

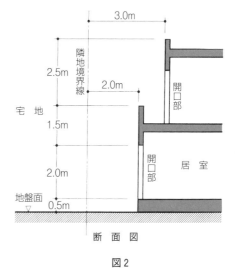

断 面 図

図2

答え　➡ p.255

2・2 居室の換気

(1) 居室の換気（法第28条第2項，第3項）

> **法第28条**
> 2 居室には換気のための窓その他の開口部を設け，その換気に有効な部分の面積は，その居室の床面積に対して，1/20以上としなければならない。ただし，政令で定める技術的基準に従つて換気設備を設けた場合においては，この限りでない。
> 3 別表第一(い)欄(一)項に掲げる用途に供する特殊建築物の居室又は建築物の調理室，浴室その他の室でかまど，こんろその他火を使用する設備若しくは器具を設けたもの（政令で定めるものを除く。）には，政令で定める技術的基準に従つて，換気設備を設けなければならない。

1）2項 居室には原則，

換気上有効な開口部面積≧必要換気面積

（1/20×居室の床面積）

ただし，**令第20条の2**で定める技術的基準に従って換気設備を設けた場合は，開口部等を設けなくてもよい。

2）3項 別表第一(い)欄(一)項の特殊建築物の居室又は火気使用室（**令第20条の3第1項は除く。**）は，令第20条の3第2項で定める技術的基準に従って換気設備を設けなければならない。

・換気上有効な開口部のみでは適用しない。**必ず換気設備を設けなければならない。**

換気上有効な開口部の面積

ふすま

居室の床面積：A＝①＋②

図2・4

(2) 換気設備の技術的基準（令第20条の2）

> **令第20条の2** 第28条第2項ただし書の政令で定める技術的基準及び同条第3項（法第87条第3項において準用する場合を含む。以下この条及び次条第1項において同じ。）の政令で定める法第28条第3項に規定する特殊建築物（第一号において「特殊建築物」という。）の居室に設ける換気設備の技術的基準は，次に掲げるものとする。
> 一 換気設備の構造は，次のイからニまで（特殊建築物の居室に設ける換気設備にあつては，ロからニまで）のいずれかに適合するものであること。
> 　イ 自然換気設備にあつては，第129条の2の5第1項の規定によるほか，次に掲げる構造とすること。
> 　　(1)～(3)（略）
> 　ロ 機械換気設備（中央管理方式の空気調和設備（空気を浄化し，その温度，湿度及び流量を調節して供給（排出を含む。）をすることができる設備をいう。以下同じ。）を除く。以下同じ。）にあつては，第129条の2の5第2項の規定によるほか，次に掲げる構造とすること。
> 　　(1)～(3)（略）
> 　ハ 中央管理方式の空気調和設備にあつては，第129条の2の5第3項の規定によるほか，衛生上有効な換気を確保することができるものとして国土交通大臣が定めた構造方法を用いるものとすること。
> 　ニ イからハまでに掲げる構造とした換気設備以外の換気設備にあつては，次に掲げる基準に適合するものとして，国土交通大臣の認定を受けたものとすること。
> 　　(1)～(4)（略）
> 二 法第34条第2項に規定する建築物又は各構えの床面積の合計が1,000 m²を超える地下街に設ける機械換気設備（一の居室のみに係るものを除く。）又は中央管理方式の空気調和設備にあつては，これらの制御及び作動状態の監視を中央管理室（当該建築物，同一敷地内の他の建築物又は一団地内の他の建築物の内にある管理事務所，守衛所その他常時当該建築物を管理する者が勤務する場所で避難階又はその直上階若しくは直下階に設けたものをいう。以下同じ。）において行うことができるものであること。

１）居室の換気設備は，イ．自然換気設備，ロ．機械換気設備，ハ．中央管理方式の空気調和設備，
　ニ．大臣認定のいずれによらなければならない。

２）特殊建築物の居室は，自然換気設備以外の換気設備としなければならない。

確認問題

法令上正しいものに○を，正しくないものに×を付けなさい。
1．集会場の用途に供する床面積200 m^{2}の居室には，換気に有効な部分の面積が10 m^{2}の窓を設けた場合において
　も，所定の換気設備を設けなければならない。　　　　　　　　　　　　　　　　　　　　　　（　○　）

---

(3)　換気設備の構造（令第129条の2の5）

令第129条の2の5　建築物（換気設備を設けるべき調理室等を除く。以下この条において同じ。）に設ける 自然換気設備 は，次に定める構造としなければならない。
一　換気上有効な給気口及び排気筒を有すること。
二　給気口は，居室の天井の高さの1/2以下の高さの位置に設け，常時外気に開放された構造とすること。
三　排気口（排気筒の居室に面する開口部をいう。以下この項において同じ。）は，給気口より高い位置に設け，
　常時開放された構造とし，かつ，排気筒の立上り部分に直結すること。
四　排気筒は，排気上有効な立上り部分を有し，その頂部は，外気の流れによつて排気が妨げられない構造とし，
　かつ，直接外気に開放すること。
五　排気筒には，その頂部及び排気口を除き，開口部を設けないこと。
六　給気口及び排気口並びに排気筒の頂部には，雨水の浸入又はねずみ，虫，ほこりその他衛生上有害なものの浸
　入を防ぐための設備をすること。
2　建築物に設ける 機械換気設備 は，次に定める構造としなければならない。
一　換気上有効な給気機及び排気機，換気上有効な給気機及び排気口又は換気上有効な給気口及び排気機を有する
　こと。
二　給気口及び排気口の位置及び構造は，当該居室内の人が通常活動することが想定される空間における空気の分
　布を均等にし，かつ，著しく局部的な空気の流れを生じないようにすること。
三　給気機の外気取入口並びに直接外気に開放された給気口及び排気口には，雨水の浸入又はねずみ，虫，ほこり
　その他衛生上有害なものの浸入を防ぐための設備をすること。
四　直接外気に開放された給気口又は排気口に換気扇を設ける場合には，外気の流れによつて著しく換気能力が低
　下しない構造とすること。
五　風道は，空気を汚染するおそれのない材料で造ること。
3　建築物に設ける 中央管理方式の空気調和設備 の構造は，……

令第20条の2（換気設備の技術的基準）から換気
設備の構造

１）1項　自然換気設備の構造

２）2項　機械換気設備の構造

　①　給気機及び排気機（第1種機械換気設備）

　②　給気機及び排気口（第2種機械換気設備）

　③　給気口及び排気機（第3種機械換気設備）

３）3項　中央管理方式の空気調和設備の構造

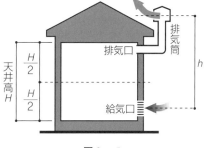

図2・5

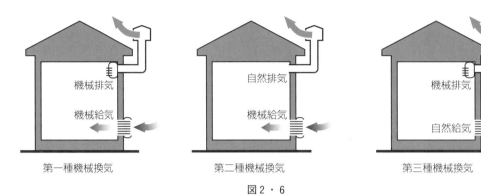

第一種機械換気　　　　　　　　　第二種機械換気　　　　　　　　　第三種機械換気

図2・6

確認問題

法令上正しいものに○を，正しくないものに×を付けなさい。

1．建築物（換気設備を設けるべき調理室を除く。）に設ける自然換気設備の給気口は，居室の天井高さの1/2以下の高さの位置に設け，常時外気に解放された構造としなければならない。　　　　　　　（　○　）

⑷ 換気，暖房，冷房設備の風道（令第129条の2の4　第1項第六号）

六　地階を除く階数が3以上である建築物，地階に居室を有する建築物又は延べ面積が3,000 m²を超える建築物に設ける換気，暖房又は冷房の設備の<u>風道</u>及びダストシュート，メールシュート，リネンシュートその他これらに類するもの（屋外に面する部分その他防火上支障がないものとして国土交通大臣が定める部分を除く。）は，<u>不燃材料で造ること</u>。

1）換気に関連する，大規模建築物等の風道（ダクト）等の設備の構造：不燃材料で造ること。

⑸ 火を使用する室に設けなければならない換気設備等（令第20条の3）

令第20条の3　法第28条第3項の規定により政令で定める室は，次に掲げるものとする。
一　火を使用する設備又は器具で直接屋外から空気を取り入れ，かつ，廃ガスその他の生成物を直接屋外に排出する構造を有するものその他室内の空気を汚染するおそれがないもの（以下この項及び次項において「密閉式燃焼器具等」という。）以外の火を使用する設備又は器具を設けていない室
二　床面積の合計が100 m²以内の住宅又は住戸に設けられた調理室（発熱量の合計（密閉式燃焼器具等又は煙突を設けた設備若しくは器具に係るものを除く。次号において同じ。）が12 kW以下の火を使用する設備又は器具を設けたものに限る。）で，当該調理室の床面積の1/10（0.8 m²未満のときは，0.8 m²とする。）以上の有効開口面積を有する窓その他の開口部を換気上有効に設けたもの
三　発熱量の合計が6 kW以下の火を使用する設備又は器具を設けた室（調理室を除く。）で換気上有効な開口部を設けたもの
2　建築物の調理室，浴室，その他の室でかまど，こんろその他火を使用する設備又は器具を設けたもの（前項に規定するものを除く。第一号イ及び第129条の2の5第1項において「換気設備を設けるべき調理室等」という。）に設ける換気設備は，次に定める構造としなければならない。
一　換気設備の構造は，次のイ又はロのいずれかに適合するものとすること。
　イ　次に掲げる基準に適合すること。
　　⑴　給気口は，換気設備を設けるべき調理室等の天井の高さの2分の1以下の高さの位置（煙突を設ける場合又は換気上有効な排気のための換気扇その他これに類するもの（以下このイにおいて「換気扇等」という。）を設ける場合には，適当な位置）に設けること。
　　⑵　排気口は，換気設備を設けるべき調理室等の天井又は天井から下方80 cm以内の高さの位置（煙突又は排気フードを有する排気筒を設ける場合には，適当な位置）に設け，かつ，換気扇等を設けて，直接外気に開放し，若しくは排気筒に直結し，又は排気上有効な立上り部分を有する排気筒に直結すること。
　　⑶～⑻
　ロ　火を使用する設備又は器具の通常の使用状態において，異常な燃焼が生じないよう当該室内の酸素の含有率をおおむね20.5％以上に保つ換気ができるものとして，国土交通大臣の認定を受けたものとすること。

二 給気口は，火を使用する設備又は器具の燃焼を妨げないように設けること。

三 排気口及びこれに接続する排気筒並びに煙突の構造は，当該室に廃ガスその他の生成物を逆流させず，かつ，他の室に廃ガスその他の生成物を漏らさないものとして国土交通大臣が定めた構造方法を用いるものとすること。

四 <u>火を使用する設備又は器具の近くに排気フードを有する排気筒を設ける場合においては，排気フードは，不燃材料で造る</u>こと。

法第28条第3項から火を使用する室の換気設備の
技術的基準

1）1項 **火を使用する室であっても，換気設備を設けなくてもよい場合**が記載されている。

① 一号 **密閉式燃焼器具等を設けた場合**

② 二号 ア 床面積の合計が**100 m²以内の住宅の調理室**

　　　　　イ 発熱量の合計**12 kW 以下の火を使用する設備**

　　　　　ウ 調理室の床面積の**1/10以上の面積をもつ換気上有効な開口部**

以上3つの**条件**がそろった**場合，換気設備を設けなくてもよい**。

③ 三号 **調理室以外で6 kW 以下の火を使用する設備を設けた場合**

2）2項 **火を使う室の換気設備**

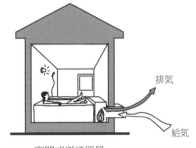

密閉式燃焼器具

図2・7

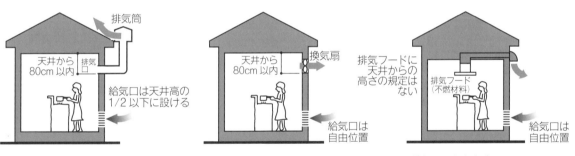

排気筒の場合　　　　　換気扇の場合　　　　　排気フードを有する
　　　　　　　　　　　　　　　　　　　　　　　排気筒と換気扇を設ける場合

図2・8

⑹ 換気設備のまとめ

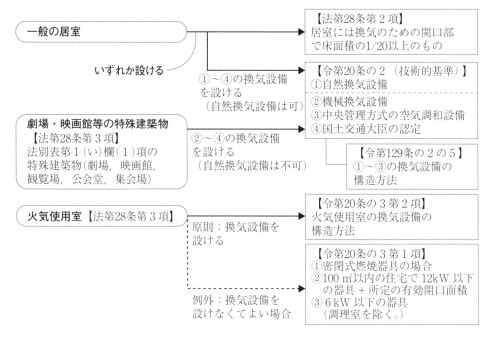

図2・9

┌─ 確認問題 ─────────────────────────────────────

法令上正しいものに〇を，正しくないものに✕を付けなさい。
1．発熱量の合計が12kWの火を使用する器具（「密閉式燃焼器具等又は煙突を設けた器具」ではない。）のみを設けた調理室（床面積10 m²）に，0.9 m²の有効開口面積を有する開口部を換気上有効に設けたので，その他の換気設備を設けなかった。　　　　　　　　　　　　　　　　　　（　✕　1/10以上　）
2．住宅の浴室（常時解放された開口部はないものとする。）において，密閉式燃焼器具のみを設けた場合には，換気設備を設けなくてもよい。　　　　　　　　　　　　　　　　　　（　〇　）

2・3　石綿・シックハウス対策

　近年，新築・改築後の住宅等で，建築材料や接着剤などに含まれる化学物質による室内空気汚染により，めまい・吐き気・頭痛といった，いわゆるシックハウス症候群と呼ばれる健康被害が報告され，社会的な関心が示されるようになった。また，広く建築材料の補強繊維として用いられてきた石綿が，肺ガンや中皮腫の原因物質であるとの問題が大きな社会問題となっている。これらを受け，法では石綿および化学物質についての使用規制がされている。

⑴　石綿その他の物質の飛散又は発散に対する衛生上の措置（法第28条の2）

> **法第28条の2**　建築物は，石綿その他の物質の建築材料からの飛散又は発散による衛生上の支障がないよう，次に掲げる基準に適合するものとしなければならない。
> 一　建築材料に石綿その他の著しく衛生上有害なものとして政令で定める物質（次号及び第三号において「石綿等」という。）を添加しないこと。
> 二　石綿等をあらかじめ添加した建築材料（石綿等を飛散又は発散させるおそれがないものとして国土交通大臣が定めたもの又は国土交通大臣の認定を受けたものを除く。）を使用しないこと。
> 三　居室を有する建築物にあつては，前二号に定めるもののほか，石綿等以外の物質でその居室内において衛生上の支障を生ずるおそれがあるものとして政令で定める物質の区分に応じ，建築材料及び換気設備について政令で定める技術的基準に適合すること。

1）建築材料に**「石綿」は使用禁止**。石綿以外の物質の規制は政令（令第20条の5〜令第20条の8）で定める。

⑵　居室内において衛生上の支障を生ずるおそれがある物質（令第20条の5）

> **令第20条の5**　法第28条の2第三号の政令で定める物質は，クロルピリホス及びホルムアルデヒドとする。

1）「石綿」以外で，居室で衛生上の支障を生ずる物質として，**クロルピリホス**と**ホルムアルデヒド**がある。

⑶　居室を有する建築物の建築材料についてのクロルピリホスに関する技術的基準（令第20条の6）

> **令第20条の6**　建築材料についてのクロルピリホスに関する法第28条の2第三号の政令で定める技術的基準は，次のとおりとする。
> 一　建築材料にクロルピリホスを添加しないこと。
> 二　クロルピリホスをあらかじめ添加した建築材料（添加したときから長期間経過していることその他の理由によりクロルピリホスを発散させるおそれがないものとして国土交通大臣が定めたものを除く。）を使用しないこと。

1）建築材料に**クロルピリホスは使用禁止**。

⑷　居室を有する建築物の建築材料についてのホルムアルデヒドに関する技術的基準（令第20条の7）

（令和6年4月1日施行予定）

> **令第20条の7**　建築材料についてのホルムアルデヒドに関する法第28条の2第三号の政令で定める技術的基準は，次のとおりとする。
> 一　居室（常時開放された開口部を通じてこれと相互に通気が確保される廊下その他の建築物の部分を含む。以下この節において同じ。）の壁，床及び天井（天井のない場合においては，屋根）並びにこれらの開口部に設ける戸その他の建具の室内に面する部分（回り縁，窓台その他これらに類する部分を除く。以下この条，第108条の4第1項第一号及び第109条の8第二号において「内装」という。）の仕上げには，夏季においてその表面積1m²につき毎時0.12mgを超える量のホルムアルデヒドを発散させるものとして国土交通大臣が定める建築材料（以下この条において「第一種ホルムアルデヒド発散建築材料」という。）を使用しないこと。

二　居室の内装の仕上げに，夏季においてその表面積 1 m² につき毎時 0.02 mg を超え 0.12 mg 以下の量のホルムアルデヒドを発散させるものとして国土交通大臣が定める建築材料（以下この条において「第二種ホルムアルデヒド発散建築材料」という。）又は夏季においてその表面積 1 m² につき毎時 0.005 mg を超え 0.02 mg 以下の量のホルムアルデヒドを発散させるものとして国土交通大臣が定める建築材料（以下この条において「第三種ホルムアルデヒド発散建築材料」という。）を使用するときは，それぞれ，第二種ホルムアルデヒド発散建築材料を使用する内装の仕上げの部分の面積に次の表(一)の項に定める数値を乗じて得た面積又は第三種ホルムアルデヒド発散建築材料を使用する内装の仕上げの部分の面積に同表(二)の項に定める数値を乗じて得た面積（居室の内装の仕上げに第二種ホルムアルデヒド発散建築材料及び第三種ホルムアルデヒド発散建築材料を使用するときは，これらの面積の合計）が，当該居室の床面積を超えないこと。

1）一号　居室の内装仕上げには第一種ホルムアルデヒド発散建築材料は**使用禁止**。

2）二号　居室の内装仕上げには第二種ホルムアルデヒド発散建築材料と第三種ホルムアルデヒド発散建築材は**使用量を規制**する。

（表の数値×使用面積≦当該居室の床面積）

	住宅等の居室		住宅等の居室以外の居室		
	換気回数が0.7以上の機械換気設備を設け，又はこれに相当する換気が確保されるものとして，国土交通大臣が定めた構造方法を用い，若しくは国土交通大臣の認定を受けた居室	その他の居室	換気回数が0.7以上の機械換気設備を設け，又はこれに相当する換気が確保されるものとして，国土交通大臣が定めた構造方法を用い，若しくは国土交通大臣の認定を受けた居室	換気回数が0.5以上0.7未満の機械換気設備を設け，又はこれに相当する換気が確保されるものとして，国土交通大臣が定めた構造方法を用い，若しくは国土交通大臣の認定を受けた居室	その他の居室
(一)	1.2	2.8	0.88	1.4	3.0
(二)	0.20	0.50	0.15	0.25	0.50

備考
一　この表において，住宅等の居室とは，住宅の居室並びに下宿の宿泊室，寄宿舎の寝室及び家具その他これに類する物品の販売業を営む店舗の売場（常時開放された開口部を通じてこれらと相互に通気が確保される廊下その他の建築物の部分を含む。）をいうものとする。
二　この表において，換気回数とは，次の式によつて計算した数値をいうものとする。
　　n = V/Ah
　（この式において，n，V，A及びhは，それぞれ数値を表すものとする。
　　n　1時間当たりの換気回数
　　V　機械換気設備の有効換気量（次条第1項第一号ロに規定する方式を用いる機械換気設備で同号ロ(1)から(3)までに掲げる構造とするものにあつては，同号ロ(1)に規定する有効換気換算量）（単位　m³／時間）
　　A　居室の床面積（単位　m²）
　　h　居室の天井の高さ（単位　m）

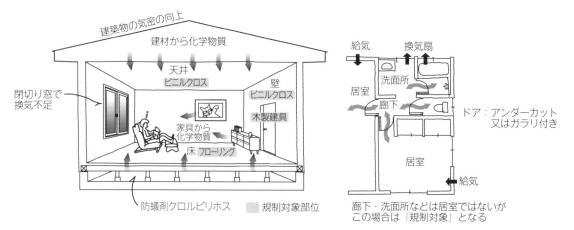

図2・10

⑸　**居室を有する建築物の換気設備についてのホルムアルデヒドに関する技術的基準（令第20条の8）**

> **令第20条の8**　換気設備についての<u>ホルムアルデヒド</u>に関する法第28条の2第三号の政令で定める<u>技術的基準</u>は，次のとおりとする。
>
> 一　<u>居室</u>には，次のいずれかに適合する構造の換気設備を設けること。
>
> 　イ　<u>機械換気設備</u>（…）にあつては，第129条の2の5第2項の規定によるほか，次に掲げる構造とすること。
>
> 　⑴　有効換気量（m³毎時で表した量とする。⑵において同じ。）が，次の式によつて計算した必要有効換気量以上であること。
>
> 　　$\boxed{Vr = nAh}$ において
>
> 　　この式において，Vr，n，A及びhは，それぞれ次の数値を表すものとする。
>
> 　　Vr　必要有効換気量（単位　m³／時間）
>
> 　　n　前条第1項第二号の表備考一の号に規定する<u>住宅等の居室</u>（次項において単に「住宅等の居室」という。）にあつては$\boxed{0.5}$，その他の居室にあつては$\boxed{0.3}$
>
> 　　A　居室の床面積（単位　m²）
>
> 　　h　居室の天井の高さ（単位　m）
>
> 　⑵　1の機械換気設備が2以上の居室に係る場合にあつては，当該換気設備の有効換気量が，当該2以上の居室のそれぞれの必要有効換気量の合計以上であること。
>
> 　⑶　⑴及び⑵に掲げるもののほか，ホルムアルデヒドの発散による衛生上の支障がないようにするために必要な換気を確保することができるものとして，国土交通大臣が定めた構造方法を用いるものであること。
>
> 　ロ　居室内の空気を浄化して供給する方式を用いる機械換気設備……
>
> 　ハ　中央管理方式の空気調和設備……

1）居室には，ホルムアルデヒドに関してイ・ロ・ハに規定する機械換気設備を設けなければならない。（24時間換気設備）

2）法第28条第2項（居室の換気）には床面積の1/20以上の換気のための開口部又は換気設備を設けるとあるが，それとは別に居室には**24時間換気が義務付けられている**。

│ 確認問題 │

法令上正しいものに〇を，正しくないものに×を付けなさい。

1．「居室を有する建築物の建築材料についてのホルムアルデヒドに関する技術的基準」において，寝室と廊下が常時解放された開口部を通じて相互に通気が確保されていたので，廊下に所定の機械換気設備を設けた。　　　　　　　　　　　　　　　　　　　　　　　　　　　　　　　　　　　　（　〇　）

2．居室の内装の仕上げに第三種ホルムアルデヒド発散建築材料を使用するときは，原則として，当該材料を使用する内装の仕上げの部分の面積に所定の数値を乗じて得た面積については，当該居室の床面積を超えないようにしなければならない。　　　　　　　　　　　　　　　　　　　　　　　　　　　　　　　　（　〇　）

例題

例題02-3

建築物の換気又は換気設備等に関する次の記述のうち, 建築基準法上, **誤っている**ものはどれか。ただし, 国土交通大臣の定めた構造方法及び国土交通大臣の認定は考慮しないものとする。

1. 旅館の調理室(換気上有効な開口部があるものとする。)において, 発熱量の合計が2kWの火を使用する器具のみを設けた場合には, 換気設備を設けなくてもよい。
2. 地階に居室を有する建築物に設ける換気, 暖房又は冷房の設備の風道は, 原則として, 不燃材料で造らなければならない。
3. 住宅の浴室(常時開放された開口部はないものとする。)において, 密閉式燃焼器具のみを設けた場合には, 換気設備を設けなくてもよい。
4. 水洗便所には, 採光及び換気のための直接外気に接する窓を設け, 又はこれに変わる設備をしなければならない。
5. 機械換気設備は, 換気上有効な給気機及び排気機, 換気上有効な給気機及び排気口又は換気上有効な給気口及び排気機を有する構造としなければならない。

例題02-4

図のような平面図を有する集会場(床面積の合計は42m², 天井の高さはすべて2.5mとする)の新築において, 集会室に機械換気設備を設けるにあたり, ホルムアルデヒドに関する技術的基準による必用有効換気量として, 建築基準法上, **正しい**ものは, 次のうちどれか。ただし, 常時開放された開口部は図中に示されているもののみとし, 居室については, 国土交通大臣が定めた構造方法及び国土交通大臣の認定は考慮しないものとする。

1. 21.0 m³／時
2. 28.5 m³／時
3. 31.5 m³／時
4. 35.0 m³／時
5. 47.5 m³／時

収納
(2m²)

収納
(2m²)

便所
(2m²)

収納
(2m²)

集会室
(24m²)

玄関・廊下
(10m²)

下足箱

(注) ←→ は, 常時開放された開口部を示す。

答え ➡ p.255, 256

2・4 階段・傾斜路

(1) 階段及びその踊り場並びに階段の蹴上げ及び踏面の寸法 (令第23条)

令第23条 階段及びその踊場の幅並びに階段の蹴上げ及び踏面の寸法は，次の表によらなければならない。ただし，屋外階段の幅は，第120条又は第121条の規定による直通階段にあつては90cm以上，その他のものにあつては60cm以上，住宅の階段（共同住宅の共用の階段を除く。）の蹴上げは23cm以下，踏面は15cm以上とすることができる。

階段の種別	階段及びその踊場の幅（単位 cm）	蹴上げの寸法（単位 cm）	踏面の寸法（単位 cm）
(一) 小学校における児童用のもの	140以上	16以下	26以上
(二) 中学校，高等学校若しくは中等教育学校における生徒用のもの又は物品販売業（物品加工修理業を含む。第130条の5の3を除き，以下同じ。）を営む店舗で床面積の合計が1,500 m²を超えるもの，劇場，映画館，演芸場，観覧場，公会堂若しくは集会場における客用のもの	140以上	18以下	26以上
(三) 直上階の居室の床面積の合計が200 m²を超える地上階又は居室の床面積の合計が100 m²を超える地階若しくは地下工作物内におけるもの	120以上	20以下	24以上
(四) (一)から(三)までに掲げる階段以外のもの	75以上	22以下	21以上

2 回り階段の部分における踏面の寸法は，踏面の狭い方の端から30cmの位置において測るものとする。
3 階段及びその踊場に手すり及び階段の昇降を安全に行うための設備でその高さが50cm以下のもの（以下この項において「手すり等」という。）が設けられた場合における第1項の階段及びその踊場の幅は，手すり等の幅が10cmを限度として，ないものとみなして算定する。
4 第1項の規定は，同項の規定に適合する階段と同等以上に昇降を安全に行うことができるものとして国土交通大臣が定めた構造方法を用いる階段については，適用しない。

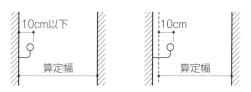

突出部が10cm以下の場合　　突出部が10cmを超える場合

図2・11　階段・踊場の幅の算定

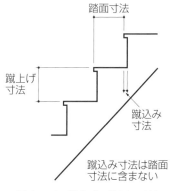

図2・12　蹴上げ・踏面の寸法

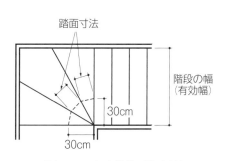

図2・13　回り階段の踏面寸法

1）1項　①　階段の幅，蹴上げ及び踏面の寸法は表による。（図2・12）

　　　　　②　**屋外階段の幅**は，直通階段の設置（令第120条）又は，2以上の直通階段を設ける場合（令第121条）により設ける直通階段は**90cm以上**，その他は60cm以上。

　　　　　③　共同住宅以外の**住宅の階段**は，**蹴上げ23cm以下**，**踏面15cm以上**とする。

2）2項　回り階段は踏面の狭い方の端から30cmの位置で測る。（図2・13）

3）3項　手すりの幅は，10cmまでは幅員に含めない。（図2・11）

(2)　踊場の位置及び踏幅（令第24条）

> **令第24条**　前条第1項の表の(一)又は(二)に該当する階段でその高さが3mをこえるものにあつては高さ3m以内ごとに，その他の階段でその高さが4mをこえるものにあつては高さ4m以内ごとに踊場を設けなければならない。
> 2　前項の規定によつて設ける直階段の踊場の踏幅は，1.2m以上としなければならない。

1）1項　令第23条の表(一)小学校の児童用，(二)中高生徒用等の階段は高さが**3m以内**ごとに，その他の階段は，高さ**4m以内**ごとに踊場を設ける。

2）2項　第1項によって設けた踊場の**踏み幅は，1.2m以上**とする。

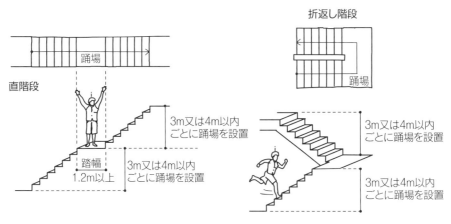

図2・14

(3)　階段の手すり等（令第25条）

> **令第25条**　階段には，手すりを設けなければならない。
> 2　階段及びその踊場の両側（手すりが設けられた側を除く。）には，側壁又はこれに代わるものを設けなければならない。
> 3　階段の幅が3mをこえる場合においては，中間に手すりを設けなければならない。ただし，蹴上げが15cm以下で，かつ，踏面が30cm以上のものにあつては，この限りでない。
> 4　前三項の規定は，高さ1m以下の階段の部分には，適用しない。

1）1項　階段には，原則として**手すりを設ける**。

2）3項　階段の**幅が3mをこえる場合**，原則として**中間に手すりを設ける**。

3）4項　令第25条の第1項～第3項は，階段の**高さが1m以下の場合は適用しない**。すなわち，手すりを設けなくてもよい。

⑷　階段に代わる傾斜路（令第26条）

令第26条　階段に代わる傾斜路は，次の各号に定めるところによらなければならない。
　一　勾配は，1/8をこえないこと。
　二　表面は，粗面とし，又はすべりにくい材料で仕上げること。
　2　前三条の規定（蹴上げ及び踏面に関する部分を除く。）は，前項の傾斜路に準用する。

1）　1項　階段の代わりにスロープを設ける場合は，**勾配1/8以下**とする。（1/8より緩くする）

2）　2項　令第23条〜令第25条の規定（蹴上げと踏面以外）はスロープにも適用する。

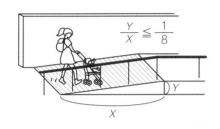
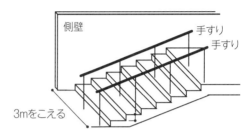

図 2・15

⑸　特殊用途の階段（令第27条），昇降機械室用階段（令第129条の 9）

令第27条　第23条から第25条までの規定は，昇降機械室用階段，物見塔用階段その他特殊の用途に専用する階段には，適用しない。

令第129条の 9
　五　機械室に通ずる階段の蹴上げ及び踏面は，それぞれ，23 cm 以下及び15 cm 以上とし，かつ，当該階段の両側に側壁又はこれに代わるものがない場合においては，手すりを設けること。

┌─**確認問題**─────────────────────────┐

法令上正しいものに〇を，正しくないものに×を付けなさい。
1．木造 2 階建て，延べ面積 180 m² の長屋の計画において，階段の片側のみに幅12 cm の手すりを設けたので，階段の幅は，77 cm とした。　　　　　　　　　（　〇　）
2．高等学校における生徒用の階段で，避難階以外の階から避難階又は地上に通ずる屋外の直通階段の幅は，140 cm 以上としなければならない。　　　（　×　　90 cm 以上　）

└──────────────────────────────┘

2・5　その他の一般構造の規定

(1)　居室の天井の高さ（令第21条）

> **令第21条**　居室の天井の高さは，2.1 m 以上でなければならない。
> 2　前項の天井の高さは，室の床面から測り，一室で天井の高さの異なる部分がある場合においては，その平均の高さによるものとする。

1）1 項　居室の天井高さは，**2.1 m 以上**。

2）2 項　天井高さが異なる場合は，**平均の高さ**とする。

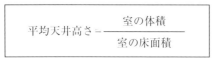

$$平均天井高さ = \frac{室の体積}{室の床面積}$$

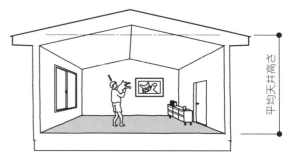

図 2・16

設問 2　張り間方向に図のような断面（けた方向には同一とする。）を有する居室の天井の高さを求めよ。

解答　断面積を求める。

・$10 \text{ m} \times 2.4 \text{ m} + 10 \text{ m} \times 0.8 \text{ m} / 2 = 28.0 \text{ m}^2$

断面積を底辺で割る（奥行きは一様なので）

・$28.0 \text{ m}^2 / 10 \text{ m} = 2.8 \text{ m}$

平均天井高さは，**2.8 m**

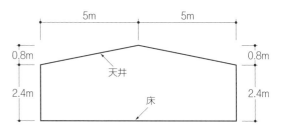

(2)　居室の床の高さ及び床下の防湿方法（令第22条）

> **令第22条**　最下階の居室の床が木造である場合における床の高さ及び防湿方法は，次の各号に定めるところによらなければならない。ただし，床下をコンクリート，たたきその他これらに類する材料で覆う場合及び当該最下階の居室の床の構造が，地面から発生する水蒸気によつて腐食しないものとして，国土交通大臣の認定を受けたものである場合においては，この限りでない。
> 一　床の高さは，直下の地面からその床の上面まで45 cm 以上とすること。
> 二　外壁の床下部分には，壁の長さ 5 m 以下ごとに，面積300 cm² 以上の換気孔を設け，これにねずみの侵入を防ぐための設備をすること。

1）最下階の床が木造の居室は，

① 一号　その直下の地盤面から床面までの高さを45 cm 以上としなければならない。

② 二号　外壁の床下部分は，5 m 以下毎に，面積300 cm² 以上の換気孔を設けなければならない。

③ ただし，床下をコンクリート等で覆うなどの措置をした場合は，①，②の制限を受けない。

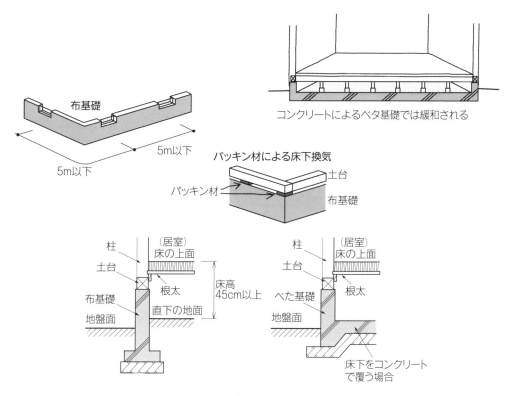

図 2・17

┌─ **確認問題** ──┐

　法令上正しいものに〇を，正しくないものに×を付けなさい。
　1．居室の天井高さは，室の床面から測り，1室で天井の高さの異なる部分がある場合においては，その平均の高さを 2.1 m 以上としなければならない。　　　　　　　　　　　　　　　　　　　　　　　　　　　（　〇　）
　2．1階の居室の床下をコンクリートで覆ったので，床の高さを，直下の地盤面からその床の上面まで30 cm とした。　　（　〇　）

└───┘

(3)　**地階における住宅等の居室（法第29条），地階における住宅等の居室の技術的基準（令第22条の 2 ）**

┄┄┄
法第29条　住宅の居室，学校の教室，病院の病室又は寄宿舎の寝室で地階に設けるものは，壁及び床の防湿の措置その他の事項について衛生上必要な政令で定める技術的基準に適合するものとしなければならない。
┄┄┄

┄┄┄
令第22条の 2　法第29条（法第87条第 3 項において準用する場合を含む。）の政令で定める技術的基準は，次に掲げるものとする。
　一　居室が，次のイからハまでのいずれかに該当すること。
　　イ　国土交通大臣が定めるところにより，からぼりその他の空地に面する開口部が設けられていること。
　　ロ　第20条の 2 に規定する技術的基準に適合する換気設備が設けられていること。
　　ハ　居室内の湿度を調節する設備が設けられていること。
　二　直接土に接する外壁，床及び屋根又はこれらの部分（以下この号において「外壁等」という。）の構造が，次のイ又はロのいずれかに適合するものであること。
　　イ　外壁等の構造が，次の(1)又は(2)のいずれか（屋根又は屋根の部分にあつては，(1)）に適合するものであること。ただし，外壁等のうち常水面以上の部分にあつては，耐水材料で造り，かつ，材料の接合部及びコンクリートの打継ぎをする部分に防水の措置を講ずる場合においては，この限りでない。
　　　(1)　外壁等にあつては，国土交通大臣が定めるところにより，直接土に接する部分に，水の浸透を防止するための防水層を設けること。
┄┄┄

(2)　外壁又は床にあつては，直接土に接する部分を耐水材料で造り，かつ，直接土に接する部分と居室に面する部分の間に居室内への水の浸透を防止するための空隙（当該空隙に浸透した水を有効に排出するための設備が設けられているものに限る。）を設けること。
ロ　外壁等の構造が，外壁等の直接土に接する部分から居室内に水が浸透しないものとして，国土交通大臣の認定を受けたものであること。

1）地階の指定居室（住宅の居室，学校の教室，
　病院の病室，寄宿舎の寝室）は，防湿措置等を
　施さなければならない。
　令第22条の2第一号

　①　イ　からぼりその他の空地に面する
　　　　　　開口部を設ける（ドライエリア）。
　②　ロ　換気設備を設ける。
　③　ハ　湿度調節を行う設備を設ける。

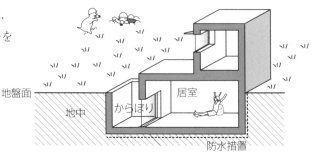

図2・18

(4)　長屋又は共同住宅の各戸の界壁（法第30条），遮音性能に関する技術的基準（令第22条の3）

法第30条　長屋又は共同住宅の各戸の界壁は，次に掲げる基準に適合するものとしなければならない。
一　その構造が，隣接する住戸からの日常生活に伴い生ずる音を衛生上支障がないように低減するために界壁に必要とされる性能に関して政令で定める技術的基準に適合するもので，国土交通大臣が定めた構造方法を用いるもの又は国土交通大臣の認定を受けたものであること。
二　小屋裏又は天井裏に達するものであること。
2　前項第二号の規定は，長屋又は共同住宅の天井の構造が，隣接する住戸からの日常生活に伴い生ずる音を衛生上支障がないように低減するために天井に必要とされる性能に関して政令で定める技術的基準に適合するもので，国土交通大臣が定めた構造方法を用いるもの又は国土交通大臣の認定を受けたものである場合においては，適用しない。

1）1項　長屋又は共同住宅の界壁は，小屋裏又
　は天井裏に達するものとし，その構造を令第22
　条の3で定める「遮音性能」の技術的基準に適
　合させなければならない。
2）2項　天井の構造が令第22条の3第2項で定
　める構造の場合は，小屋裏又は天井裏に達せな
　くてもよい。
※　界壁とは，住戸と住戸の境の壁のこと。

天井が，令第22条の3第1項に規定する遮音性能を有する場合は，界壁を小屋裏等に達しなくてもよい。

図2・19

令第22条の3　法第30条第1項第一号（法第87条第3項において準用する場合を含む。）の政令で定める技術的基準は，次の表の左欄に掲げる振動数の音に対する透過損失がそれぞれ同表右欄に掲げる数値以上であることとする。

振動数（単位　Hz）	透過損失（単位　dB）
125	25
500	40
2,000	50

2　法第30条第2項（法第87条第3項において準用する場合を含む。）の政令で定める技術的基準は，前項に規定する基準とする。

(5) 便所（法第31条），便所の採光及び換気他（令第28条，令第33条）

法第31条 下水道法（昭和33年法律第79号）第2条第八号に規定する処理区域内においては，便所は，水洗便所（汚水管が下水道法第2条第三号に規定する公共下水道に連結されたものに限る。）以外の便所としてはならない。
2 便所から排出する汚物を下水道法第2条第六号に規定する終末処理場を有する公共下水道以外に放流しようとする場合においては，屎尿浄化槽（その構造が汚物処理性能（当該汚物を衛生上支障がないように処理するために屎尿浄化槽に必要とされる性能をいう。）に関して政令で定める技術的基準に適合するもので，国土交通大臣が定めた構造方法を用いるもの又は国土交通大臣の認定を受けたものに限る。）を設けなければならない。

1) 1項 下水道の**処理区域内**おいては，便所は，**水洗便所**としなければならない。

2) 2項 公共下水道以外に放流する場合は，**屎尿浄化槽**を設けなければならない。

令第28条 便所には，採光及び換気のため直接外気に接する窓を設けなければならない。ただし，水洗便所で，これに代わる設備をした場合においては，この限りでない。

令第33条 第31条の改良便槽並びに前条の屎尿浄化槽及び合併処理浄化槽は，満水して24時間以上漏水しないことを確かめなければならない。

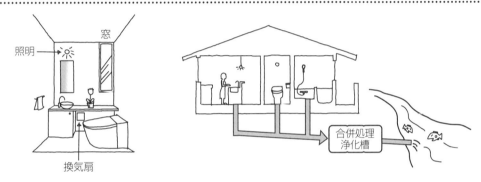

図2・20

確認問題

法令上正しいものに〇を，正しくないものに×を付けなさい。
1．下水道法第2条第八号に規定する処理区域内であったので，便所を水洗便所とし，その汚水管を合併処理浄化槽に連結させ，便所から排出する汚物を公共下水道以外に放流した。 （ × ）
2．住宅の便所の計画において，水洗便所としたので，直接外気に接する窓及び換気設備を設けなかった。 （ × ）

⑹　避雷設備（法第33条）

> **法第33条**　高さ20mをこえる建築物には，有効に避雷設備を設けなければならない。ただし，周囲の状況によって安全上支障がない場合においては，この限りでない。

※令第2条第1項第六号ロにより，法第33条はペントハウスの高さの緩和はない。

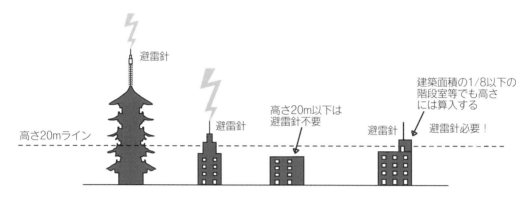

図2・21

⑺　昇降機（法第34条），昇降機適用の範囲（令第129条の3）

> **法第34条**　建築物に設ける昇降機は安全な構造で，かつ，その昇降路の周壁及び開口部は，防火上支障がない構造でなければならない。
> 2　高さ31mを超える建築物（政令で定めるものを除く。）には，非常用の昇降機を設けなければならない。

> **令第129条の3**　この節の規定は，建築物に設ける次に掲げる昇降機に適用する。
> 一　人又は人及び物を運搬する昇降機（次号に掲げるものを除く）並びに物を運搬するための昇降機でかごの水平投影面積が1m²を超え，又は天井の高さが1.2mを超えるもの（以下「エレベーター」という。）
> 二　エスカレーター
> 三　物を運搬するための昇降機で，かごの水平投影面積が1m²以下で，かつ，天井の高さが1.2m以下のもの（以下「小荷物専用昇降機」という。）

1）上記以外に，昇降機には令第129条の3〜令第129条の13の3で定められている。

　①　定員は，1人当たりの体重を65kgとして計算する。（令第129条の6第五号）

　②　エレベーター機械室の床面から天井又は梁下端までの垂直距離は，かごの定格速度に応じて表に定める数値以上とする。（令第129条の9第二号）

　③　定格速度は，積載荷重を作用させて上昇する場合の毎分の最高速度。（令第129条の9第二号）

　④　照明装置は，停電の場合においても，床面で1ルックス以上の照度を確保することができる照明装置を設ける。（令第129条の10第3項第四号ロ）

⑻ 給水，排水その他の配管設備の設置及び構造（令第129条の2の4）

令第129条の2の4 建築物に設ける給水，排水その他の配管設備の設置及び構造は，次に定めるところによらなければならない。

三 第129条の3第1項第一号又は第三号に掲げる昇降機の昇降路内に設けないこと。ただし，地震時においても昇降機の籠（人又は物を乗せ昇降する部分をいう。以下同じ。）の昇降，籠及び出入口の戸の開閉その他の昇降機の機能並びに配管設備の機能に支障が生じないものとして，国土交通大臣が定めた構造方法を用いるもの及び国土交通大臣の認定を受けたものは，この限りでない。

四 圧力タンク及び給湯設備には，有効な安全装置を設けること。

六 地階を除く階数が3以上である建築物，地階に居室を有する建築物又は延べ面積が3,000 m²を超える建築物に設ける換気，暖房又は冷房の設備の風道及びダストシュート，メールシュート，リネンシュートその他これらに類するもの（屋外に面する部分その他防火上支障がないものとして国土交通大臣が定める部分を除く。）は，不燃材料で造ること。

八 三階以上の階を共同住宅の用途に供する建築物の住戸に設けるガスの配管設備は，国土交通大臣が安全を確保するために必要があると認めて定める基準によること。

2 建築物に設ける飲料水の配管設備（水道法第三条第九項 に規定する給水装置に該当する配管設備を除く。）の設置及び構造は，前項の規定によるほか，次に定めるところによらなければならない。

一 飲料水の配管設備（…）とその他の配管設備とは，直接連結させないこと。

3 建築物に設ける排水のための配管設備の設置及び構造は，第1項の規定によるほか，次に定めるところによらなければならない。

三 配管設備の末端は，公共下水道，都市下水路その他の排水施設に排水上有効に連結すること。

四 汚水に接する部分は，不浸透質の耐水材料で造ること。

1） 1項 給水，排水等の配管設備の設置及び構造

① 三号 昇降機の昇降路内には，原則として，給水，排水，その他配管設備を設けてはならない。ただし地震時においても昇降機の機能並びに配管設備の機能に支障が生じないものとして，国土交通大臣が定めた構造方法を用いるもの等は，設けることができる。

② 六号 下記に示す建築物に設ける換気，暖房及び冷房設備の風道及びダストシュート等は，**不燃材料**で造らなければならない。

　ア 地上3階建以上の建築物

　イ 地階に居室を有する建築物

　ウ 延べ面積が3,000 m²を超える建築物

2） 2項 飲料水用の配管設備の設置及び構造

① 一号 飲料水用の配管設備とその他の配管設備は，直接連結させない。（**クロスコネクションの禁止**）

3） 3項 排水の配管設備の設置及び構造

① 三号 配管設備の末端は，公共下水道等に連結すること。

② 四号 汚水に接する部分は，不浸透質の耐水材料で造る。

確認問題

法令上正しいものに〇を，正しくないものに×を付けなさい。

1. 地上2階建て，延べ面積1,000 m²の建築部に設ける換気設備の風道は，不燃材料で造らなければならない。 （ × ）

2. 建築物に設ける排水のための配管設備の末端は，公共下水道，都市下水路，その他の排水施設に排水上有効に連結しなければならない。 （ 〇 ）

例題

例題02-5

　2階建，延べ面積100 m²の一戸建て住宅の計画に関する次の記述のうち，**建築基準法に適合しないもの**はどれか。ただし，国土交通大臣が定めた構造方法及び国土交通大臣の認定は考慮しないものとする。

1．地下に居室を設ける場合はその居室に，からぼりその他の空地に面する開口部を設ける，所定の換気設備を設ける若しくは所定の湿度を調節する設備が設けられていること。
2．居間と廊下が常時開放された開口部を通じて相互に通気が確保されているので，廊下に所定の機械換気設備を設けた。
3．居室に設ける開口部で，公園に面するものについて，採光に有効な部分の面積を算定する場合，その公園の反対側の境界線を隣地境界線とした。
4．回り階段の部分における踏面の寸法を，踏面の狭い方の端から30 cmの位置において，15 cmとした。
5．居室以外の室において，密閉式燃焼器具のみを設けたので，換気設備を設けなかった。

例題02-6

　2階建，延べ面積120 m²の一戸建て住宅の計画に関する次の記述のうち，**建築基準法に適合しないもの**はどれか。

1．発熱量の合計が10 kWの火を使用する器具（「密閉式燃焼器具等又は煙突を設けた器具」ではない。）のみを設けた調理室（床面積10 m²）に1 m²の有効開口面積を有する開口部を換気上有効に設けたので，その他の換気設備を設けなかった。
2．洗面所の天井の高さを2.0 mとした。
3．下水道法第2条第八号に規定する処理区域内であったので，便所については，水洗便所とし，その汚水管を下水道法第2条第三号に規定する公共下水道に連結した。
4．階段（高さ3.0 mの屋内の直階段）の高さ1.6 mの位置に，踏幅1.0 mの踊場を設けた。
5．1階に設ける納戸について，床を木造とし，直下の地面からその床の上面までを40 cmとした。

答え　➡ p.256

第3章

構造計算・構造強度

3・1　構造計算・構造強度－1

3・1・1　構造関係規定の構成

　建築物は自重，積載荷重，積雪，風圧，土圧及び水圧並びに地震その他の振動及び衝撃に対して安全な構造でなければならない。そのため，構造耐力を規定している法第20条では，建築物を規模によって区分し，適用される基準を定めている。

　さらに法第20条に規定される建築物の規模による区分に応じて，令第81条で適合させるべき基準の構造計算が定められ，また令第36条で適合させるべき基準の構造方法（仕様規定）が定められている。

法第20条（構造耐力） 規模別に分類 ・超高層建築物（60m超） ・大規模建築物（60m以下） ・中規模建築物（60m以下） ・小規模建築物（その他）	令第81条（構造計算） 法第20条の分類ごとに構造計算の方法を規定	令第36条（構造方法に関する技術基準） 令第81条の構造計算を用いた場合に適合させるべき仕様を規定

(1)　構造耐力（法第20条第1項）（令和7年4月施行予定）

> **法第20条**　建築物は，自重，積載荷重，積雪荷重，風圧，土圧及び水圧並びに地震その他の震動及び衝撃に対して安全な構造のものとして，次の各号に掲げる建築物の区分に応じ，それぞれ当該各号に定める基準に適合するものでなければならない。
> 　一　高さが60mを超える建築物　当該建築物の安全上必要な構造方法に関して政令で定める技術的基準【令第36条第1項】に適合するものであること。・・・政令で定める基準【令第81条第1項】に従つた構造計算によつて安全性が確かめられたものとして国土交通大臣の認定を受けたものであること。
> 　二　高さが60m以下の建築物のうち，木造の建築物（地階を除く階数が4以上であるもの又は高さが16mを超えるものに限る。）又は木造以外の建築物（地階を除く階数が4以上である鉄骨造の建築物，高さが20mを超える鉄筋コンクリート造又は鉄骨鉄筋コンクリート造の建築物その他これらの建築物に準ずるものとして政令【令第36条の2】で定める建築物に限る。）　次に掲げる基準のいずれかに適合するものであること。
> 　　イ　当該建築物の安全上必要な構造方法に関して政令【令第36条第2項】で定める技術的基準に適合すること。この場合において，その構造方法は，地震力によつて建築物の地上部分の各階に生ずる水平方向の変形を把握することその他の政令【令第81条第2項】で定める基準に従つた構造計算で，国土交通大臣が定めた方法によるもの又は国土交通大臣の認定を受けたプログラムによるものによつて確かめられる安全性を有すること。
> 　　ロ　前号に定める基準に適合すること。
> 　三　高さが60m下の建築物（前号に掲げる建築物を除く。）のうち，第6条第1項第一号又は第二号に掲げる建築物（木造の建築物にあつては，地階を除く階数が3以上であるもの又は延べ面積が300m²を超えるものに限る。）　次に掲げる基準のいずれかに適合するものであること。
> 　　イ　当該建築物の安全上必要な構造方法に関して政令【令第36条第3項】で定める技術的基準に適合すること。この場合において，その構造方法は，構造耐力上主要な部分ごとに応力度が許容応力度を超えないことを確かめることその他の政令【令第81条第3項】で定める基準に従つた構造計算で，国土交通大臣が定めた方法によるもの又は国土交通大臣の認定を受けたプログラムによるものによつて確かめられる安全性を有すること。
> 　　ロ　前二号に定める基準のいずれかに適合すること。
> 　四　前3号に掲げる建築物以外の建築物　次に掲げる基準のいずれかに適合するものであること。
> 　　イ　当該建築物の安全上必要な構造方法に関して政令【令第36条第3項】で定める技術的基準に適合すること。
> 　　ロ　前三号に定める基準のいずれかに適合すること。

※条文中の政令の後にある【 】は，関連法規として示したもの。（以下第3章において同じ）

（注1）　法第20条関連政令に関しては，現時点（令和5年12月）では未公布のため，法の施行に伴い変更の可能性がある。

法第20条では，建築物を規模等に応じて区分し，それぞれ必要な基準に適合することを求めている。

1）一号　高さが60mを超える建築物　（**超高層建築物**）

2）二号　高さが60m以下の建築物のうち**大規模建築物**

　①　木造は，地階を除く階数が4以上又は高さ16mを超える建築物

　②　鉄骨造は，地階を除く階数が4以上，地階を除く階数が3以下で高さ13m又は軒高9mを超える建築物

　③　鉄筋コンクリート造又は鉄骨鉄筋コンクリート造は，高さ20mを超える建築物

　④　その他令第36条の2で定める建築物

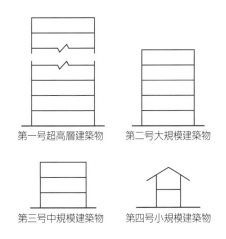

第一号超高層建築物　　第二号大規模建築物

第三号中規模建築物　　第四号小規模建築物

図3・1

令第36条の2　法第20条第1項第二号の政令で定める建築物は，次に掲げる建築物とする。(p.62 注1)

一　地階を除く階数が四以上である組積造又は補強コンクリートブロック造の建築物
二　地階を除く階数が3以下である鉄骨造の建築物であつて，高さが13m又は軒の高さが9mを超えるもの
三　鉄筋コンクリート造と鉄骨鉄筋コンクリート造とを併用する建築物であつて，高さが20mを超えるもの
四　木造，組積造，補強コンクリートブロック造若しくは鉄骨造のうち2以上の構造を併用する建築物又はこれらの構造のうち1以上の構造と鉄筋コンクリート造若しくは鉄骨鉄筋コンクリート造とを併用する建築物であつて，・・・

3）三号　高さが60m以下の建築物のうち**中規模建築物**

　二号（大規模建築物）以外で

　①　木造は，法第6条第1項一号又は第二号に掲げる建築物で，地階を除く階数が3以上又は延べ面積300m²超の建築物

　②　木造以外は，法第6条第1項一号又は第二号に掲げる建築物

4）四号　前三号以外の建築物

　①　一号〜三号より規模の小さい建築物

表3・1　構造種別ごとの構造計算を要する建築物の規模

構　造　種　別	規　模　条　件		
	延べ面積	階　数	高　さ
木造の建築物	>300 m²	≧ 3	>16 m
木造以外の建築物	>200 m²	≧ 2	―

＊規模条件の内，1つでも該当すれば構造計算が必要。

⑵ 建築物の区分に応じた規定の適応

1) 超高層建築物（法第20条第1項第一号）

① 構造方法に関する技術的基準（令第36条第1項）(p.62 注1)

> **令第36条第1項** 法第20条第1項第一号の政令で定める技術的基準（建築設備に係る技術的基準を除く。）は、耐久性等関係規定（この条から第36条の3まで、・・・第80条の2（・・・）の規定をいう。以下同じ。）に適合する構造方法を用いることとする。

② 構造計算の適用（令第81条第1項）(p.62 注1)

> **令第81条第1項** 法第20条第1項第一号の政令で定める基準は、次のとおりとする。
> 一～四 略

イ．法第20条第1項一号の**超高層建築物**は、耐久性等関係規定＋構造計算（時刻暦応答解析）とし、国土交通大臣の認定を受ける必要がある。

ロ．耐久性等関係規定以外の仕様規定に適合する必要はない。

ハ．構造計算適合性判定は不要。

表3・2　耐久性等関係規定

令第36条	構造方法に関する技術的基準
令第36条の2	地階を除く階数が4以上である鉄骨造の建築物等に準ずる建築物
令第36条の3	構造設計の原則
令第37条	構造部材の耐久
令第38条第1項，第5項，第6項	基礎への荷重の伝達，地盤の沈下，施工上の安全等，木ぐいの耐久性
令第39条第1項，第4項	屋根ふき材等の緊結，特定天井の劣化防止措置
令第41条	木材
令第49条	外壁内部等の防腐措置等
令第70条	柱の防火被覆
令第72条，第74条，第75条	コンクリートの材料，強度，養生
令第76条	型わく及び支柱の除去
令第79条，第79条の3	鉄筋，鉄骨のかぶり厚さ
令第80条の2	構造方法に関する補則

確認問題

法令上正しいものに○を，正しくないものに×を付けなさい。

1. 高さが60mを超える建築物で，所定の構造計算によって安全性が確かめられたものとして国土交通大臣の認定を受けたものは，耐久性等関係規定に適合しない構造方法を用いることができる。　　　　　　　　　　　　　　　　（　×　）

2）大規模建築物（法第20条第1項第二号）

① 構造方法に関する技術的基準（令第36条第2項）(p.62 注 1)

2　法第20条第1項第二号イの政令で定める技術的基準（建築設備に係る技術的基準を除く。）は，次の各号に掲げる場合の区分に応じ，それぞれ当該各号に定める構造方法を用いることとする。

一　第81条第2項第一号イに掲げる構造計算によつて安全性を確かめる場合　この節から第4節の2まで，第5節（第67条第1項（同項各号に掲げる措置に係る部分を除く。）及び第68条第4項（これらの規定を第79条の4において準用する場合を含む。）を除く。），第6節（第73条，第77条第二号から第六号まで，第77条の2第2項，第78条（プレキャスト鉄筋コンクリートで造られたはりで2以上の部材を組み合わせるものの接合部に適用される場合に限る。）及び第78条の2第1項第三号（これらの規定を第79条の4において準用する場合を含む。）を除く。），第6節の2，第80条及び第7節の2（第80条の2（国土交通大臣が定めた安全上必要な技術的基準のうちその指定する基準に係る部分に限る。）を除く。）の規定に適合する構造方法

二　第81条第2項第一号ロに掲げる構造計算によつて安全性を確かめる場合　耐久性等関係規定に適合する構造方法

三　第81条第2項第二号イに掲げる構造計算によつて安全性を確かめる場合　この節から第7節の2までの規定に適合する構造方法

② 構造計算の適用（令第81条第2項）(p.62 注 1)

2　法第20条第1項第二号イの政令で定める基準は，次の各号に掲げる建築物の区分に応じ，それぞれ当該各号に定める構計算によるものであることとする。

一　高さが31mを超える建築物　次のイ又はロのいずれかに該当する構造計算

イ　保有水平耐力計算又はこれと同等以上に安全性を確かめることができるものとして国土交通大臣が定める基準に従つた構造計算

ロ　限界耐力計算又はこれと同等以上に安全性を確かめることができるものとして国土交通大臣が定める基準に従つた構造計算

二　高さが31m以下の建築物　次のイ又はロのいずれかに該当する構造計算

イ　許容応力度等計算又はこれと同等以上に安全性を確かめることができるものとして国土交通大臣が定める基準に従つた構造計算

ロ　前号に定める構造計算

イ．法第20条第1項二号の**大規模建築物**は，高さ31mを超える建築物と，高さ31m以下の建築物で構造計算の内容が変わる。（構造計算適合性判定はいずれも必要）

ロ．**高さ31mを超える建築物**

・一部の規定を除く仕様規定（表3・3）＋保有水平耐力計算

又は

・耐久性等関係規定＋限界耐力計算

ハ．**高さ31m以下の建築物**

・一部の規定を除く仕様規定（表3・3）＋

保有水平耐力計算

又は

・耐久性等関係規定＋限界耐力計算

又は

・仕様規定＋許容応力度等計算

※**耐久性等関係規定は，どんな高度な構造計算をした場合でも，必ず守らなければならない規定**

図3・2

確認問題

法令上正しいものに○を，正しくないものに×を付けなさい。
1. 保有耐力計算によって安全性が確かめられた鉄筋コンクリート造の建築物は，構造耐力上主要な部分である柱の帯筋比を，0.2%未満とすることができる。 　　　　　　　　　　　　　　　　　　　　　（ ○ ）

表3・3　保有耐力計算で除かれる仕様規定

令第36条2項第一号（除く仕様規定）		
第5節 （鉄骨造）	令第67条第1項	（鋼材の接合）第一号から第四号の措置に関する部分は適合させなければならない。
	令第68条第4項	（ボルト孔の径）
第6節 （鉄筋コンク リート造）	令第73条	（鉄筋の継手及び定着）
	令第77条第二号	（柱の構造のうち，主筋は帯筋と緊結すること
	令第77条第三号	（柱の構造のうち，帯筋の径と間隔）
	令第77条第四号	（柱の構造のうち，帯筋比）
	令第77条第五号	（柱の構造のうち，柱の小径）
	令第77条第六号	（柱の構造のうち，主筋の断面積の和）
	令第77条の2第2項	（床版の構造のうち，プレキャスト床）
	令第78条	（はりの構造）
	令第78条の2第1項第三号	（耐力壁の構造のうち，壁筋の配置）
第7節の2 （その他）	令第80条の2	（構造方法に関する補足）大臣が定めた技術基準のうち，指定する部分に限る。

3）中規模建築物（法第20条第1項第三号）及び小規模建築物（法第20条第1項第四号）

① 構造方法に関する技術的基準（令第36条第3項）(p.62注1)

3　法第20条第1項第三号イ 及び 第四号イ の政令で定める技術的基準（建築設備に係る技術的基準を除く。）は，この節から第7節の2までの規定に適合する構造方法を用いることとする。

② 構造計算の適用（令第81条第3項）(p.62注1)

3　法第20条第1項第三号イの政令で定める基準 は，次条各号及び第82条の4に定めるところによる構造計算又はこれと同等以上に安全性を確かめることができるものとして国土交通大臣が定める基準に従つた構造計算によるものであることとする。

イ．法第20条第1項第三号の**中規模建築物**は，仕様規定（令第82条各号及び令第82条の4）の構造計算（大臣認定プログラムによる計算を行う場合のみ，構造計算適合性判定が必要）

ロ．法第20条第1項第四号の**小規模建築物**は，仕様規定のみで構造計算は不要。

(3) 構造計算の概要

1）時刻歴応答解析（令第81条第1項の計算）

時刻歴応答解析（令第81条第1項・平成12年告示第1461号）は「荷重及び外力により変形を把握する」ための特殊な構造計算である。特に高さ60mを超える建築物（超高層建築物）の構造方法は，耐久性等関係規定に適合し，かつ，時刻歴応答解析によって安全性を確認したものとして国土交通大臣の認定が必要とされている。

2）限界耐力計算（令第81条第2項第1号ロの計算）

　　限界耐力計算（令第82条の5）は，荷重・外力を受けた建築物の変形および生ずる力を計算できる高度な構造計算手法であり，高さが60 m以下のすべての建築物に適用できる。

3）保有水平耐力計算（令第81条第2項第1号イの計算）（ルート3）

　　高さが60 m以下の建築物について，長期・短期の応力度等の計算（令第82条各号），層間変形角（令第82条の2），保有水平耐力の計算（令第82条の3），屋根ふき材等の計算（令第82条の4）を行う一連の構造計算の規定である。

4）許容応力度等計算（令第81条第2項第2号イの計算）（ルート2）

　　高さが31 m以下の建築物について，3）の保有水平耐力の計算を行わず，長期・短期の応力度の計算（令82条各号），層間変形角（令第82条の2），屋根ふき材の計算（令82条の4），剛性率・偏心率等の計算（令第82条の6）を行う一連の構造計算の規定である。

表3・4　令第82条第二号に規定する想定する状態と応力の組合せ

力の種類	想定する状態	一般の場合	多雪区域の場合
長期に生ずる力	常時	$G+P$	$G+P$
	積雪時		$G+P+0.75S$
短期に生ずる力	積雪時	$G+P+S$	$G+P+S$
	暴風時	$G+P+W$	$G+P+W$
			$G+P+0.35S+W$
	地震時	$G+P+K$	$G+P+0.35S+K$

G：固定荷重によって生ずる力　　W：風圧力によって生ずる力
P：積載荷重によって生ずる力　　K：地震力によって生ずる力
S：積雪荷重によって生ずる力

5）令82条各号及び令第82条の4の構造計算（令第81条第3項の計算）（ルート1）

　　法令上の名称はないが，一定の中規模建築物に適用可能な構造計算である。長期・短期の応力度等の計算（令第82条各号）および屋根ふき材等の計算（令第82条の4）の構造計算を行う。このとき，建築物の構造耐力上主要な部材に生じる力を表3・4に掲げる応力を組み合わせて計算（令第82条第二号）を行う。

⑷ 構造計算と構造方法のまとめ

表3・5 構造計算の分類（p.62注1）

建築物の区分	対象建築物（法第20条1項，令第36条の2）			構造計算の方法（令81条）
第一号建築物 （超高層建築物）	高さが60mを超えるもの			・第一号建築物の構造計算 （時刻歴応答解析等）
第二号建築物 （大規模建築物）	高さが60m 以下のもの	木造	①高さ>16m ②階数（地階除く）≧4	［高さ31m超］ ◆保有水平耐力計算（ルート3） ◆限界耐力計算 ［高さ31m以下］ ◆許容応力度等計算（ルート2） ◆保有水平耐力計算（ルート3） ◆限界耐力計算 又は ◆大臣認定プログラムによる計算 又は ・第一号建築物の構造計算 （時刻歴応答解析等）
		組積造， 補強コンクリートブロック造	階数（地階除く）≧4	
		鉄骨造	①階数（地階除く）≧4 ②高さ>13m ③軒高>9m	
		鉄筋コンクリート造，鉄骨鉄筋コンクリート造，これらの併用	高さ>20m	
		鉄筋コンクリート造及び鉄骨鉄筋コンクリート造以外の構造を併用	①階数（地階除く）≧4 ②高さ>13m ③軒高>9m	
		平成19年国土交通省告示第593号において定める建築物		
第三号建築物 （中規模建築物）	高さが60m 以下で，上記以外のもの	木造	①階数≧3 ②延べ面積>300m²	・令第82条各号＋令第82条の4（ルート1） （一次設計） 又は ◆大臣認定プログラムによる計算 又は ・第一号，第二号建築物の構造計算
		木造以外	①階数≧2 ②延べ面積>200m²　　)※法6条による	
第四号建築物 （小規模建築物）	上記以外のもの			構造計算不要　又は ・第一号〜第三号建築物の構造計算

1）◆の付いた構造計算の方法（**特定構造計算基準**）を用いた場合は，**構造計算適合性判定**が必変になる。

2）既存建築物の増改築において，上記基準に相当する**特定増改築構造計算基準**を用いた場合も同様。

表3・6　建築物の区分に応じた「構造計算」と「構造方法」の適用関係

構造計算の方法（令81条）		適用すべき仕様規定（令36条）		
1項	時刻歴応答解析	第1項		耐久性等関係規定
2項第一号イ	保有水平耐力計算（ルート3）	第2項	第一号	一部を除く仕様規定
2項第一号ロ	限界耐力計算		第二号	**耐久性等関係規定**
2項第二号イ	許容応力度等計算（ルート2）		第三号	全ての仕様規定
3項	令82条各号＋令82条の4（ルート1）	第3項		全ての仕様規定
−	構造計算不要			

───── 確認問題 ─────

法令上正しいものに〇を，正しくないものに×を付けなさい。

1．許容応力度等計算を行う場合，建築物の地上部分については，各階の剛性率が，それぞれ6/10以上であること
　を確かめなければならない。　　　　　　　　　　　　　　　　　　　　（　〇　　令第82条の6　）

3・1・2 荷重及び外力

(1) 荷重及び外力の種類（令第83条）

> **令第83条** 建築物に作用する荷重及び外力としては，次の各号に掲げるものを採用しなければならない。
> 一 固定荷重
> 二 積載荷重
> 三 積雪荷重
> 四 風圧力
> 五 地震力
> 2 前項に掲げるもののほか，建築物の実況に応じて，土圧，水圧，震動及び衝撃による外力を採用しなければならない。

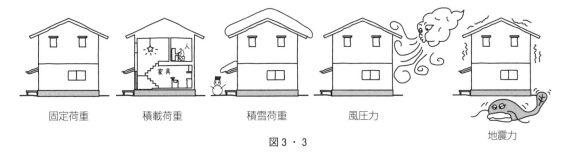

固定荷重　　　積載荷重　　　積雪荷重　　　風圧力　　　　地震力

図3・3

(2) 固定荷重（令第84条）

1）固定荷重は，建築物自体の構造体，仕上げなどの荷重である。通常は，令第84条の表の値をもって代表して計算する。

┌─ **確認問題** ─

法令上正しいものに○を，正しくないものに×を付けなさい。
1．仕上げをモルタル塗りとしたコンクリート造の床の固定荷重は，実況に応じて計算しない場合，当該部分の床面積に150N/m²（仕上げ厚さ1 cm ごとに，その cm の数値を乗ずるものとする。）を乗じて計算することができる。
（　×　令第84条　表）

(3) 積載荷重（令第85条）

> **令第85条** 建築物の各部の 積載荷重 は，当該建築物の実況に応じて計算しなければならない。ただし，次の表に掲げる室の床の積載荷重については，それぞれ同表の（い），（ろ）又は（は）の欄に定める数値に床面積を乗じて計算することができる。

[積載荷重]

室の種類		構造計算の対象（N/m²）		
		（い）**床**用	（ろ）**大ばり，柱，基礎**用	（は）**地震力**算定用
(1) 住宅の居室，病室		1,800	1,300	600
(2) 事務室		2,900	1,800	800
(3) 教室		2,300	2,100	1,100
(4) 百貨店又は店舗の売場		2,900	2,400	1,300
(5) 劇場，集会場等の客席又は集会室等の客席又は集会室	固定席	2,900	2,600	1,600
	その他	3,500	3,200	2,100
(6) 自動車車庫，自動車通路		5,400	3,900	2,000

| (7) | 廊下，玄関，階段 | (3)～(5)までに掲げる室に連絡するものにあつては，(5)の「その他の場合」の数値による。 |
| (8) | 屋上広場又はバルコニー | (1)の数値による。ただし，学校又は百貨店の用途に供する建築物にあつては，(4)の数値による。 |

2　柱又は基礎の垂直荷重による圧縮力を計算する場合においては，前項の表の（ろ）欄の数値は，そのささえる床の数に応じて，これに次の表の数値を乗じた数値まで減らすことができる。ただし，同項の表の（五）に掲げる室の床の積載荷重については，この限りでない。

ささえる床の数	2	3	4	5	6	7	8	9以上
積載荷重を減らすために乗ずべき数値	0.95	0.9	0.85	0.8	0.75	0.7	0.65	0.6

3　倉庫業を営む倉庫における床の積載荷重は，第1項の規定によつて実況に応じて計算した数値が1m^{2}につき3,900 N 未満の場合においても，3,900 N としなければならない。

1）1項　積載荷重は，実況に応じて計算しなければならないが，第1項の表に掲げる室の積載荷重は，同表の数値によることができる。

2）1項　構造計算の対象により，積載荷重の値が異なる。教室，百貨店又は店舗の売り場，劇場等に連絡する廊下，玄関又は階段にあっては，劇場等の積載荷重（その他の場合）を採用する。

①　床用＞骨組（大梁，柱，基礎）＞地震力

②　床用の場合，劇場（その他）＞百貨店＝事務室＞教室＞住宅の居室

3）3項　倉庫業を営む倉庫の床の積載荷重は，1m^{2}につき3,900 kN 以上としなければならない。

確認問題

法令上正しいものに〇を，正しくないものに×を付けなさい。
1．教室の柱の垂直荷重による圧縮力の計算において，建築物の状況によらないで積載荷重を計算する場合，床の積載荷重として採用する数値は，柱の支える床の数が3のときは，1,800 N/m^{2}とすることができる。

（　×　2,100×0.9＝1,890 N/m^{2}以上）

---

(4)　積雪荷重（令第86条）

令第86条　積雪荷重は，積雪の単位荷重に屋根の水平投影面積及びその地方における垂直積雪量を乗じて計算しなければならない。
2　前項に規定する積雪の単位荷重は，積雪量1cmごとに1m^{2}につき20 N 以上としなければならない。ただし，特定行政庁は，規則で，国土交通大臣が定める基準に基づいて多雪区域を指定し，その区域につきこれと異なる定めをすることができる。
4　屋根の積雪荷重は，屋根に雪止めがある場合を除き，その勾配が60度以下の場合においては，その勾配に応じて第1項の積雪荷重に次の式によつて計算した屋根形状係数（・・・）を乗じた数値とし，その勾配が60度を超える場合においては，0とすることができる。
6　雪下ろしを行う慣習のある地方においては，その地方における垂直積雪量が1mを超える場合においても，積雪荷重は，雪下ろしの実況に応じて垂直積雪量を1mまで減らして計算することができる。
7　前項の規定により垂直積雪量を減らして積雪荷重を計算した建築物については，その出入口，主要な居室又はその他の見やすい場所に，その軽減の実況その他必要な事項を表示しなければならない。

1）1項　積雪荷重＝積雪時の単位荷重（**積雪量1cmごとに20 N/m^2**）×屋根の水平投影面積×その地方における垂直積雪量

2）4項　雪止めがある場合を除き，屋根の勾配に応じて「屋根形状係数」を乗じて積雪荷重を低減することができる。（**勾配が60度を超える場合は積雪荷重は0となる。**）

３）6項，7項　**雪下ろしを行う習慣がある地方**
において垂直積雪荷重が1mを超える場合は，
積雪荷重を1mまで減らして計算することが
できる。その場合，建築物の**出入口等に軽減の**
状況等を表示しなければならない。

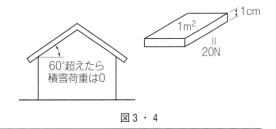

図3・4

確認問題

法令上正しいものに〇を，正しくないものに×を付けなさい。
1．積雪荷重は，雪下ろしを行う習慣のある地方であっても，その地方における垂直積雪量が1mを超える場合には，垂直積雪量を減らして計算することができない。　　　　　　　　　　　　　　　　　（　×　）

---

(5)　風圧力（令第87条）

令第87条　[風圧力]は，[速度圧に風力係数を乗じて計算]しなければならない。
2　前項の[速度圧]は，次の式によつて計算しなければならない。
　　　$q = 0.6\,EV_0^2$
3　建築物に近接してその建築物を風の方向に対して有効にさえぎる他の建築物，防風林その他これらに類するものがある場合においては，その方向における[速度圧]は，前項の規定による数値の[1/2まで減らすことができる]。
4　第1項の風力係数は，風洞試験によつて定める場合のほか，建築物又は工作物の断面及び平面の形状に応じて国土交通大臣が定める数値によらなければならない。

１）1項　風圧力＝速度圧（q）×風力係数（Cf）

２）2項　速度圧は，$q = 0.6EV_0^2$

　E：当該建築物の屋根の高さ及び周辺の地域に存する建築物その他の工作物，樹木その他の風速に影響を与えるものの状況に応じて国土交通大臣が定める方法により算出した数値

　V_0：その地方における過去の台風の記録に基づく風害の程度その他の風の性状に応じて30m毎秒から46m毎秒までの範囲内において国土交通大臣が定める風速（基準風速：単位　m/s）

３）3項　建築物に近接して，その建築物を風の方向に対して有効に遮る物がある場合には，速度圧を1/2まで低減することができる。

確認問題

法令上正しいものに〇を，正しくないものに×を付けなさい。
1．風圧力は，その地方における過去の台風の記録に基づく風害の程度その他の風の性状に応じて国土交通大臣が定める風速に風力係数を乗じて計算しなければならない。　　　　　　　　　　　　　　　　（　×　）

---

(6)　地震力（令第88条）

令第88条　建築物の[地上部分の地震力]については，当該建築物の各部分の高さに応じ，[当該高さの部分が支える部分に作用する全体の地震力として計算]するものとし，その数値は，当該部分の[固定荷重と積載荷重との和]（第86条第2項ただし書の規定により特定行政庁が指定する多雪区域においては，更に積雪荷重を加えるものとする。）に当該高さにおける[地震層せん断力係数]を乗じて計算しなければならない。この場合において，[地震層せん断力係数]は，[次の式によつて計算]するものとする。
　　　$Ci = Z\,Rt\,Ai\,Co$
2　[標準せん断力係数]は，[0.2以上]としなければならない。ただし，地盤が著しく軟弱な区域として特定行政庁が国土交通大臣の定める基準に基づいて規則で指定する区域内における[木造の建築物]（・・・）にあつては，[0.3以上]としなければならない。

3　第82条の3第二号の規定により必要保有水平耐力を計算する場合においては，前項の規定にかかわらず，標準せん断力係数は，1.0以上としなければならない。

4　建築物の地下部分の各部分に作用する地震力は，当該部分の固定荷重と積載荷重との和に次の式に適合する水平震度を乗じて計算しなければならない。ただし，地震時における建築物の振動の性状を適切に評価して計算をすることができる場合においては，当該計算によることができる。

$$k \geqq 0.1 \ (1 - H \div 40) \times Z$$

1）1項　地上部分の地震力（Qi）＝当該階の固定荷重と積載荷重の和（Wi）×当該階の地震層せん断力係数（Ci）

2）1項　地震層せん断力係数（Ci）＝$Z \cdot Rt \cdot Ai \cdot Co$

　　（Z：地震地域係数　Rt：振動特性係数　Ai：地震層せん断力係数の高さ方向の分布係数　Co：標準せん断力係数）

3）2項，3項　標準せん断力係数（Co）は，中規模の地震動を想定して，通常は0.2以上とするが，計算の種類に応じて0.2，0.3，1.0が定められている。

表3・7　各計算における標準せん断力係数Co

計算の種類	Co
一次設計，層間変形角計算時	0.2以上
地盤が著しく軟弱な区域内の木造建築物	0.3以上
鉄骨造の耐震計算ルート1	0.3以上
必要保有水平耐力の計算時（大地震を想定）	1.0以上

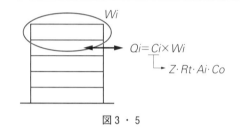

図3・5

確認問題

法令上正しいものに〇を，正しくないものに×を付けなさい。

1．保有耐力計算により，建築物の地上部分に作用する地震力について，必要保有水平耐力を計算する場合，標準せん断力係数は，0.2以上としなければならない。　　　　　　　　　　　　　　　　　　（　×　）

2．建築物の地上部分の地震力は，当該建築物の各部分の高さに応じ，当該高さの部分が支える部分に作用する全体の地震力として計算しなければならない。　　　　　　　　　　　　　　　　　　　（　〇　）

3・1・3　許容応力度

　木材，鋼材等，コンクリート，溶接，高力ボルト接合について，圧縮，引張り，曲げ，せん断のそれぞれの長期および短期の許容応力度が定められている。また，地盤および基礎ぐいについては，その地盤に応じて，長期および短期の許容応力度が定められている。

⑴　木材（令第89条）

令第89条　木材の繊維方向の許容応力度は，次の表の数値によらなければならない。ただし，第82条第一号から第三号までの規定によつて積雪時の構造計算をするに当たつては，長期に生ずる力に対する許容応力度は同表の数値に1.3を乗じて得た数値と，短期に生ずる力に対する許容応力度は同表の数値に0.8を乗じて得た数値としなければならない。

表3・8　木材の許容応力度　　　　　　（単位：N/mm²）

長期に生ずる力に対する許容応力度				短期に生ずる力に対する許容応力度			
圧縮	引張り	曲げ	せん断	圧縮	引張り	曲げ	せん断
$\dfrac{1.1Fc}{3}$	$\dfrac{1.1Ft}{3}$	$\dfrac{1.1Fb}{3}$	$\dfrac{1.1Fs}{3}$	$\dfrac{2Fc}{3}$	$\dfrac{2Ft}{3}$	$\dfrac{2Fb}{3}$	$\dfrac{2Fs}{3}$

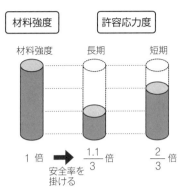

・短期は，長期の $\dfrac{2}{1.1}$ 倍

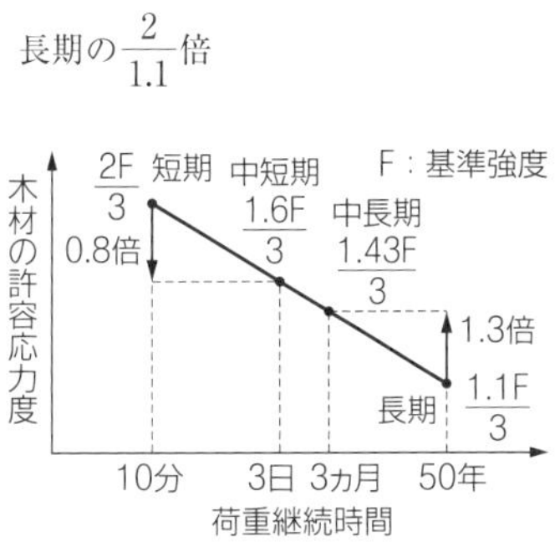

表3・8より，長期・短期の許容応力度は，圧縮・引張り・曲げ・せん断ともに，上図のようになる。

図3・6

図3・7

確認問題

法令上正しいものに〇を，正しくないものに×を付けなさい。
1．木材の繊維方向の長期に生ずる力に対する曲げの許容応力度は，原則として，木材の種類及び品質に応じて国土交通大臣が定める曲げに対する基準強度の1/3である。　　　　　　　　　（　×　）

⑵　鋼材等（令第90条）

令第90条　鋼材等の許容応力度は，次の表1又は表2の数値によらなければならない。

1）短期は長期の**1.5倍**

⑶　コンクリート（令第91条）

令第91条　コンクリートの許容応力度は，次の表の数値によらなければならない。ただし，異形鉄筋を用いた付着について，国土交通大臣が異形鉄筋の種類及び品質に応じて別に数値を定めた場合は，当該数値によることができる。

1）短期は長期の**2倍**

⑷　地盤及び基礎ぐい（令第93条）

令第93条　地盤の許容応力度及び基礎ぐいの許容支持力は，国土交通大臣が定める方法によつて，地盤調査を行い，その結果に基づいて定めなければならない。ただし，次の表に掲げる地盤の許容応力度については，地盤の種類に応じて，それぞれ次の表の数値によることができる。

1）短期は長期の**2倍**

地盤	長期 に生ずる力に対する許容応力度 (kN/m²)	短期 に生ずる力 に対する許容応力度 (kN/m²)
岩盤	1,000	
固結した砂	500	
土丹盤	300	
密実な礫層	300	
密実な砂質地盤	200	長期 に生ずる力に対する許容応力度のそれぞれの数値の 2倍 とする。
砂質地盤（地震時に液状化のおそれのないものに限る。）	50	
堅い粘土質地盤	100	
粘土質地盤	20	
堅いローム層	100	
ローム層	50	

例題

例題03-1
　構造計算による次の記述のうち，建築基準法上，**誤っている**ものはどれか。

1. 積雪荷重は，原則として，積雪の単位荷重に屋根の水平投影面積及びその地方における垂直積雪量を乗じて計算しなければならない。
2. 特定行政庁が指定する多雪区域における建築物の構造計算にあたっては，構造耐力上主要な部分の断面に生ずる長期の応力度として，固定荷重，積雪荷重及び地震力による応力度の合計をも用いなければならない。
3. 密実な砂質地盤の長期に生じる力に対する許容応力度は，国土交通大臣が定める方法による地盤調査を行わない場合，200 kN/m^2とすることができる。
4. 倉庫業を営む倉庫における床の積載荷重は，$3,900 \text{ N/m}^2$未満としてはならない。
5. 映画館の客席における床の積載荷重は，建築物の実況によらないで，柱の垂直荷重による圧縮力を計算する場合，そのささえる床の数に応じて減らすことができない。

例題03-2（令和7年4月施行予定の法に基づいて解答）
　建築基準法上，建築物の新築にあたって，**構造計算によりその構造が安全である**ことを，確かめなくてもよいものは，次のうちどれか。ただし，地階，当該建築物はエキスパンションジョイント等で構造上分離されている部分はないものとし，国土交通大臣が指定する建築物には該当しないものとする。

1. 木造平屋建て，延べ面積 $1,000 \text{ m}^2$，高さ4mの老人福祉施設
2. 補強コンクリートブロック造2階建，延べ面積 220 m^2，高さ6mの長屋
3. 鉄骨造平屋建て，延べ面積 200 m^2，高さ9mの倉庫
4. 鉄骨造平屋建て，延べ面積 250 m^2，高さ4mの店舗
5. 鉄筋コンクリート造2階建，延べ面積 180 m^2，高さ7mの事務所

答え　➡ p.256, 257

3・2　構造計算・構造強度－2

3・2・1　構造部材等

(1)　構造部材の耐久（令第37条）

令第37条　構造耐力上主要な部分で特に腐食，腐朽又は摩損のおそれのあるものには，腐食，腐朽若しくは摩損しにくい材料又は有効なさび止め，防腐若しくは摩損防止のための措置をした材料を使用しなければならない。

(2)　基礎（令第38条）

令第38条　建築物の基礎は，建築物に作用する荷重及び外力を安全に地盤に伝え，かつ，地盤の沈下又は変形に対して構造耐力上安全なものとしなければならない。

2　建築物には，異なる構造方法による基礎を併用してはならない。

3　建築物の基礎の構造は，建築物の構造，形態及び地盤の状況を考慮して国土交通大臣が定めた構造方法を用いるものとしなければならない。この場合において，高さ13m又は延べ面積3,000m²を超える建築物で，当該建築物に作用する荷重が最下階の床面積1m²につき100kNを超えるものにあつては，基礎の底部（基礎ぐいを使用する場合にあつては，当該基礎ぐいの先端）を良好な地盤に達することとしなければならない。

6　建築物の基礎に木ぐいを使用する場合においては，その木ぐいは，平家建の木造の建築物に使用する場合を除き，常水面下にあるようにしなければならない。

(3)　屋根ふき材等（令第39条）

令第39条　屋根ふき材，内装材，外装材，帳壁その他これらに類する建築物の部分及び広告塔，装飾塔その他建築物の屋外に取り付けるものは，風圧並びに地震その他の震動及び衝撃によつて脱落しないようにしなければならない。

3　特定天井（脱落によつて重大な危害を生ずるおそれがあるものとして国土交通大臣が定める天井をいう。以下同じ。）の構造は，構造耐力上安全なものとして，国土交通大臣が定めた構造方法を用いるもの又は国土交通大臣の認定を受けたものとしなければならない。

4　特定天井で特に腐食，腐朽その他の劣化のおそれのあるものには，腐食，腐朽その他の劣化しにくい材料又は有効なさび止め，防腐その他の劣化防止のための措置をした材料を使用しなければならない。

確認問題

法令上正しいものに〇を，正しくないものに×を付けなさい。

1．屋根ふき材，外装材等は，風圧並びに地震その他の振動及び衝撃によって脱落しないようにしなければならない。　　　　　　　　　　　　　　　　　　　　　　　　　　　　　　　　　（　〇　）

3・2・2　木　造

(1)　適用の範囲（令第40条）

> **令第40条**　この節の規定は，木造の建築物又は木造と組積造その他の構造とを併用する建築物の木造の構造部分に適用する。ただし，茶室，あずまやその他これらに類する建築物又は延べ面積が10 m²以内の物置，納屋その他これらに類する建築物については，適用しない。

1）木造の規定は，茶室，あずまや，又は延べ面
　積10 m²以内の物置等には適用しない。

茶室

図3・8

(2)　木材（令第41条）

> **令第41条**　構造耐力上主要な部分に使用する木材の品質は，節，腐れ，繊維の傾斜，丸身等による耐力上の欠点がないものでなければならない。

(3)　土台及び基礎（令第42条）

> **令第42条**　構造耐力上主要な部分である柱で最下階の部分に使用するものの下部には，土台を設けなければならない。ただし，次の各号のいずれかに該当する場合においては，この限りでない。
> 　一　当該柱を基礎に緊結した場合
> 　二　平家建ての建築物（地盤が軟弱な区域として特定行政庁が国土交通大臣の定める基準に基づいて規則で指定する区域内にあるものを除く。次項において同じ。）で足固めを使用した場合
> 　三　当該柱と基礎とをだぼ継ぎその他の国土交通大臣が定める構造方法により接合し，かつ，当該柱に構造耐力上支障のある引張応力が生じないことが国土交通大臣が定める方法によつて確かめられた場合
> 　2　土台は，基礎に緊結しなければならない。ただし，平家建ての建築物で延べ面積が50 m²以内のものについては，この限りでない。

1）1項　構造耐力上主要な柱の下部は，原則と
　して，土台を設けなければならない。同条のた
　だし書きの他，令第40条の適用の範囲の定めに
　より，適用除外となる場合もある。

2）2項　原則，土台はアンカーボルト等で基礎
　に緊結しなければならない。

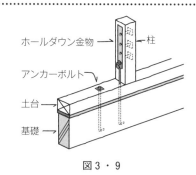

ホールダウン金物
柱
アンカーボルト
土台
基礎

図3・9

確認問題

法令上正しいものに〇を，正しくないものに×を付けなさい。
　1．構造耐力上主要な部分である1階の柱を鉄筋コンクリート造の布基礎に緊結した場合，当該柱の下部には土台
　　を設けなくてもよい。　　　　　　　　　　　　　　　　　　　　　　　　　　　　　　　　　　（　〇　）

⑷　柱の小径（令第43条）

> **令第43条**　構造耐力上主要な部分である柱の張り間方向及びけた行方向の小径は，それぞれの方向でその柱に接着する土台，足固め，胴差，はり，けたその他の構造耐力上主要な部分である横架材の相互間の垂直距離に対して，次の表に掲げる割合以上のものでなければならない。ただし，国土交通大臣が定める基準に従つた構造計算によつて構造耐力上安全であることが確かめられた場合においては，この限りでない。
>
> | 建築物 | 柱の種類 | | | |
> |---|---|---|---|---|
> | | 間隔が 10 m 以上の柱または学校，保育所，劇場，映画館，演芸場，観覧場，公会堂，集会場，物品販売業を営む店舗（床面積 10 m²以内のものを除く），公衆浴場の用途に供する建築物の柱 | | 左欄以外の柱 | |
> | | 最上階又は階数が1の建築物の柱 | その他の階の柱 | 最上階又は階数が1の建築物の柱 | その他の階の柱 |
> | ⑴ 土蔵造など壁の重量が特に大きい建築物 | 1/22 | 1/20 | 1/25 | 1/22 |
> | ⑵ ⑴に掲げる建築物以外の建築物で屋根を金属板，石板，木板その他これらに類する軽い材料でふいたもの（**屋根を金属板**など軽い材料でふいたもの） | 1/30 | 1/25 | 1/33 | 1/30 |
> | ⑶ ⑴及び⑵に掲げる建築物以外の建築物（**瓦葺等**） | 1/25 | 1/22 | 1/30 | 1/28 |
>
> 2　地階を除く階数が2を超える建築物の1階の構造耐力上主要な部分である柱の張り間方向及びけた行方向の小径は，13.5 cm を下回つてはならない。ただし，・・・
> 4　前3項の規定による柱の小径に基づいて算定した柱の所要断面積の1/3以上を欠き取る場合においては，その部分を補強しなければならない。
> 5　階数が2以上の建築物におけるすみ柱又はこれに準ずる柱は，通し柱としなければならない。ただし，接合部を通し柱と同等以上の耐力を有するように補強した場合においては，この限りでない。
> 6　構造耐力上主要な部分である柱の有効細長比（・・・）は，150以下としなければならない。

１）１項　柱の小径は，令第43条第１項の表により，原則として，横架材間の垂直距離に応じた割合として定められている。

　　①　日本瓦（かわら）葺き屋根の場合は，表中⑶の区分となる。

２）２項　地階を除く階数が２を超える建築物（地上３階建）の１階の柱の構造耐力上主要な部分である柱の小径は，原則として，**13.5 cm 以上**としなければならない。

３）柱の小径は，**柱の樹種には関係しない**。

４）５項　階数２以上の建築物のすみ柱は，通し柱としなければならない。ただし，接合部を通し柱と同等の補強をした場合は管柱でもよい。

５）６項　木造柱の有効細長比は，150以下としなければならない。

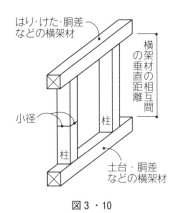

図3・10

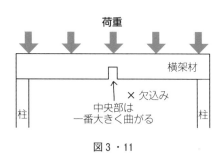

図3・11

設問　屋根を日本瓦でふき，壁を鉄鋼モルタル塗とした木造2階建，延べ面積180 m²，高さ8 mの一戸建住宅において，横架材の相互間の垂直距離が1階にあっては3.3 m，2階にあっては2.9 mである場合，建築基準法上，1階及び2階の構造耐力上主要な部分である柱の張り間方向及びけた行方向の小径の**必要寸法を満たす最小の数値の組合せ**は，次のうちどれか。ただし，張り間方向及びけた行方向の柱の相互の間隔は10 m未満とし，構造計算等による安全性の確認は行わないものとする。

	1階の柱の小径	2階の柱の小径
1.	10.5 cm	10.5 cm
2.	12.0 cm	10.5 cm
3.	12.0 cm	12.0 cm
4.	13.5 cm	12.0 cm
5.	13.5 cm	13.5 cm

解答　・1階：3.3 m×1/28≒0.118 m

　　　　　　　　　　→12.0 cm以上

　　　　・2階：2.9 m×1/30≒0.096 m

　　　　　　　　　　→10.5 cm以上

　　　　　　　　　　∴2が答え

⑸　はり等の横架材（令第44条）

令第44条　はり，けたその他の横架材には，その中央部附近の下側に耐力上支障のある欠込みをしてはならない。

⑹　筋かい（令第45条）

令第45条　引張り力を負担する筋かいは，厚さ1.5 cm以上で幅9 cm以上の木材又は径9 mm以上の鉄筋を使用したものとしなければならない。
2　圧縮力を負担する筋かいは，厚さ3 cm以上で幅9 cm以上の木材を使用したものとしなければならない。
3　筋かいは，その端部を，柱とはりその他の横架材との仕口に接近して，ボルト，かすがい，くぎその他の金物で緊結しなければならない。
4　筋かいには，欠込みをしてはならない。ただし，筋かいをたすき掛けにするためにやむを得ない場合において，必要な補強を行なつたときは，この限りでない。

1）　1項　**引張り力を負担する筋かい**は，厚さ1.5 cm以上で幅9 cm以上の木材，又は，径9 mm以上の鉄筋を使用する。

2）　2項　**圧縮力を負担する筋かい**は，厚さ3 cm以上で幅9 cm以上の木材を使用する。

3）　3項　**筋かいの端部**は，壁倍率に対応した力に抵抗できるように，柱とはりその他の横架材との仕口に接近して，ボルト，かすがい，くぎその他の金物で緊結しなければならない。

4）　4項　筋かいに欠込みをしてはならない。ただし，やむを得ず欠き込む場合は必要な補強を行う。

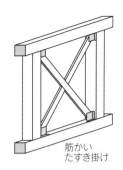

図 3・12

確認問題

法令上正しいものに〇を，正しくないものに×を付けなさい。

1．圧縮力を負担する筋かいは，厚さ1.5 cm 以上で幅 9 cm 以上の木材を使用したものとしなければならない。

（　×　）

⑺　**構造耐力上必要な軸組等（令第46条）**

令第46条　構造耐力上主要な部分である壁，柱及び横架材を<u>木造とした建築物</u>にあつては，すべての方向の水平力に対して安全であるように，各階の張り間方向及びけた行方向に，それぞれ壁を設け又は筋かいを入れた<u>軸組を釣合い良く配置し</u>なければならない。

3　床組及び小屋ばり組には木板その他これに類するものを国土交通大臣が定める基準に従つて<u>打ち付け</u>，<u>小屋組には振れ止め</u>を設けなければならない。ただし，国土交通大臣が定める基準に従つた構造計算によつて構造耐力上安全であることが確かめられた場合においては，この限りでない。

4　階数が2以上又は延べ面積が50 m²を超える木造の建築物においては，第1項の規定によつて 各階の張り間方向 及びけた行方向に配置する壁を設け又は筋かいを入れた軸組を，それぞれの方向につき，次の表1の軸組の種類の欄に掲げる区分に応じて当該軸組の長さに同表の倍率の欄に掲げる数値を乗じて得た長さの合計が， その階の床面積 （その階又は上の階の小屋裏，天井裏その他これらに類する部分に物置等を設ける場合にあつては，当該物置等の床面積及び高さに応じて国土交通大臣が定める面積をその階の床面積に加えた面積）に次の表2に掲げる数値（特定行政庁が第88条第2項の規定によつて指定した区域内における場合においては，表2に掲げる数値のそれぞれ1.5倍とした数値）を乗じて得た数値以上 で， かつ， その階 （その階より上の階がある場合においては，当該上の階を含む。）の見付面積 （張り間方向又はけた行方向の鉛直投影面積をいう。以下同じ。）からその階の床面からの高さが<u>1.35 m 以下の部分の見付面積を減じたもの</u>に次の表3に掲げる数値を乗じて得た数値以上となるように， 国土交通大臣が定める基準に従つて設置しなければならない。

1）　1項　横架材等を木造とした建築物は，原則として，張り間方向及びけた行方向のそれぞれに壁を設け又は筋かいを入れた軸組を釣り合いよく配置しなければならない。

2）　4項　存在壁量，地震力による必要壁量，風圧力による必要壁量

①　**構造耐力上有効な軸組長さ（存在壁量）**は，**実際の耐力壁の長さに，表3・11の倍率（壁倍率）を乗じた長さ**として計画する。

②　**地震力に対して必要な耐力壁の有効長さ（必要壁量）**は，**各階の床面積に，表9・3の値を乗じた数値以上**としなければならない。なお，張り間方向・けた行き方向のそれぞれに必要壁量以上の耐力壁を配置する。

③　**風圧力に対して必要な耐力壁の有効長さ（必要壁量）**は，**風の方向に直交する各階の見付面積**（その階の床面から**1.35 m 上がった位置**より上部の面積）に，**表3・10の値を乗じた数値以上**としなければならない。なお，張り間方向・けた行き方向のそれぞれに必要壁量以上の耐力壁を配置する。

[軸組計算の流れ]

Step1	Step2	Step3	Step4
軸組計算が必要な建物か？ **階数が 2 以上** **又は** **延べ面積が50m²を超える木造建築物**	**表 3・9** から**地震力**に対する必要軸組長さを求める **表 3・10**から**風圧力**に対する必要軸組長さを求める	**地震力，風圧力**に対する必要軸組長さを両方満足する（**大きいほうが採用される**）。	**表 3・11**の**軸組長さの倍率**から必要軸組長さを求める。

$$\underline{存在壁量} \geqq \underline{必要壁量}$$

$$実長 \times 倍率（表1） \geqq \left\{ \begin{array}{l} \cdot 地震力：床面積 \times 表2 \\ \cdot 風圧力：見付面積 \times 表3 \end{array} \right\} 大きい方$$

表 3・9 （令第46条第 4 項表 2）

建築物	階の床面積に乗ずる数値〔cm/m²〕					
	平家	2 階建の 1 階	2 階建の 2 階	3 階建の 1 階	3 階建の 2 階	3 階建の 3 階
第43条第 1 項の表の(1)又は(3)に掲げる建築物 例：重い屋根（瓦ぶき等）	15	33	21	50	39	21
第43条第 1 項の表の(2)に掲げる建築物 例：軽い屋根（スレート・金属板等）	11	29	15	46	34	18
階数の算定については，地階の部分の階数は，算入しない。						

表 3・10 （令第46条第 4 項表 3）

	区 域	見付面積に乗ずる数値 （単位 cm/m²）
(1)	特定行政庁がその地方における過去の風の記録を考慮してしばしば強い風が吹くと認めて規則で指定する区域	50を超え，75以下の範囲内において特定行政庁がその地方における風の状況に応じて規則で定める数値
(2)	(1)に揚げる区域以外の区域	50

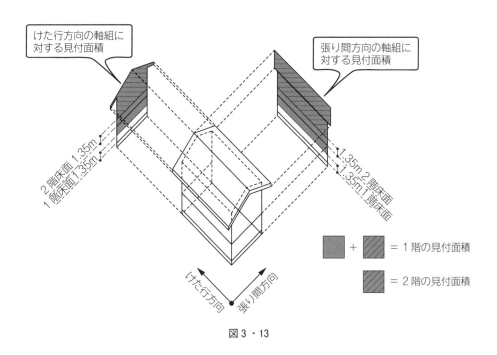

けた行方向の軸組に対する見付面積

張り間方向の軸組に対する見付面積

2階床面 1.35m
1階床面 1.35m

1.35m 2階床面
1.35m 1階床面

けた行方向

張り間方向

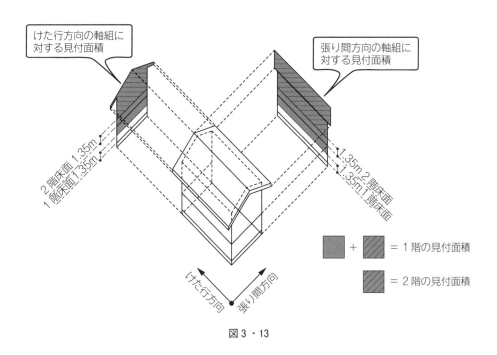 ＋ ＝ 1階の見付面積

 ＝ 2階の見付面積

図3・13

表3・11　（令第46条第4項表1）

	軸組の種類	倍率
(1)	**土塗壁**または**木ずり**その他これに類するものを柱及び間柱の**片面**に打ち付けた壁を設けた軸組	0.5
(2)	木ずりその他これに類するものを柱及び間柱の両面に打ち付けた壁を設けた軸組	1
	厚さ1.5cm以上で幅9cm以上の木材または径9mm以上の鉄筋の筋かいを入れた軸組	
(3)	**厚さ3cm以上で幅9cm以上の木材の筋かいを入れた軸組**	1.5
(4)	厚さ4.5cm以上で幅9cm以上の木材の筋かいを入れた軸組	2
(5)	9cm角以上の木材の筋かいを入れた軸組	3
(6)	(2)から(4)までに掲げる**筋かいをたすき掛けに入れた軸組**	(2)から(4)までのそれぞれの**数値の2倍**
(7)	(5)に掲げる筋かいをたすき掛けに入れた軸組	5
(8)	その他(1)から(7)までに掲げる軸組と同等以上の耐力を有するものとして国土交通大臣が定めた構造方法を用いるものまたは国土交通大臣の認定を受けたもの	0.5から5までの範囲において国土交通大臣が定める数値
(9)	(1)または(2)に掲げる壁と(2)から(6)までに掲げる筋かいとを併用した軸組	(1)または(2)のそれぞれの数値と(2)から(6)までの数値との和

確認問題

法令上正しいものに〇を，正しくないものに×を付けなさい。
1．構造耐力上必要な軸組の長さの算定において，軸組の種類を，厚さ4.5cmで幅9cmの木材の筋かいをたすき掛けに入れ，木ずりを柱及び間柱の片面に打ち付けた壁を設けた軸組とした場合，その長さに乗ずる倍率は5とすることができる。　　　　　　　　　　　　　　　　　　　　　　（　×　4.5　）
2．構造耐力上主要な部分である壁，柱及び横架材を木造としたものにあっては，全ての方向の水平力に対して安全であるように，原則として，各階の張り間方向及び桁行方向に，それぞれ壁を設け又は筋かいを入れた軸組を釣合いよく配置しなければならない。　　　　　　　　　　　　　　　　　　　　　　　　　（　〇　）

⑻　構造耐力上主要な部分である継手または仕口（令第47条）

令第47条　構造耐力上主要な部分である継手又は仕口は，ボルト締，かすがい打，込み栓打その他の国土交通大臣が定める構造方法によりその部分の存在応力を伝えるように緊結しなければならない。この場合において，横架材の丈が大きいこと，柱と鉄骨の横架材とが剛に接合していること等により柱に構造耐力上支障のある局部応力が生ずるおそれがあるときは，当該柱を添木等によつて補強しなければならない。

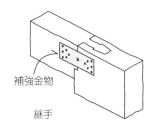　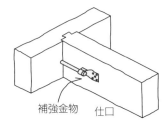

補強金物
継手

補強金物　仕口

図3・14

⑼　外壁内部等の防腐措置等（令第49条）

令第49条　木造の外壁のうち，鉄網モルタル塗その他軸組が腐りやすい構造である部分の下地には，防水紙その他これに類するものを使用しなければならない。
2　構造耐力上主要な部分である柱，筋かい及び土台のうち，地面から1m以内の部分には，有効な防腐措置を講ずるとともに，必要に応じて，しろありその他の虫による害を防ぐための措置を講じなければならない。

例題

例題03-3

　図のような平面を有する木造平屋建の倉庫の構造耐力上必要な軸組の長さを算定するに当たって，張り間方向とけた行方向における「壁を設け又は筋かいを入れた軸組の部分の長さに所定の倍率を乗じて得た長さの合計（構造耐力上有効な軸組の長さ）」の組合せとして，建築基準法上，正しいものは，次のうちどれか。

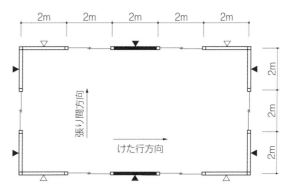

構造耐力上有効な軸組の長さ		
	張り間方向	けた行方向
1.	20 m	40 m
2.	24 m	44 m
3.	24 m	52 m
4.	36 m	40 m
5.	36 m	52 m

■■■　木ずりを柱及び間柱の両面に打ち付けた壁を設けた軸組
▭　木ずりを柱及び間柱の片面に打ち付けた壁を設けた軸組
▲　厚さ4.5cmで幅9.0cmの木材の筋かいをたすき掛けに入れた軸組
△　厚さ4.5cmで幅9.0cmの木材の筋かいを入れた軸組

図 1

例題03-4

　図のような金属板葺の木造2階建，延べ面積180 m²の建築物に設ける構造上必要な軸組を，厚さ4.5 cm×幅9 cmの木材の筋かいを入れた軸組とする場合，1階の張り間方向の当該軸組の長さの合計の最小限必要な数値として，建築基準法上，正しいものは，次のうちどれか。ただし，特定行政庁がその地方における過去の風の記録を考慮してしばし強い風が吹くと認めて規則で指定する区域ではないものとする。

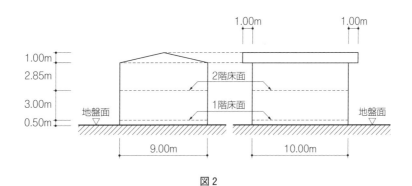

図 2

1. 1,125.0 cm
2. 1,305.0 cm
3. 1,425.0 cm
4. 1,485.0 cm
5. 1,762.5 cm

答え　➡ p.257

3・3 構造計算・構造強度－3

3・3・1 組積造

(1) 組積造のへい（令第61条）

> **令第61条** 組積造のへいは，次の各号に定めるところによらなければならない。
> 　一　高さは，1.2 m 以下とすること。
> 　四　基礎の根入れの深さは，20 cm 以上とする。

3・3・2 補強コンクリートブロック造

(1) 耐力壁（令第62条の4）

> **令第62条の4** 各階の補強コンクリートブロック造の耐力壁の中心線により囲まれた部分の水平投影面積は，60 m^2 以下 としなければならない。
> 2　各階の張り間方向及びけた行方向に配置する補強コンクリートブロック造の耐力壁の長さのそれぞれの方向についての合計は，その階の床面積1 m^{2}につき15 cm 以上としなければならない。
> 3　補強コンクリートブロック造の耐力壁の厚さは，15 cm 以上で，かつ，その耐力壁に作用するこれと直角な方向の水平力に対する構造耐力上主要な支点間の水平距離（以下第62条の5第2項において「耐力壁の水平力に対する支点間の距離」という。）の1/50 以上としなければならない。
> 4　補強コンクリートブロック造の耐力壁は，その端部及び隅角部に径12 mm 以上の鉄筋を縦に配置するほか，径9 mm 以上の鉄筋を縦横に80 cm 以内の間隔で配置したものとしなければならない。
> 5　補強コンクリートブロック造の耐力壁は，前項の規定による縦筋の末端をかぎ状に折り曲げてその縦筋の径の40倍以上基礎又は基礎ばり及び臥梁又は屋根版に定着する等の方法により，これらと互いにその存在応力を伝えることができる構造としなければならない。
> 6　第4項の規定による横筋は，次の各号に定めるところによらなければならない。
> 　一　末端は，かぎ状に折り曲げること。ただし，補強コンクリートブロック造の耐力壁の端部以外の部分における異形鉄筋の末端にあつては，この限りでない。
> 　二　継手の重ね長さは，溶接する場合を除き，径の25倍以上とすること。
> 　三　補強コンクリートブロック造の耐力壁の端部が他の耐力壁又は構造耐力上主要な部分である柱に接着する場合には，横筋の末端をこれらに定着するものとし，これらの鉄筋に溶接する場合を除き，定着される部分の長さを径の25倍以上とすること。

1）1項　耐力壁の中心線で囲まれた部分の水平投影面積は **60 m^{2}以下**

2）2項　壁量は，張り間方向，けた行方向別々に検討

3）3項　壁厚は，**15 cm 以上**，かつ，**壁厚 d ≧対隣壁の距離×1/50**

4）4項　鉄筋は，**9 mm 以上**のものを縦横に**80 cm 以内**の間隔で配置し，さらに端部及び隅角部には **12 mm 以上**の縦筋が必要

5）4）の縦筋は，末端をかぎ状に折り曲げ，縦筋の径の40倍以上の定着をとる。

6）4）の横筋は，末端をかぎ状に折り曲げる。

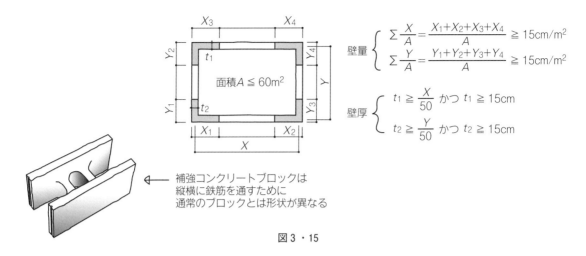

$$\text{壁量}\begin{cases} \sum \dfrac{X}{A} = \dfrac{X_1+X_2+X_3+X_4}{A} \geqq 15\text{cm/m}^2 \\ \sum \dfrac{Y}{A} = \dfrac{Y_1+Y_2+Y_3+Y_4}{A} \geqq 15\text{cm/m}^2 \end{cases}$$

$$\text{壁厚}\begin{cases} t_1 \geqq \dfrac{X}{50} \quad \text{かつ}\quad t_1 \geqq 15\text{cm} \\ t_2 \geqq \dfrac{Y}{50} \quad \text{かつ}\quad t_2 \geqq 15\text{cm} \end{cases}$$

補強コンクリートブロックは
縦横に鉄筋を通すために
通常のブロックとは形状が異なる

図 3・15

─ 確認問題 ─

法令上正しいものに〇を，正しくないものに×を付けなさい。

1．補強コンクリートブロック造平屋建て，延べ面積 30 m² の倉庫において，張り間方向及びけた行方向に配置する耐力壁の長さのそれぞれの方向についての合計を，張り間方向に4 m，けた行方向に6 m とした。

（　×　4.5 m 以上　）

(2)　臥梁（がりょう）（令第62条の5）

令第62条の5　補強コンクリートブロック造の耐力壁には，その各階の壁頂に鉄筋コンクリート造の臥梁を設けなければならない。ただし，階数が1の建築物で，その壁頂に鉄筋コンクリート造の屋根版が接着する場合においては，この限りでない。

2　臥梁の有効幅は，20 cm 以上で，かつ，耐力壁の水平力に対する支点間の距離の1/20以上としなければならない。

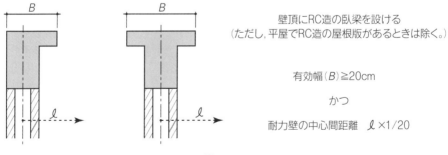

壁頂にRC造の臥梁を設ける
（ただし，平屋でRC造の屋根版があるときは除く。）

有効幅（B）≧20cm

かつ

耐力壁の中心間距離　$\ell \times 1/20$

図 3・16

⑶　目地及び空洞（令第62条の6）

令第62条の6　コンクリートブロックは，その目地塗面の全部にモルタルが行きわたるように組積し，鉄筋を入れた空胴部及び縦目地に接する 空胴部 は，モルタル又はコンクリートで埋めなければならない。

2　補強コンクリートブロック造の耐力壁，門又はへいの縦筋は，コンクリートブロックの空胴部内で継いではならない。ただし，溶接接合その他これと同等以上の強度を有する接合方法による場合においては，この限りでない。

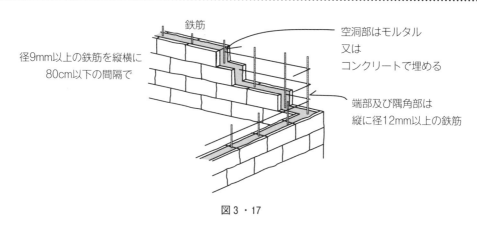

鉄筋

径9mm以上の鉄筋を縦横に
80cm以下の間隔で

空洞部はモルタル
又は
コンクリートで埋める

端部及び隅角部は
縦に径12mm以上の鉄筋

図3・17

⑷　塀（令第62条の8）

令第62条の8　補強コンクリートブロック造の 塀 は，次の各号（高さ 1.2 m 以下の塀にあつては，第五号及び第七号を除く。）に定めるところによらなければならない。ただし，国土交通大臣が定める基準に従つた構造計算によつて構造耐力上安全であることが確かめられた場合においては，この限りでない。

一　 高さ は，2.2 m 以下とすること。

二　壁の 厚さ は，15 cm（高さ2 m 以下の塀にあつては，10 cm）以上とすること。

三　 壁頂及び基礎 には横に，壁の端部及び隅角部には縦に，それぞれ径 9 mm 以上の鉄筋を配置すること。

四　壁内には，径 9 mm 以上の鉄筋を縦横に80 cm 以下の間隔で配置すること。

五　長さ 3.4 m 以下ごとに，径 9 mm 以上の鉄筋を配置した 控壁 で基礎の部分において壁面から高さの 1/5 以上 突出したものを設けること。

六　第三号及び第四号の規定により配置する鉄筋の末端は，かぎ状に折り曲げて，縦筋にあつては壁頂及び基礎の横筋に，横筋にあつてはこれらの縦筋に，それぞれかぎ掛けして定着すること。ただし，縦筋をその径の40倍以上基礎に定着させる場合にあつては，縦筋の末端は，基礎の横筋にかぎ掛けしないことができる。

七　 基礎の丈 は，35 cm 以上とし， 根入れの深さ は30 cm 以上とすること。

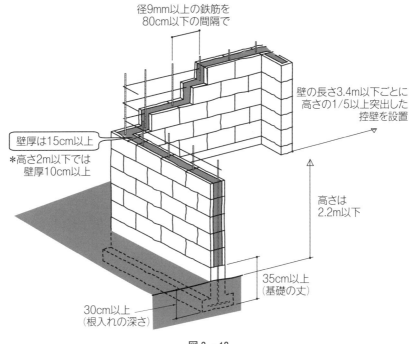

図 3・18

3・3・3 鉄骨造

(1) 材料（令第64条）

> **令第64条**　鉄骨造の建築物の構造耐力上主要な部分の材料は，炭素鋼若しくはステンレス鋼（この節において「鋼材」
> という。）又は鋳鉄としなければならない。
> 2　鋳鉄は，圧縮応力又は接触応力以外の応力が存在する部分には，使用してはならない。

1）鋳鉄は，炭素含有量が1.7％以上あり，もろい性質なので，**引張応力が存在する部分には使用でき
ない**。

(2) 圧縮材の有効細長比（令第65条）

> **令第65条** 構造耐力上主要な部分である鋼材の圧縮材（圧縮力を負担する部材をいう。以下同じ。）の<u>有効細長比</u>は，<u>柱にあっては200以下</u>，<u>柱以外のものにあっては250以下</u>としなければならない。

1）有効細長比は，座屈長さを断面二次半径で割った値。細長さを表し，数値が大きくなるほど細長い部材となるので，座屈を防止する観点から，柱は200以下，柱以外は250以下と定められている。

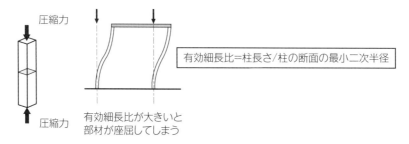

有効細長比＝柱長さ/柱の断面の最小二次半径

図 3・19

確認問題

法令上正しいものに〇を，正しくないものに×を付けなさい。
1．鉄骨造平家建て，延べ面積250 m²，高さ4 mの物品販売業を営む店舗において，構造耐力上主要な部分である圧縮力を負担する柱の有効細長比は，200以下としなければならない。　　　　（　〇　）

---

(3) 柱の脚部（令第66条）

> **令第66条** 構造耐力上主要な部分である<u>柱の脚部</u>は，国土交通大臣が定める基準に従つた<u>アンカーボルトによる緊結</u>その他の構造方法により基礎に緊結しなければならない。ただし，<u>滑節構造である場合においては，この限りでない</u>。

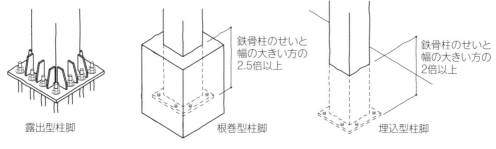

露出型柱脚　　　　　　　根巻型柱脚　　　　　　　埋込型柱脚

図 3・20

⑷　接合（令第67条）

令第67条　構造耐力上主要な部分である 鋼材の接合 は，接合される鋼材が 炭素鋼 であるときは高力ボルト接合，溶接接合若しくはリベット接合（構造耐力上主要な部分である継手又は仕口に係るリベット接合にあつては，添板リベット接合）又はこれらと同等以上の効力を有するものとして国土交通大臣の認定を受けた接合方法に，接合される鋼材が ステンレス鋼 であるときは高力ボルト接合若しくは溶接接合又はこれらと同等以上の効力を有するものとして国土交通大臣の認定を受けた接合方法に，それぞれよらなければならない。ただし，軒の高さが9m以下で，かつ，張り間が13m以下の建築物（延べ面積が3,000m²を超えるものを除く。）にあつては，ボルトが緩まないように次の各号のいずれかに該当する措置を講じたボルト接合によることができる。
一　当該ボルトをコンクリートで埋め込むこと。
二　当該ボルトに使用するナットの部分を溶接すること。
三　当該ボルトにナットを二重に使用すること。
四　前三号に掲げるもののほか，これらと同等以上の効力を有する戻り止めをすること。

表3・12

炭素鋼	ステンレス鋼
①高力ボルト接合	①高力ボルト接合
②溶接接合	②溶接接合
③リベット接合	③国土交通大臣の認定を受けた接合方法
④国土交通大臣の認定を受けた接合方法	

1）軒高9m以下かつ張り間が13m以下の建築物（延べ面積3,000m²超は除く）については，第一号から第四号のいずれかに該当する措置を講じた**ボルト接合**とすることができる。

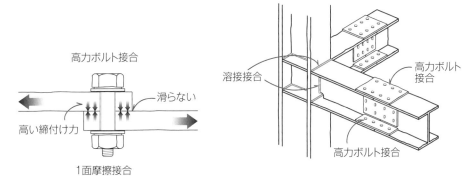

図3・21

┌─ 確認問題 ─

法令上正しいものに○を，正しくないものに×を付けなさい。
1．平家建て，延べ面積120m²，高さ5mの建築物を鉄骨造とするに当たって，張り間方向が13m以下であったので，鋼材の接合は，ボルトが緩まないように所定の措置を講じたボルト接合とした。　　　　（　○　）

(5) 高力ボルト，ボルト及びリベット（令第68条）

令第68条　高力ボルト，ボルト又はリベットの相互間の中心距離は，その径の2.5倍以上としなければならない。
2　高力ボルト孔の径は，高力ボルトの径より2mmを超えて大きくしてはならない。ただし，高力ボルトの径が27mm以上であり，かつ，構造耐力上支障がない場合においては，高力ボルト孔の径を高力ボルトの径より3mmまで大きくすることができる。
3　前項の規定は，同項の規定に適合する高力ボルト接合と同等以上の効力を有するものとして国土交通大臣の認定を受けた高力ボルト接合については，適用しない。
4　ボルト孔の径は，ボルトの径より1mmを超えて大きくしてはならない。ただし，ボルトの径が20mm以上であり，かつ，構造耐力上支障がない場合においては，ボルト孔の径をボルトの径より1.5mmまで大きくすることができる。

表3・13

ボルトの種類（d）		孔径の限度（D）
高力ボルト	d＜27mm	d＋2mm
	27mm≦d	d＋3mm
普通ボルト	d＜20mm	d＋1mm
	20mm≦d	d＋1.5mm

3・3・4　鉄筋コンクリート造

(1) 適用の範囲（令第71条）

令第71条　この節の規定は，鉄筋コンクリート造の建築物又は鉄筋コンクリート造と鉄骨造その他の構造とを併用する建築物の鉄筋コンクリート造の構造部分に適用する。
2　高さが4m以下で，かつ，延べ面積が30m²以内の建築物又は高さが3m以下のへいについては，この節の規定中第72条，第75条及び第79条の規定に限り適用する。

(2) 鉄筋の継手及び定着（令第73条）

令第73条　鉄筋の末端は，かぎ状に折り曲げて，コンクリートから抜け出ないように定着しなければならない。ただし，次の各号に掲げる部分以外の部分に使用する異形鉄筋にあつては，その末端を折り曲げないことができる。
　一　柱及びはり（基礎ばりを除く。）の出すみ部分
　二　煙突
2　主筋又は耐力壁の鉄筋（以下この項において「主筋等」という。）の継手の重ね長さは，継手を構造部材における引張力の最も小さい部分に設ける場合にあつては，主筋等の径（径の異なる主筋等をつなぐ場合にあつては，細い主筋等の径。以下この条において同じ。）の25倍以上とし，継手を引張り力の最も小さい部分以外の部分に設ける場合にあつては，主筋等の径の40倍以上としなければならない。ただし，国土交通大臣が定めた構造方法を用いる継手にあつては，この限りでない。
3　柱に取り付けるはりの引張り鉄筋は，柱の主筋に溶接する場合を除き，柱に定着される部分の長さをその径の40倍以上としなければならない。ただし，国土交通大臣が定める基準に従つた構造計算によつて構造耐力上安全であることが確かめられた場合においては，この限りでない。
4　軽量骨材を使用する鉄筋コンクリート造について前二項の規定を適用する場合には，これらの項中「25倍」とあるのは「30倍」と，「40倍」とあるのは「50倍」とする。

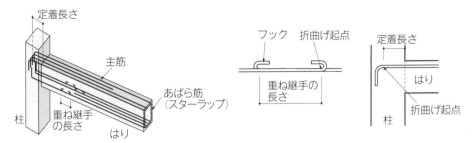

図 3・22

確認問題

法令上正しいものに○を，正しくないものに×を付けなさい。
1. 延べ面積 50 m²，高さ 4 m の鉄筋コンクリート造の建築物において，柱の出すみ部分の異形鉄筋の末端は，かぎ状に折り曲げなければならない。　　　　　　　　　　　　　　　　　　　　　　（　○　）

---

(3)　コンクリートの強度（令第74条）

令第74条　鉄筋コンクリート造に使用するコンクリートの強度は，次に定めるものでなければならない。
一　4 週圧縮強度は，1 mm²につき 12 N（軽量骨材を使用する場合においては，9 N）以上であること。

1）コンクリートの 4 週圧縮強度は，1 mm²につき 12 N 以上とする。

(4)　コンクリートの養生（令第75条）

令第75条　コンクリート打込み中及び打込み後 5 日間は，コンクリートの温度が 2 度を下らないようにし，かつ，乾燥，震動等によつてコンクリートの凝結及び硬化が妨げられないように養生しなければならない。ただし，コンクリートの凝結及び硬化を促進するための特別の措置を講ずる場合においては，この限りでない。

1）コンクリート打込み後 5 日間は，コンクリートの温度が 2℃ を下がらないようにし，乾燥，振動等によってコンクリートの凝結・硬化が妨げられないようにする。

(5)　柱の構造（令第77条）

令第77条　構造耐力上主要な部分である柱は，次に定める構造としなければならない。
一　主筋は，4 本以上とすること。
二　主筋は，帯筋と緊結すること。
三　帯筋の径は，6 mm 以上とし，その間隔は，15 cm（柱に接着する壁，はりその他の横架材から上方又は下方に柱の小径の 2 倍以内の距離にある部分においては，10 cm）以下で，かつ，最も細い主筋の径の15倍以下とすること。
四　帯筋比（柱の軸を含むコンクリートの断面の面積に対する帯筋の断面積の和の割合として国土交通大臣が定める方法により算出した数値をいう。）は，0.2%以上とすること。
五　柱の小径は，その構造耐力上主要な支点間の距離の1/15以上とすること。ただし，国土交通大臣が定める基準に従つた構造計算によつて構造耐力上安全であることが確かめられた場合においては，この限りでない。
六　主筋の断面積の和は，コンクリートの断面積の0.8%以上とすること。

表3・14

柱の小径		構造耐力上主要な支点間の距離の1/15以上
主筋	本数	4本以上
	断面積の和	コンクリートの断面積の0.8%以上
帯筋	鉄筋径	6mm以上
	間隔	はり等の近くは10cm以下 中央部は15cm以下 それぞれ最も細い主筋径の15倍以下
	帯筋化	0.2%以上

帯筋（フープ）
主筋

確認問題

法令上正しいものに○を，正しくないものに×を付けなさい。

1．鉄筋コンクリート造平家建て，延べ面積100m²，高さ5mの店舗において，柱の小径は，その構造耐力上主要な支点間の距離の1/20以上とすることができる。　　　　　　　　　　　　（　×　1/15以上　）

(6)　床版の構造（令第77条の2）

令第77条の2　構造耐力上主要な部分である床版は，次に定める構造としなければならない。ただし，第82条第四号に掲げる構造計算によつて振動又は変形による使用上の支障が起こらないことが確かめられた場合においては，この限りでない。
一　厚さは，8cm以上とし，かつ，短辺方向における有効張り間長さの1/40以上とすること。
二　最大曲げモーメントを受ける部分における引張鉄筋の間隔は，短辺方向において20cm以下，長辺方向において30cm以下で，かつ，床版の厚さの3倍以下とすること。

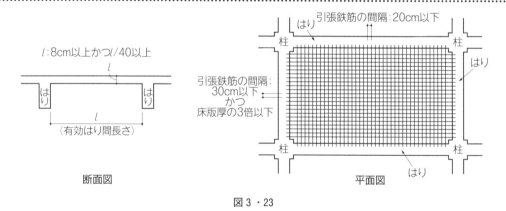

断面図　　　　　　　　　　　　　　　　平面図

図3・23

確認問題

法令上正しいものに○を，正しくないものに×を付けなさい。

1．鉄筋コンクリート造2階建て，延べ面積280m²の事務所において，構造耐力上主要な部分である床版の最大曲げモーメントを受ける部分における引張鉄筋の間隔を，短辺方向において20cm以下，長辺方向において30cm以下で，かつ，床版の厚さの3倍以下となるようにした。　　　　　　　　（　○　）

(7)　はりの構造（令第78条）

> **令第78条**　構造耐力上主要な部分である はり は，複筋ばりとし，これにあばら筋をはりの丈の3/4（臥梁にあつては，30 cm）以下の間隔で配置しなければならない。

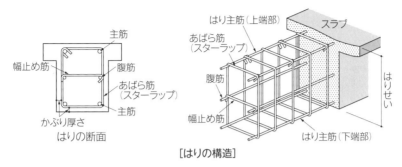

[はりの構造]

図3・24

(8)　耐力壁（令第78条の2）

> **令第78条の2**　耐力壁 は，次に定める構造としなければならない。
> 　一　厚さは，12 cm 以上とすること。
> 　二　開口部周囲に径 12 mm 以上の補強筋を配置すること。
> 　2　壁式構造の耐力壁 は，前項の規定によるほか，次に定める構造としなければならない。
> 　一　長さは，45 cm 以上とすること。

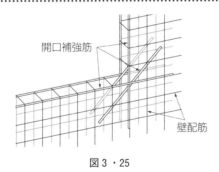

図3・25

(9)　鉄筋のかぶり厚さ（令第79条）

> **令第79条**　鉄筋に対するコンクリートの かぶり厚さ は，耐力壁以外の壁又は床にあつては 2 cm 以上，耐力壁，柱又ははりにあつては 3 cm 以上，直接土に接する壁，柱，床若しくははり又は布基礎の立上り部分にあつては 4 cm 以上，基礎（布基礎の立上り部分を除く。）にあつては捨コンクリートの部分を除いて 6 cm 以上 としなければならない。

表3・15

部位	かぶり厚さ
耐力壁以外の壁又は床	2 cm 以上
耐力壁，柱，又は，はり	3 cm 以上
直接土に接する壁，柱，床若しくははり又は布基礎の立上り部分	4 cm 以上
基礎（捨コンクリートの部分を除く。）	6 cm 以上

確認問題

法令上正しいものに○を，正しくないものに×を付けなさい。
1．鉄筋コンクリート造の布基礎において，立ち上がり部分以外の部分の鉄筋に対するコンクリートのかぶり厚さは，捨てコンクリートの部分を含めて6cm以上としなければならない。　　　　　　　　　　　（　×　）

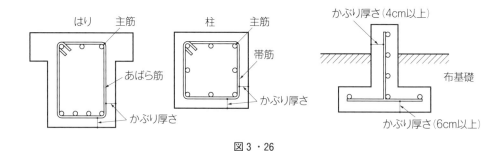

図3・26

例題

例題03-5

　構造強度に関する次の記述のうち，建築基準法上，**誤っている**ものはどれか。ただし，構造計算による安全性の確認は行わないものとし，国土交通大臣が定めた構造方法及び国土交通大臣の認定は考慮しないものとする。

1．壁，柱及び横架材を木造とした学校の校舎の外壁には，原則として，9cm角以上の木材の筋かいを使用しなければならない。
2．鉄筋コンクリート造，延べ面積80m²の建築物において，直接土に接する柱の鉄筋に対するコンクリートのかぶり厚さは4cm以上としなければならない。
3．軽量骨材を使用した鉄筋コンクリート造，延べ面積120m²の建築物において，柱に取り付ける梁の引張鉄筋は，柱の主筋に溶接する場合を除き，柱に定着される部分の長さをその径の50倍以上としなければならない。
4．補強コンクリートブロック造，延べ面積60m²の建築物の耐力壁の横筋は，異形鉄筋を使用した場合であっても，その端部をすべてかぎ状に折り曲げなければならない。
5．鉄骨造，延べ面積100m²の建築物において，高力ボルト接合の場合，高力ボルト相互間の中心距離は，その径の2.5倍以上とし，高力ボルト孔の径は，原則として，高力ボルト径より2mmを超えて大きくしてはならない。

例題03-6

　平屋建，延べ面積100m²，高さ4.5mの建築物における構造耐力上主要な部分の設計に関する次の記述のうち，建築基準法上，**誤っている**ものはどれか。ただし，構造計算による安全性の確認は行わないものとする。

1．木造とするに当たって，基礎に木ぐいを使用する場合においては，その木ぐいは常水面下にあるようにしなければならない。
2．木造とするに当たって，地盤が軟弱な区域として特定行政庁の指定する区域以外の区域においては，足固めを使用した場合，土台を設けなくてもよい。
3．補強コンクリートブロック造とするに当たって，耐力壁の壁頂に鉄筋コンクリート造の屋根版が接着する場合は，鉄筋コンクリート造の臥梁を設けなくてもよい。
4．鉄骨造とするに当たって，耐力壁上主要な部分である鋼材の圧縮力を負担する部材の有効細長比は，柱にあっては200以下，柱以外のものにあっては250以下としなければならない。
5．地盤の許容応力度及び基礎ぐいの許容支持力については，地盤調査を行わない場合，砂質地盤（地震時に液状化のおそれのないものに限る。）においては，短期許容応力度を100kN/m²とすることができる。

答え　➡ p.257

第4章

耐火・防火・避難施設

4・1　耐火・防火

4・1・1　耐火・防火性能に関する技術的基準

⑴　耐火性能に関する技術的基準（令第107条）

> **令第107条**　法第2条第七号の政令で定める技術的基準は，次に掲げるものとする。
> 一　次の表の左欄に掲げる建築物の部分にあつては，当該各部分に<u>通常の火災</u>による火熱が同表の右欄に掲げる当該部分の存する階の区分に応じそれぞれ同欄に掲げる時間が加えられた場合に，<u>構造耐力上支障のある変形，溶融，破壊その他の損傷を生じないもの</u>であること。
> 二　前号に掲げるもののほか，<u>壁及び床</u>にあつては，これらに<u>通常の火災</u>による火熱が<u>1時間</u>（非耐力壁である外壁の延焼のおそれのある部分以外の部分にあつては，30分間）加えられた場合に，当該加熱面以外の面（屋内に面するものに限る。）の温度が当該面に接する可燃物が燃焼するおそれのある温度として<u>国土交通大臣が定める温度</u>（以下「可燃物燃焼温度」という。）以上に上昇しないものであること。
> 三　前二号に掲げるもののほか，<u>外壁及び屋根</u>にあつては，これらに屋内において発生する通常の火災による火熱が<u>1時間</u>（非耐力壁である外壁の延焼のおそれのある部分以外の部分及び屋根にあつては，30分間）加えられた場合に，<u>屋外に火炎を出す原因となる亀裂その他の損傷を生じないもの</u>であること。

1）一号　**主要構造部の非損傷性**：建築物の部分及び階に応じて耐火時間が定められている。（表4・1）

2）二号　**壁及び床の遮熱性**：1時間（非耐力壁である外部の延焼のおそれのある部分以外の部分は30分）

3）三号　**外壁及び屋根の遮炎性**：外壁1時間（非耐力壁である外壁の延焼のおそれのある部分以外の部分及び屋根は30分）

表4・1

建築物の部分		最上階から数えて4以内の階	最上階から数えて5～9の階	最上階から数えて10～14の階	最上階から数えて15～19の階	最上階から数えて20以上の階
耐力壁，床		1時間	1.5時間	2時間	2時間	2時間
柱，はり					2.5時間	3時間
屋根，階段		30分間				

⑵　準耐火性能に関する技術的基準（令第107条の2）（令和6年4月1日施行予定）

> **令第107条の2**　法第2条第七号の二の政令で定める技術的基準は，次に掲げるものとする。
> 一　次の表の上欄に掲げる建築物の部分にあつては，当該部分に通常の火災による<u>火熱</u>が加えられた場合に，加熱開始後それぞれ同表の下欄に掲げる時間において<u>構造耐力上支障のある変形，溶融，破壊その他の損傷を生じないもの</u>であること。
> 二　壁，床及び軒裏・・・，これらに通常の火災による火熱が加えられた場合に，<u>加熱開始後45分間</u>・・・<u>可燃物燃焼温度以上に上昇しないもの</u>であること。
> 三　外壁及び屋根にあつては，これらに屋内において発生する通常の火災による火熱が加えられた場合に，<u>加熱開始後45分間</u>・・・屋外に火炎を出す原因となる亀裂その他の損傷を生じないものであること。

1）一号　**主要構造部の非損傷性**：建築物の部分に応じて時間が定められている。

2）二号　**壁，床及び軒裏の遮熱性**：45分間（非耐力壁である外壁及び軒裏の延焼のおそれのある部分以外の部分及び軒裏は30分間）

3）三号 **外壁及び屋根の遮熱性**：外壁45分間（非耐力壁である外壁の延焼のおそれのある部分以外
　の部分及び屋根は30分間）

※ 耐火性能等の基準には，火災の種類が3種類ある。

① 通常の火災（建物内外の火災）

② 屋内において発生する通常の火災（建物内
　の火災）

③ 建築物の周囲において発生する通常の火災
　（建物外の火災）

表4・2

耐力壁，柱，床，はり	45分間
屋根（軒裏を除く），階段	30分間

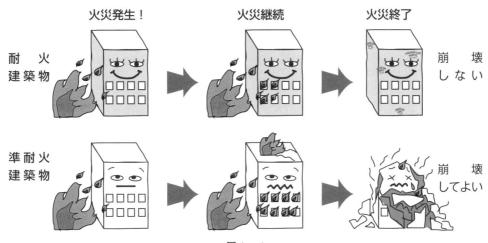

図4・1

確認問題

法令上正しいものに○を，正しくないものに×を付けなさい。

1．耐火構造の耐力壁と準耐火構造の耐力壁は，いずれも，通常の火災による火熱がそれぞれについて定められた
　時間加えられた場合に，火熱終了後も構造耐力上支障のある変形，溶融，破壊その他の損傷を生じないものであ
　ることが求められている。
（　×　）

---

(3) **防火性能に関する技術的基準（令第108条）**

令第108条　法第2条第八号の政令で定める技術的基準は，次に掲げるものとする。
　一　耐力壁である外壁にあつては，これに建築物の周囲において発生する通常の火災による火熱が加えられた場合
　　に，加熱開始後30分間構造耐力上支障のある変形，溶融，破壊その他の損傷を生じないものであること。
　二　外壁及び軒裏にあつては，これらに建築物の周囲において発生する通常の火災による火熱が加えられた場合
　　に，加熱開始後30分間当該加熱面以外の面（・・・）の温度が可燃物燃焼温度以上に上昇しないものであること。

1）一号 **耐力壁である外壁の非損傷性**：30分間

2）二号 **外壁及び軒裏の遮熱性**：30分間

確認問題

法令上正しいものに○を，正しくないものに×を付けなさい。

1．非耐力壁である防火構造の外壁に必要とされる防火性能は，建築物の周囲において発生する通常の火災による
　火熱が加えられた場合に，加熱開始後30分間屋内面の温度が可燃物燃焼温度以上に上昇しないものでなければな
　らない。
（　○　）

⑷　準防火性能に関する技術的基準（令第109条の9）

> **令第109条の9**　法第23条の政令で定める技術的基準は，次に掲げるものとする。
> 一　耐力壁である外壁にあつては，これに建築物の周囲において発生する通常の火災による火熱が加えられた場合に，<u>加熱開始後20分間</u>構造耐力上支障のある<u>変形，溶融，破壊その他の損傷を生じない</u>ものであること。
> 二　外壁にあつては，これに建築物の周囲において発生する通常の火災による火熱が加えられた場合に，<u>加熱開始後20分間</u>当該加熱面以外の面（屋内に面するものに限る。）の温度が<u>可燃物燃焼温度以上に上昇しない</u>ものであること。

1）一号　耐力壁である外壁の非損傷性：20分間

2）二号　外壁の遮熱性：20分間

表4・3　耐火・防火に関する性能

性　　能	意　　義	火災火熱に対する時間等
耐火性能 （法第2条第七号）	火災終了まで倒壊及び延焼を防止	**1時間〜3時間**（令第107条）
準耐火性能 （法第2条第七号の二）	火災による延焼を抑制	**45分間**（令第107条の2） **1時間**（令第112条第2項）
防火性能 （法第2条第八号）	建築物の周囲の火災による延焼を抑制	**30分間**（令第108条）
準防火性能 （法第23条）	建築物の周囲の火災による延焼の抑制に一定の効果	**20分間**（令第109条の9）

⑸　主要構造部を準耐火構造等とした建築物等の層間変形角（令第109条の2の2）

（令和6年4月1日施行予定）

> **令109条の2の2**　主要構造部を準耐火構造とした建築物（特定主要構造部を耐火構造とした建築物を含む。）及び第136条の2第一号ロ又は第二号ロに掲げる基準に適合する建築物の地上部分の<u>層間変形角</u>は，<u>1/150以内でなけれ</u>ばならない。ただし，主要構造部が防火上有害な変形，亀裂その他の損傷を生じないことが計算又は実験によって確かめられた場合においては，この限りでない。
> 2　建築物が第109条の8に規定する<u>火熱遮断壁等で区画</u>されている場合における当該火熱遮断壁等により分離された部分は，前項の規定の適用については，<u>それぞれ別の建築物とみなす。</u>
> 3　法第26条第2項に規定する特定部分（以下この項において「特定部分」という。）を有する建築物であつて，当該建築物の特定部分が同条第2項第一号（同号に規定する基準に係る部分を除く。）又は第二号に該当するものに係る第1項の規定の適用については，<u>当該建築物の特定部分及び他の部分をそれぞれ別の建築物とみなす。</u>

1）1項　主要構造部を準耐火構造とした準耐火建築物及び耐火建築物・準耐火建築物と同等以上の延焼防止性能を有する建築物については，地震時に防火被覆が損傷することのないよう，建築物の地上部分の層間変形角は，1/150以内でなければならない。

2）2項　火熱遮断壁等（令第109条の8）で区画され分離された部分は，それぞれ別の建地区物とみなす。

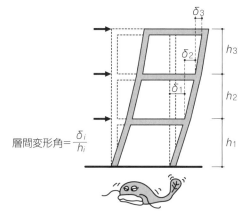

層間変形角 $= \dfrac{\delta_i}{h_i}$

図4・2

3）3項　特定部分（法第26条第2項）は，その他の部分とそれぞれ別の建築物とみなす。

(6)　大規模の建築物の主要構造部等（法第21条）（令和6年4月1日施行予定）

法第21条　次の各号のいずれかに該当する建築物（その主要構造部（床，屋根及び階段を除く。）の政令で定める部分の全部又は一部に木材，プラスチックその他の可燃材料を用いたものに限る。）は，その特定主要構造部を通常火災終了時間（建築物の構造，建築設備及び用途に応じて通常の火災が消火の措置により終了するまでに通常要する時間をいう。）が経過するまでの間当該火災による建築物の倒壊及び延焼を防止するために特定主要構造部に必要とされる性能に関して政令で定める技術的基準に適合するもので，国土交通大臣が定めた構造方法を用いるもの又は国土交通大臣の認定を受けたものとしなければならない。ただし，その周囲に延焼防止上有効な空地で政令で定める技術的基準に適合するものを有する建築物については，この限りでない。
一　地階を除く階数が4以上である建築物
二　高さが16mを超える建築物
三　別表第1（い）欄(5)項又は(6)項に掲げる用途に供する特殊建築物で，高さが13mを超えるもの
2　延べ面積が3,000 m²を超える建築物（その主要構造部（床，屋根及び階段を除く。）の前項の政令で定める部分の全部又は一部に木材，プラスチックその他の可燃材料を用いたものに限る。）は，その壁，柱，床その他の建築物の部分又は防火戸その他の政令で定める防火設備を通常の火災時における火熱が当該建築物の周囲に防火上有害な影響を及ぼすことを防止するためにこれらに必要とされる性能に関して政令で定める技術的基準に適合するもので，国土交通大臣が定めた構造方法を用いるもの又は国土交通大臣の認定を受けたものとしなければならない。
3　前2項に規定する基準の適用上一の建築物であつても別の建築物とみなすことができる部分として政令で定める部分が二以上ある建築物の当該建築物の部分は，これらの規定の適用については，それぞれ別の建築物とみなす。

1）1項　一号～三号に該当する建築物は，政令（令第109条の5）で定める技術的基準に適合するか，大臣認定を受けたものとしなければならない。ただし，その周囲に政令（令第109条の6）で定める空地を有するものは，除外される。

2）2項　延べ面積3,000 m²を超える建築物の特定主要構造部は，政令（令第109条の7）で定める技術的基準に適合するか，大臣認定を受けたものとしなければならない。

3）1項，2項に該当する建築物で別の建築物とみなすことができる部分に，政令（令109条の8）で定める部分がある場合は，それぞれ別の建築物とみなす。

(7)　大規模の建築物の特定主要構造部の性能に関する技術的基準（令第109条の5）

（令和6年4月1日施行予定）

令第109条の5　法第21条第1項本文の政令で定める技術的基準は，次の各号のいずれかに掲げるものとする。
一　次に掲げる基準
イ　次の表左欄に掲げる建築物の部分にあつては，当該部分に通常の火災による火熱が加えられた場合に，加熱開始後それぞれ同表の右欄に掲げる時間において構造耐力上支障のある変形，溶融，破壊その他の損傷を生じないものであること。

壁	間仕切壁（耐力壁に限る。）	通常火災終了時間（通常火災終了時間が45分未満である場合にあっては，45分間。以下この号において同じ。）
	外壁（耐力壁に限る。）	通常火災終了時間
柱		通常火災終了時間
床		通常火災終了時間
はり		通常火災終了時間
屋根（軒裏を除く。）		30分間
階段		30分間

> ロ　壁，床及び屋根の軒裏（外壁によって小屋裏又は天井裏と防火上有効に遮られているものを除く。以下この
> ロにおいて同じ。）にあっては，これらに通常の火災による加熱が加えられた場合に，<u>加熱開始後通常火災終</u>
> <u>了時間</u>（非耐力壁である外壁及び屋根の軒裏（いずれも延焼のおそれのある部分以外の部分に限る。）にあっ
> ては，30分間）<u>当該加熱面以外の面</u>（屋内に面するものに限る。）<u>の温度が可燃物燃焼温度以上に上昇しない</u>
> <u>ものであること。</u>
> ハ　外壁及び屋根にあっては，これらに屋内において発生する通常の火災による火熱が加えられた場合に，<u>加熱</u>
> <u>開始後通常火災終了時間</u>（非耐力壁である外壁（延焼のおそれのある部分以外の部分に限る。）及び屋根にあ
> っては，30分）<u>屋外に火災を出す原因となる亀裂その他の損傷を生じないものであること。</u>
> 　二　第107条各号又は第108条の4第1項第一号イ及びロに掲げる基準

1）法第21条第1項に規定する技術的基準（火災時間倒壊防止構造）は，①又は②

① 　一号　イ　特定主要構造部の非損傷性：通常火災終了時間

　　　　　ロ　壁，床及び屋根の軒裏の遮熱性：通常火災終了時間（非耐力壁である外壁及び屋根
　　　　　　　の軒裏：30分）

　　　　　ハ　外壁及び屋根の遮炎性：通常火災終了時間（非耐力壁である外壁及び屋根：30分）

② 　二号　耐火性能（令第107条），耐火性能検証法（令第108条の4第1項第一号）

⑻　延焼防止上有効な空地の技術的基準（令第109条の6）

> **令第109条の6**　法第21条第1項ただし書の政令で定める技術的基準は，<u>当該建築物の各部分から当該空地の反対側</u>
> <u>の境界線までの水平距離が，当該各部分の高さに相当する距離以上であること</u>とする。

1）法第21条第1項ただし書きで定める空地は，建築物の各部分から空地の反対側の境界線までの水
平距離が，当該部分の高さ以上であること。

⑼　大規模の建築物の壁，柱，床その他の部分又は防火設備の性能に関する技術的基準（令第
109条の7）（令和6年4月1日施行予定）

> **令第109条の7**　法第21条第2項の政令で定める技術的基準は，次の各号のいずれかに掲げるものとする。
> 　一　主要構造部の部分及び袖壁，塀その他これらに類する建築物の部分並びに<u>防火設備の構造</u>が，当該建築物の<u>周</u>
> 　　<u>辺高火熱面積の規模</u>を避難上及び消火上必要な機能の確保に支障を及ぼさないものとして<u>国土交通大臣が定める</u>
> 　　<u>規模以下とすることができるものであること。</u>
> 　二　<u>特定主要構造部が第109条の5各号のいずれかに掲げる基準に適合するものであること。</u>
> 　2　前項第一号の「周辺高火熱面積」とは，建築物の屋内において発生する通常の火災による熱量により，当該建築
> 　　物の用途及び規模並びに消火設備の設置の状況及び構造に応じて国土交通大臣が定める方法により算出した当該建
> 　　築物の周囲の土地における熱量が，人の生命又は身体に危険を及ぼすおそれがあるものとして国土交通大臣が定め
> 　　る熱量を超えることとなる場合における当該土地の面積をいう。

⑽　別の建築物とみなすことができる部分（令第109条の8）（令和6年4月1日施行予定）

> **令第109条の8**　法第21条第3項，法第27条第4項（法第87条第3項において準用する場合を含む。）及び法第61条第
> 　2項の政令で定める部分は，<u>建築物が火熱遮断壁等</u>（壁，柱，床その他の建築物の部分又は第109条に規定する防
> 　火設備（以下この条において「壁等」という。）のうち，次に掲げる技術的基準に適合するもので，国土交通大臣
> 　が定めた構造方法を用いるもの又は国土交通大臣の認定を受けたものをいう。以下同じ。）<u>で区画されている場合</u>
> 　における当該火熱遮断壁等により分離された部分とする。
> 　一　当該壁等に通常の火災による火熱が火災継続予測時間（建築物の構造，建築設備及び用途に応じて火災が継続
> 　　することが予測される時間をいう。以下この条において同じ。）加えられた場合に，当該壁等が構造耐力上支障
> 　　のある変形，溶融，破壊その他の損傷を生じないものであること。
> 　二　当該壁等に通常の火災による火熱が火災継続予測時間加えられた場合に，当該加熱面以外の面（屋内に面する
> 　　ものに限る。）のうち防火上支障がないものとして国土交通大臣が定めるもの以外のもの（ロにおいて「特定非
> 　　加熱面」という。）の温度が，次のイ又はロに掲げる場合の区分に応じ，それぞれ当該イ又はロに定める温度以
> 　　上に上昇しないものであること。

　　イ　ロに掲げる場合以外の場合 可燃物燃焼温

　　ロ　当該壁等が第109条に規定する防火設備である場合において，特定非加熱面が面する室について，国土交通大臣が定める基準に従い，内装の仕上げを不燃材料でし，かつ，その下地を不燃材料で造ることその他これに準ずる措置が講じられているとき，可燃物燃焼温度を超える温度であつて当該措置によつて当該室における延焼を防止することができる温度として国土交通大臣が定める温度

三　当該壁等に屋内において発生する通常の火災による火熱が火災継続予測時間加えられた場合に，当該壁等が屋外に火炎を出す原因となる亀裂その他の損傷を生じないものであること。

四　当該壁等に通常の火災による当該壁等以外の建築物の部分の倒壊によつて生ずる応力が伝えられた場合に，当該壁等の一部が損傷してもなおその自立する構造が保持されることその他国土交通大臣が定める機能が確保されることにより，当該建築物の他の部分に防火上有害な変形，亀裂その他の損傷を生じさせないものであること。

五　当該壁等が，通常の火災時において，当該壁等以外の建築物の部分から屋外に出た火炎による当該建築物の他の部分への延焼を有効に防止できるものであること。

1）大規模建築物の主要構造部（法第21条第3項），耐火建築物等としなければならない特殊建築物（法第27条第4項），防火地域及び準防火地域内の建築物（法第61条第2項）で定める別の建築物とみなすことができる部分は，火熱遮断壁等で区画され分離された部分をいう。火熱遮断壁等の技術的基準は次の①～⑤とする。

① 一号　非損傷性

② 二号　遮熱性

③ 三号　遮炎性

④ 四号　応力遮断性

⑤ 五号　延焼防止性

※　具体的性能に関しては，告示にて規定予定（現時点では未制定）である。

4・1・2　耐火建築物等としなければならない特定特殊建築物

(1)　耐火建築物等としなければならない特定特殊建築物（法第27条）（令和6年4月1日施行予定）

法第27条　次の各号のいずれかに該当する 特定特殊建築物 は，その主要構造部を当該特殊建築物に存する者の全てが当該特殊建築から地上までの避難を終了するまでの間通常の火災による建築物の倒壊及び延焼を防止するために 特定主要構造部 に必要とされる性能に関して政令で定める技術的基準に適合するもので，国土交通大臣が定めた構造方法を用いるもの又は国土交通大臣の認定を受けたものとし，かつ，その 外壁の開口部 であつて建築物の他の部分から当該開口部へ延焼するおそれがあるものとして政令で定めるものに，防火戸その他の政令で定める防火設備（その構造が遮炎性能に関して政令で定める技術的基準に適合するもので，国土交通大臣が定めた構造方法を用いるもの又は国土交通大臣の認定を受けたものに限る。）を設けなければならない。

一　別表第1 （ろ）欄に掲げる階を同表（い）欄(1)項から(4)項までに掲げる用途に供するもの（階数が3で延べ面積が 200 m² 未満のもの（同表（ろ）欄に掲げる階を同表（い）欄(2)項に掲げる用途で政令で定めるものに供するものにあつては，政令で定める技術的基準に従つて警報設備を設けたものに限る。）を除く。）

二　別表第1 （い）欄(1)項から(4)項までに掲げる用途に供するもので，その用途に供する部分（同表(1)項の場合にあつては客席，同表(2)項及び(4)項の場合にあつては2階の部分に限り，かつ，病院及び診療所についてはその部分に患者の収容施設がある場合に限る。）の床面積の合計が同表（は）欄の当該各項に該当するもの

三　別表第1 （い）欄(4)項に掲げる用途に供するもので，その用途に供する部分の床面積の合計が 3,000 m² 以上のもの

四　劇場，映画館又は演芸場の用途に供するもので，主階が1階にないもの（階数が3以下で延べ面積が 200 m² 未満のものを除く。）

2　次の各号のいずれかに該当する特殊建築物は， 耐火建築物 としなければならない。

一　別表第1 （い）欄(5)項に掲げる用途に供するもので，その用途に供する 3階以上の部分の床面積の合計が同表（は）欄(5)項に該当するもの

二　別表第1 （ろ）欄(6)項に掲げる階を同表（い）欄(6)項に掲げる用途に供するもの

3 次の各号のいずれかに該当する特殊建築物は，耐火建築物又は準耐火建築物（別表第一（い）欄(6)項に掲げる用途に供するものにあつては，第2条第九号の三ロに該当する準耐火建築物のうち政令で定めるものを除く。）としなければならない。

一 別表第1（い）欄(5)項又は(6)項に掲げる用途に供するもので，その用途に供する部分の床面積の合計が同表（に）欄の当該各項に該当するもの

二 別表第2（と）項第四号に規定する危険物（安全上及び防火上支障がないものとして政令で定めるものを除く。以下この号において同じ。）の貯蔵場又は処理場の用途に供するもの（貯蔵又は処理に係る危険物の数量が政令で定める限度を超えないものを除く。）

4 前3項に規定する基準の適用上一の建築物であつても別の建築物とみなすことができる部分として政令で定める部分が2以上ある建築物の当該建築物の部分は，これらの規定の適用については，それぞれ別の建築物とみなす。

法別表第1

（い）欄：用途	（ろ）欄：階	（は）欄：床面積の合計	（に）欄：床面積の合計
(1)項	3階以上	200m²（屋外観覧席1,000m²）以上	法第27条第1項に規定する建築物（耐火建築物又は避難時対策建築物）としなければならない
(2)項	3階以上	300m²以上（2階の部分）	
(3)項	3階以上	200m²以上	
(4)項	3階以上	500m²以上（2階の部分）	
(5)項	－	200m²以上（3階以上の部分）	1,500m²以上
(6)項	3階以上		150m²以上

法第27条第2項
耐火建築物としなければならない

法第27条第3項
耐火建築物又は準耐火建築物としなければならない

図4・3

1） 1項 各号に該当する特殊建築物は，特定主要構造部を政令（令第110条）で定める技術的基準に適合し，かつ，外壁の開口部で政令で定める部分には政令（令第110条の2）で定める防火設備を設けなければならない。

① 一号 法別表第1(1)項～(4)項の用途で（ろ）欄（3階以上）に該当する建築物（階数が3で延べ面積が200m²未満のものは除く（ホテル等の就寝利用する用途に関しては，政令で定める警報装置を設けたものに限る））

② 二号 法別表第1(1)項～(4)項の用途で（は）欄に該当する建築物

③ 三号 法別表第1(4)項に該当する用途の建築物で，その用途の部分の床面積が3,000m²以上の建築物

④ 四号 劇場等の用途に供するもので，主階が1階にないもの（階数が3階以下で延べ面積200m²未満のものは除く）

2） 2項 耐火建築物としなければならない建築物

① 一号 法別表第1(5)項（倉庫等）の用途で（は）欄（3階以上の部分が200m²以上）の建築物

② 二号 法別表第1(6)項（駐車場等）の用途で（ろ）欄（3階以上）の建築物

3） 3項 耐火建築物又は準耐火建築物としなければならない建築物

① 一号 法別表第1(5)項（倉庫等）の用途で（に）欄（1,500m²以上）の建築物，(6)項（駐車場等）の用途で（に）欄（150m²）の建築物

② 二号 法別表第2（と）項四号（危険物の貯蔵等）の用途で政令（令第190条の9）で定める規

模を超える建築物

4） 4項　1項〜3項に該当する建築物で別の建築物とみなすことができる部分に，政令（令第109条の8）で定める部分ある場合は，それぞれ別の建築物とみなす。

(2)　**法第27条第1項に規定する特殊建築物の特定主要構造部の性能に関する技術的基準（令第110条）**

（令和6年4月1日施行予定）

令第110条　 特定主要構造部 の性能に関する法第27条第1項の政令で定める技術的基準は，次の各号のいずれかに掲げるものとする。
一　次に掲げる基準
　イ　次の表の上欄に掲げる建築物の部分にあつては，当該部分に通常の火災による火熱が加えられた場合に，<u>加熱開始後それぞれ同表の下欄に掲げる時間において構造耐力上支障のある変形，溶融，破壊その他の損傷を生じないものであること。</u>

壁	間仕切壁 （耐力壁に限る。）	特定避難時間 （特殊建築物の構造，建築設備及び用途に応じて当該特殊建築物に存する者の全てが当該特殊建築物から地上までの避難を終了するまでに要する時間をいう。以下同じ）（特定避難時間が45分間未満である場合にあつては，45分間。以下この号において同じ。）
	外壁（耐力壁に限る。）	特定避難時間
柱		特定避難時間
床		特定避難時間
はり		特定避難時間
屋根（軒裏を除く。）		30分間
階段		31分間

　ロ　壁，床及び屋根の軒裏（外壁によつて小屋裏又は天井裏と防火上有効に遮られているものを除く。以下このロにおいて同じ。）にあつては，これらに通常の火災による火熱が加えられた場合に，<u>加熱開始後特定避難時間</u>（非耐力壁である外壁及び屋根の軒裏（いずれも延焼のおそれのある部分以外の部分に限る。）にあつては，30分間）<u>当該加熱面以外の面</u>（屋内に面するものに限る。）<u>の温度が可燃物燃焼温度以上に上昇しないものであること。</u>
　ハ　外壁及び屋根にあつては，これらに屋内において発生する通常の火災による火熱が加えられた場合に，<u>加熱開始後特定避難時間</u>（非耐力壁である外壁（延焼のおそれのある部分以外の部分に限る。）及び屋根にあつては，30分間）<u>屋外に火炎を出す原因となる亀裂その他の損傷を生じないものであること。</u>
二　第109条の5各号のいずれかに掲げる基準

1） 法第27条第1項に規定する技術的基準（避難時間倒壊防止構造）
　① 一号　イ　特定主要構造部の非損傷性：特定避難時間
　　　　　　ロ　壁，床及び屋根の軒裏の遮熱性：特定避難時間 （非耐力壁である外壁及び屋根の軒裏：30分）
　　　　　　ハ　外壁及び屋根の遮炎性：特定避難時間 （非耐力壁である外壁及び屋根：30分）
　② 二号　大規模の建築物の特定主要構造部の性能に関する技術的基準（令第109条の5）と同じ

(3)　**延焼のおそれがある外壁の開口部（令第110条の2）**

令第110条の2　法第27条第1項の政令で定める外壁の開口部は，次に掲げるものとする。
一　延焼のおそれのある部分であるもの（・・・）
二　他の外壁の開口部から通常の火災時における火炎が到達するおそれがあるものとして国土交通大臣が定めるもの（・・・）

1） 法第27条第1項に規定する外壁の開口部

① 一号　延焼のおそれのある部分にある開口部

② 二号　他の外壁の開口部から通常の火災時に火炎が到達するおそれがあるものとして国土交通大臣が定める開口部（平27年国交告示255第3）

⑷ **法第27条第1項に規定する特殊建築物の防火設備の遮炎性能に関する技術的基準（令第110条の3）**

> 令第110条の3　防火設備の遮炎性能に関する法第27条第1項の政令で定める技術的基準は，防火設備に通常の火災による火熱が加えられた場合に，加熱開始後20分間当該加熱面以外の面（屋内に面するものに限る。）に火炎を出さないものであることとする。

1）法第27条第1項に規定する外壁の開口部の遮炎性能は，火熱が加えられた場合に20分間屋内へ火炎を出さないもの（片面20分）

⑸ **警報設備を設けた場合に耐火建築物等とすることを要しないこととなる用途（令第110条の4）**

> 令第110条の4　法第27条第1項第一号の政令で定める用途は，病院，診療所（患者の収容施設があるものに限る。），ホテル，旅館，下宿，共同住宅，寄宿舎及び児童福祉施設等（入所する者の寝室があるものに限る。）とする。

⑹ **警報設備の技術的基準（令第110条の5）**

> 令第110条の5　法第27条第1項第一号の政令で定める技術的基準は，当該建築物のいずれの室（火災の発生のおそれの少ないものとして国土交通大臣が定める室を除く。）で火災が発生した場合においても，有効かつ速やかに，当該火災の発生を感知し，当該建築物の各階に報知することができるよう，国土交通大臣が定めた構造方法を用いる警報設備が，国土交通大臣が定めるところにより適当な位置に設けられていることとする。

⑺ **法27条の構造のまとめ**

1）法第27条第2項（別表第1⑸項（は）欄（倉庫），（6）項（ろ）欄（車庫等））は**耐火建築物**としなければならない

2）法第27条第3項（別表第1⑸項（に）欄（倉庫），（6）項（に）欄（車庫等））は**耐火建築物又は準耐火建築物**としなければならない

3）法第27条第1項（法別表第1⑴項～⑷項は，令第110条～令第110条の5に規定する建築物（**法第27条第1項に規定する建築物**）としなければならない

4）平成27年国土交通省告示第255号により，主要構造部を

① 法別表第1（い）欄⑵～⑷項の用途で，面積が（は）欄の建築物は**準耐火構造**とすることができる（第1　第1項第二号）

② 防火地域以外の木造3階建共同住宅等は，**1時間準耐火構造**（第1　第1項第三号）

③ 木造3階建学校等は，**1時間準耐火構造**とすることができる（第1　第1項第四号）

④ 上記①～③のいずれにも該当しないものは，**耐火構造**又は耐火性能検証法，国土交通大臣の認定とすることができる（第1　第8項）

［耐火建築物等としなければならない特殊建築物］

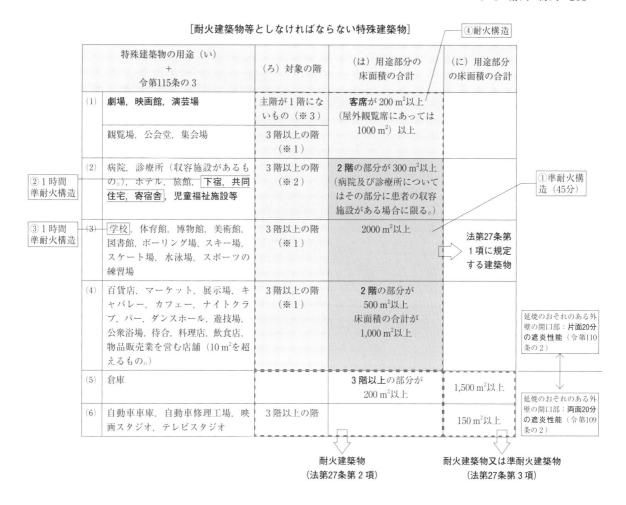

④耐火構造

特殊建築物の用途（い） ＋ 令第115条の3	（ろ）対象の階	（は）用途部分の 床面積の合計	（に）用途部分 の床面積の合計
(1) 劇場，映画館，演芸場	主階が1階にないもの（※3）	客席が200 m²以上（屋外観覧席にあっては1000 m²）以上	
観覧場，公会堂，集会場	3階以上の階（※1）		
(2) 病院，診療所（収容施設があるもの。），ホテル，旅館，下宿，共同住宅，寄宿舎，児童福祉施設等	3階以上の階（※2）	2階の部分が300 m²以上（病院及び診療所についてはその部分に患者の収容施設がある場合に限る。）	
(3) 学校，体育館，博物館，美術館，図書館，ボーリング場，スキー場，スケート場，水泳場，スポーツの練習場	3階以上の階（※1）	2000 m²以上	法第27条第1項に規定する建築物
(4) 百貨店，マーケット，展示場，キャバレー，カフェー，ナイトクラブ，バー，ダンスホール，遊技場，公衆浴場，待合，料理店，飲食店，物品販売業を営む店舗（10 m²を超えるもの。）	3階以上の階（※1）	2階の部分が500 m²以上床面積の合計が1,000 m²以上	
(5) 倉庫		3階以上の部分が200 m²以上	1,500 m²以上
(6) 自動車車庫，自動車修理工場，映画スタジオ，テレビスタジオ	3階以上の階		150 m²以上

②1時間準耐火構造

③1時間準耐火構造

①準耐火構造（45分）

延焼のおそれのある外壁の開口部：片面20分の遮炎性能（令第110条の2）

延焼のおそれのある外壁の開口部：両面20分の遮炎性能（令第109条の2）

耐火建築物（法第27条第2項）　　　耐火建築物又は準耐火建築物（法第27条第3項）

確認問題

法令上正しいものに〇を，正しくないものに×を付けなさい。
1．建築基準法第27条の規定により，3階建て延べ床面積2,000 m²の学校は，耐火建築物としなければならない。
（　×　）
2．3階建て，各階の床面積が100 m²の共同住宅は，耐火建築物又は準耐火建築物としなければならない。
（　×　）

4・1・3　法第22条区域内の建築物

(1) 屋根（法第22条）

法第22条　特定行政庁が防火地域及び準防火地域以外の市街地について指定する区域内にある建築物の屋根の構造は，通常の火災を想定した火の粉による建築物の火災の発生を防止するために屋根に必要とされる性能に関して建築物の構造及び用途の区分に応じて政令で定める技術的基準に適合するもので，国土交通大臣が定めた構造方法を用いるもの又は国土交通大臣の認定を受けたものとしなければならない。ただし，茶室，あずまやその他これらに類する建築物又は延べ面積が10 m²以内の物置，納屋その他これらに類する建築物の屋根の延焼のおそれのある部分以外の部分については，この限りでない。

1）この区域内（第22条区域という。）において
は，建築物の屋根は，国土交通大臣が定めた構
造方法（令第109条の9）を用いるもの又は，
国土交通大臣の認定を受けたものとしなければ
ならない。ただし，茶室やあずまや等，又は，
延べ面積10 m²以内の物置等で，延焼のおそれ
のある部分以外の屋根はこの限りではない。

図4・4

(2) 外壁（法第23条）

法第23条　前条第1項の市街地の区域内にある建築物（その主要構造部の第21条第1項の政令で定める部分が木材，
プラスチックその他の可燃材料で造られたもの（・・・「木造建築物等」という。）に限る。）は，その外壁で延焼
のおそれのある部分の構造を，準防火性能（建築物の周囲において発生する通常の火災による延焼の抑制に一定の
効果を発揮するために外壁に必要とされる性能をいう。）に関して政令で定める技術的基準に適合する土塗壁その
他の構造で，国土交通大臣が定めた構造方法を用いるもの又は国土交通大臣の認定を受けたものとしなければなら
ない。

1）第22条区域内にある木造建築物等の外壁で延焼のおそれのある部分には「準防火性能」が要求さ
れる。

(3) 建築物が第22条第1項の市街地の区域の内外にわたる場合の措置（法第24条）

法第24条　建築物が第22条第1項の市街地の区域の内外にわたる場合においては，その全部について同項の市街地の
区域内の建築物に関する規定を適用する。

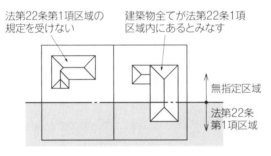

図4・5

(4) 大規模の木造建築物等の外壁等（法第25条）

法第25条　延べ面積（同一敷地内に2以上の木造建築物等がある場合においては，その延べ面積の合計）が1,000 m²
を超える木造建築物等は，その外壁及び軒裏で延焼のおそれのある部分を防火構造とし，その屋根の構造を第22条
第1項に規定する構造としなければならない。

例題

例題04-1

　次の建築物のうち，建築基準法上，**耐火建築物又は準耐火建築物としなければならないもの**はどれか。ただし，防火地域及び準防火地域外にあるものとし，国土交通大臣の認定は考慮しないものとする。

1．床面積が 200 m² の平屋建の自動車修理工場
2．各階の床面積が 200 m² の 2 階建の有料老人ホーム
3．各階の床面積が 150 m² の 2 階建の共同住宅
4．各階の床面積が 100 m² の 3 階建の事務所
5．床面積が 200 m² の平屋建の機械製作工場

例題04-2

　次の建築物のうち，建築基準法上，**耐火建築物としなければならないもの**はどれか。ただし，防火地域及び準防火地域外にあるものとする。

1．3 階建の倉庫（各階の床面積が 200 m²）
2．平屋建の集会場（客席の床面積が 190 m²）
3．平屋建の自動車車庫（延べ面積が 200 m²）
4．2 階建の診療所（患者の収容施設があり，延べ面積が 300 m²）
5．2 階建の飲食店（延べ面積が 300 m²）

答え　➡ p.258

4・2　防火地域・準防火地域

4・2・1　防火地域・準防火地域内の建築物

⑴　**防火地域及び準防火地域内の建築物（法第61条）**（令和6年4月1日施行予定）

> **法第61条**　防火地域又は準防火地域内にある建築物は，その外壁の開口部で延焼のおそれのある部分に防火戸その他の政令で定める防火設備を設け，かつ，壁，柱，床その他の建築物の部分及び当該防火設備を通常の火災による周囲への延焼を防止するためにこれらに必要とされる性能に関して防火地域及び準防火地域の別並びに建築物の規模に応じて政令で定める技術的基準に適合するもので，国土交通大臣が定めた構造方法を用いるもの又は国土交通大臣の認定を受けたものとしなければならない。ただし，門又は塀で，高さ2m以下のもの又は準防火地域内にある建築物（木造建築物等を除く。）に附属するものについては，この限りでない。
> 2　前項に規定する基準の適用上一の建築物であつても別の建築物とみなすことができる部分として政令で定める部分が2以上ある建築物の当該建築物の部分は，同項の規定の適用については，それぞれ別の建築物とみなす。

1）1項　防火地域又は準防火地域内の建築物は，令第136条の2で定める技術的基準に適合し，かつ，外壁の開口部で延焼のおそれのある部分に防火設備（令第109条の2，両面20分）をもうけるか，又は，大臣認定を受けたものとしなければならない。

2）1項　ただし書きにより，門又は塀で高さ2m以下のもの又は，準防火地域にある木造以外の建築物に付属するものは除かれる。（2mを超えるもの又は，準防火地域にある木造建築物に付属する門又は塀は，令第136条の2五号により規制される）

3）2項　1項に該当する建築物で別の建築物とみなすことができる部分（令第109条の8）がある場合は，それぞれ別の建築物とみなす。

⑵　**防火地域又は準防火地域内の建築物の壁，柱，床その他の部分及び防火設備の性能に関する技術的基準（令第136条の2）**（令和6年4月1日施行予定）

> **令第136条の2**　法第61条の政令で定める技術的基準は，次の各号に掲げる建築物の区分に応じ，当該各号に定めるものとする。
> 一　防火地域内にある建築物で階数が3以上のもの若しくは延べ面積が100m²を超えるもの又は準防火地域内にある建築物で地階を除く階数が4以上のもの若しくは延べ面積が1,500平方メートルを超えるもの　次のイ又はロのいずれかに掲げる基準
> 　イ　特定主要構造部が第107条各号又は第108条の4第1項第1号イ及びロに掲げる基準に適合し，かつ，外壁開口部設備（外壁の開口部で延焼のおそれのある部分に設ける防火設備をいう。以下この条において同じ。）が第109条の2に規定する基準に適合するものであること。ただし，準防火地域内にある建築物で法第86条の4各号のいずれかに該当するものの外壁開口部設備については，この限りではない。
> 　ロ　当該建築物の特定主要構造部，防火設備及び消火設備の構造に応じて算出した延焼防止時間（建築物が通常の火災による周囲への延焼を防止することができる時間をいう。以下この条において同じ。）が，当該建築物の特定主要構造部及び外壁開口部設備（以下このロ及び次号ロにおいて「主要構造部等」という。）がイに掲げる基準に適合すると仮定した場合における当該特定主要構造部及び外壁開口部設備の構造に応じて算出した延焼防止時間以上であること。
> 二　防火地域内にある建築物のうち階数が2以下で延べ面積が100平方メートル以下のもの又は準防火地域内にある建築物のうち地階を除く階数が3で延べ面積が1500平方メートル以下のもの若しくは地階を除く階数が2以下で延べ面積が500m²を超え1,500m²以下のもの　次のイ又はロのいずれかに掲げる基準
> 　イ　主要構造部が第107条の2各号又は第109条の3第1号若しくは第2号に掲げる基準に適合し，かつ，外壁開口部設備が前号イに掲げる基準（外壁開口部設備に係る部分に限る。）に適合するものであること。
> 　ロ　当該建築物の主要構造部，防火設備及び消火設備の構造に応じて算出した延焼防止時間が，当該建築物の主要構造部及び外壁開口部設備がイに掲げる基準に適合すると仮定した場合における当該主要構造部及び外壁開口部設備の構造に応じて算出した延焼防止時間以上であること。

三 準防火地域内 にある建築物のうち地階を除く階数が２以下で延べ面積が 500 m²以下のもの（木造建築物等に限る。）次のイ又はロのいずれかに掲げる基準
　イ　外壁及び軒裏で延焼のおそれのある部分が第108条各号に掲げる基準に適合し，かつ，外壁開口部設備に建築物の周囲において発生する通常の火災による火熱が加えられた場合に，当該外壁開口部設備が加熱開始後20分間当該加熱面以外の面（屋内に面するものに限る。）に火炎を出さないものであること。ただし，法第86条の４各号のいずれかに該当する建築物の外壁開口部設備については，この限りではない。
　ロ　当該建築物の主要構造部，防火設備及び消火設備の構造に応じて算出した 延焼防止時間 が，当該建築物の外壁及び軒裏で延焼のおそれのある部分並びに外壁開口部設備（以下このロにおいて「特定外壁部分等」という。）がイに掲げる基準に適合すると仮定した場合における当該特定外壁部分等の構造に応じて 算出した延焼防止時間 以上であること。
四 準防火地域内 にある建築物のうち地階を除く階数が２以下で延べ面積が 500 m²以下のもの（木造建築物等を除く。）次のイ又はロのいずれかに掲げる基準
　イ　外壁開口部設備が前号イに掲げる基準（外壁開口部設備に係る部分に限る。）に適合するものであること。
　ロ　当該建築物の主要構造部，防火設備及び消火設備の構造に応じて算出した 延焼防止時間 が，当該建築物の外壁開口部設備がイに掲げる基準に適合すると仮定した場合における当該外壁開口部設備の構造に応じて 算出した延焼防止時間 以上であること。
五 高さ２mを超える門又は塀で， 防火地域内 にある建築物に付属するもの，又は，準防火地域内にある木造建築物等に附属するもので延焼防止上支障のない構造であること。

１）防火地域及び準防火地域の別並びに建築物の規模に応じて，それぞれ各号においてイ又はロのいずれかに掲げる基準に適合すること。

一号	防火地域	階数３以上，若しくは延べ面積100m²超	イ　特定主要構造部が，耐火性能（令第107条）又は耐火性能検証法（令第108条の４第１項第一号）に適合し，かつ，外壁開口部設備が遮炎性能（令第109条の２）に適合すること（耐火建築物）耐火性能検証法（令第108条の４第１項第一号） ロ　特定主要構造部等の延焼防止時間が算定延焼防止時間以上であること（延焼防止建築物）
	準防火地域	地階を除く階数４以上，若しくは延べ面積1,500m²超	
二号	防火地域	階数２以下で延べ面積100m²以下	イ　主要構造部が，準耐火性能（令第107条の２）又はロ準耐（令第109条３）に適合し，かつ，外壁開口部設備が遮炎性能（令第109条の２）に適合すること（準耐火建築物） ロ　主要構造部等の延焼防止時間が算定延焼防止時間以上であること（準延焼防止建築物）
	準防火地域	地階を除く階数が３で延べ面積1,500m²以下，若しくは地階を除く階数が２以下で延べ面積が500m²を超え1,500m²以下	
三号	準防火地域	地階を除く階数２以下，延べ面積500m²以下（木造建築物）	イ　外壁及び軒裏で延焼のおそれのある部分が，防火性能（令第108条）に適合し，かつ，外壁開口部設備が加熱開始後20分間当該加熱面以外の面（屋内に面する部分）に火炎を出さないもの ロ　特定外壁部分等の延焼防止時間が，算定延焼防止時間以上であること
四号	準防火地域	地階を除く階数が２以下，延べ面積500m²以下（木造建築物以外）	イ　外壁開口部設備が，第三号イの基準に適合すること ロ　外壁開口部設備の延焼防止時間が，算定延焼防止時間以上であること

※　外壁開口部設備：外壁の開口部で延焼のおそれのある部分に設ける防火設備
※　主要構造部等：主要構造部及び外壁開口部設備（第一号ロ及び第二号ロにおいて適用）
※　特定外壁部分等：外壁及び軒裏で延焼のおそれのある部分並びに外壁開口部設備（第三号ロにおいて適用）
※　延焼防止時間：建築物が通常の火災による周囲への延焼を防止することができる時間（当該建築物の主要構造部，防火設備及び消火設備の構造に応じて算出）
※　算定延焼防止時間：主要構造部等（第一号及び第二号），特定外壁部分等（第三号）又は外壁開口部設備（第四号）が，それぞれ対応する第一号から第四号のイの基準に適合すると仮定した延焼防止時間

防火地域・準防火地域内の建築物の制限（令第136条の2）

階数	防火地域		準防火地域		
	100m²以下	100m²超	500m²以下	500m²超 1500m²以下	1500m²超
4階以上	（第一号）	（第一号）	（第一号）	（第一号）	（第一号）
3階	（第一号）	（第一号）	（第二号）	（第二号）	（第一号）
2階	（第二号）	（第一号）	（第三号：木造）（第四号：非木造）	（第二号）	（第一号）
平家	（第二号）	（第一号）	（第三号：木造）（第四号：非木造）	（第二号）	（第一号）

※階数は，準防火地域においては地階を除いた階数

確認問題

法令上**正しいものに○を，正しくないものに×**を付けなさい。

1．準防火地域内において，木造2階建て，延べ面積150 m²の一戸建て住宅を計画する場合，外壁及び軒裏で延焼のおそれのある部分を準耐火構造としなければならない。（ × ）

2．準防火地域内において，2階建て延べ面積120 m²の木造一戸建て住宅を新築する場合，その外壁の開口部で延焼のおそれのある部分に設ける防火設備は，遮炎性能を有するものでなくてもよい。（ ○ ）

(3) 屋根（法第62条）

法第62条　防火地域又は準防火地域内の建築物の屋根の構造は，市街地における火災を想定した火の粉による建築物の火災の発生を防止するために屋根に必要とされる性能に関して建築物の構造及び用途の区分に応じて政令で定める技術的基準に適合するもので，国土交通大臣が定めた構造方法を用いるもの又は国土交通大臣の認定を受けたものとしなければならない。

1）防火地域，準防火地域内の建築物の屋根の構造は，［**令第136条の2の2**］で定める技術的基準に適合するものとしなければならない。

(4) 防火地域又は準防火地域内の建築物の屋根の性能に関する技術的基準（令第136条の2の2）

令第136条の2の2　法第62条の政令で定める技術的基準は，次の各号（・・・）に掲げるものとする。

一　屋根が，市街地における通常の火災による火の粉により，防火上有害な発炎をしないものであること。

二　屋根が，市街地における通常の火災による火の粉により，屋内に達する防火上有害な溶融，き裂その他の損傷を生じないものであること。

(5) 隣地境界線に接する外壁（法第63条）

法第63条　防火地域又は準防火地域内にある建築物で，外壁が耐火構造のものについては，その外壁を隣地境界線に接して設けることができる。

1）外壁が耐火構造であることが条件。（準耐火構造では適用できない。）

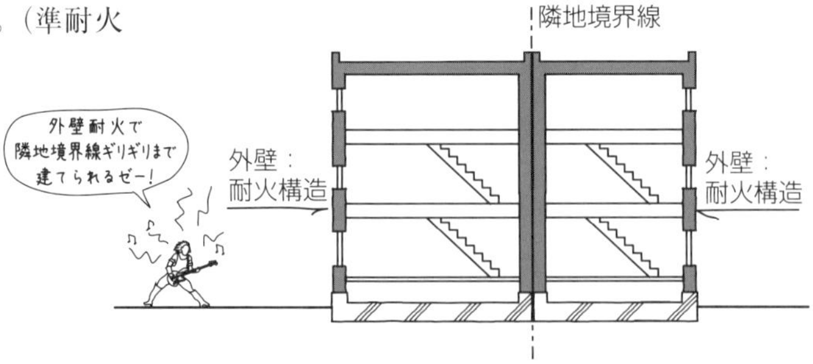

図4・6

確認問題

法令上正しいものに〇を，正しくないものに×を付けなさい。
1．2階建て，延べ面積150 m²の一戸建て住宅を，準防火地域内において外壁を耐火構造として新築する場合，その外壁を隣地境界線に接して設けることができる。　　　　　　　（　〇　）

---

(6) 看板等の防火措置（法第64条）

法第64条　防火地域内にある看板，広告塔，装飾塔その他これらに類する工作物で，建築物の屋上に設けるもの又は高さ3mを超えるものは，その主要な部分を不燃材料で造り，又は覆わなければならない。

1）防火地域内の看板等で，

① 建築物の**屋上**に設けるもの
② 高さが**3m**を超えるもの

いずれかに該当する場合は**不燃材料**で造るか覆う。

図4・7

(7) 建築物が防火地域又は準防火地域の内外にわたる場合の措置（法第65条）

法第65条　建築物が防火地域又は準防火地域とこれらの地域として指定されていない区域にわたる場合においては，その全部についてそれぞれ防火地域又は準防火地域内の建築物に関する規定を適用する。ただし，その建築物が防火地域又は準防火地域外において防火壁で区画されている場合においては，その防火壁外の部分については，この限りでない。

2　建築物が防火地域及び準防火地域にわたる場合においては，その全部について防火地域内の建築物に関する規定を適用する。ただし，建築物が防火地域外において防火壁で区画されている場合においては，その防火壁外の部分については，準防火地域内の建築物に関する規定を適用する。

1）同一敷地内で防火地域又は準防火地域の内外が異なる場合は，建築物の位置によって規制内容が変わってくる。

2）規制の緩い方に防火壁を設けた場合は，同一建物でも規制内容が変わる。

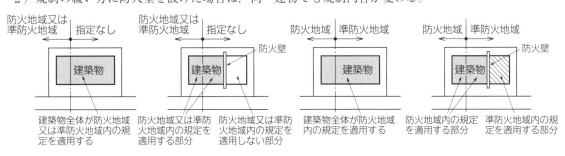

図4・8

確認問題

法令上正しいものに〇を，正しくないものに×を付けなさい。
1．2階建て，延べ面積150 m²の一戸建て住宅を，防火地域及び準防火地域にわたり新築する場合，準耐火建築物又はこれと同等以上の延焼防止時間となる建築物としなければならない。　　　　　（　×　）

例題

例題04-3

　次の記述のうち，建築基準法上，誤っているものはどれか。ただし，地階及び防火壁はないものとし，防火地域及び準防火地域以外の地域，地区等及び国土交通大臣の認定はないものとする。（延焼防止時間の算定は行わないものとする。）

1．防火地域内にある延べ面積200 m^2，2階建ての事務所を耐火建築物とした。

2．防火地域内にある高さ2 mの看板で，建築物の屋上にあるものは，その主要な部分を不燃材料でつくり，又は覆わなければならない。

3．防火地域内にある建築物に附属する高さ2.1mの塀は，延焼防止上支障のない構造としなければならない。

4．準防火地域内にある延べ面積300 m^2，3階建の建築物で，各階を診療所（患者の収容施設がないもの）の用途に供するものは，準耐火建築物とすることができる。

5．建築物の敷地が防火地域及び準防火地域に渡る場合においては，建築物の位置にかかわらず，その全部について防火地域内の建築物に関する規定を適用する。

例題04-4

　2階建，延べ面積150 m^{2}の一戸建住宅に関する次の記述のうち，建築基準法上，誤っているものはどれか。ただし，地階及び防火壁はないものとし，防火地域及び準防火地域以外の地域，地区は考慮しないものとする。（延焼防止時間の算定は行わないものとする。）

1．防火地域内において新築する場合，外壁の開口部で延焼のおそれのある部分に，遮炎性能に適合する防火設備を設けなければならない。

2．準防火地域において木造建築物等として新築する場合，外壁及び軒裏で延焼のおそれのある部分を準耐火構造としなければならない。

3．防火地域及び準防火地域にわたり建築物を新築する場合，耐火建築物とした。

4．防火地域内において，建築物に附属する高さ2 mの塀を設ける場合，その塀を木造とすることができる。

5．防火地域内において新築する場合，屋根の構造は，市街地における通常の火災による火の粉により，防火上有害な発炎をしないもの及び屋内に達する防火上有害な溶融，き裂その他の損傷を生じないものとしなければならない。

答え　➡ p.258，259

4・3　防火区画

4・3・1　面積区画

⑴　防火区画（面積区画）（令第112条第1項，第4項，第5項）（令和6年4月1日施行予定）

第112条　主要構造部を耐火構造とした建築物，法第2条第九号の三イ若しくはロのいずれかに該当する建築物又は第136条の2第一号ロ若しくは第二号ロに掲げる基準に適合する建築物で，延べ面積（スプリンクラー設備，水噴霧消火設備，泡消火設備その他これらに類するもので自動式のものを設けた部分の床面積の1/2に相当する床面積を除く。以下この条において同じ。）が1,500 m²を超えるものは，床面積の合計（スプリンクラー設備，水噴霧消火設備，泡消火設備その他これらに類するもので自動式のものを設けた部分の床面積の1/2に相当する床面積を除く。以下この条において同じ。）1,500 m²以内ごとに1時間準耐火基準に適合する準耐火構造の床若しくは壁又は特定防火設備（第109条に規定する防火設備であつて，これに通常の火災による火熱が加えられた場合に，加熱開始後1時間当該加熱面以外の面に火炎を出さないものとして，国土交通大臣が定めた構造方法を用いるもの又は国土交通大臣の認定を受けたものをいう。以下同じ。）で区画しなければならない。ただし，次の各号のいずれかに該当する建築物の部分でその用途上やむを得ない場合においては，この限りでない。

一　劇場，映画館，演芸場，観覧場，公会堂又は集会場の客席，体育館，工場その他これらに類する用途に供する建築物の部分

二　階段室の部分等（階段室の部分又は昇降機の昇降路の部分（当該昇降機の乗降のための乗降ロビーの部分を含む。）をいう。第14項において同じ。）で1時間準耐火基準に適合する準耐火構造の床若しくは壁又は特定防火設備で区画されたもの

4　法第21条第1項の規定により第109条の5第一号に掲げる基準に適合する建築物（通常火災終了時間が1時間以上であるものを除く。）とした建築物，法第27条第1項の規定により第110条第一号に掲げる基準に適合する特殊建築物（特定避難時間が1時間以上であるものを除く。）とした建築物，法第27条第3項の規定により準耐火建築物（第109条の3第二号に掲げる基準又は1時間準耐火基準（第2項に規定する1時間準耐火基準をいう。以下同じ。）に適合するものを除く。）とした建築物，法第61条の規定により第136条の2第二号に定める基準に適合する建築物（準防火地域内にあるものに限り，第109条の3第二号に掲げる基準又は1時間準耐火基準に適合するものを除く。）とした建築物又は法第67条第1項の規定により準耐火建築物等（第109条の3第二号に掲げる基準又は1時間準耐火基準に適合するものを除く。）とした建築物で，延べ面積が500 m²を超えるものについては，第1項の規定にかかわらず，床面積の合計500 m²以内ごとに1時間準耐火基準に適合する準耐火構造の床若しくは壁又は特定防火設備で区画し，かつ，防火上主要な間仕切壁（自動スプリンクラー設備等設置部分（床面積が200 m²以下の階又は床面積200 m²以内ごとに準耐火構造の壁若しくは法第2条第九号の二ロに規定する防火設備で区画されている部分で，スプリンクラー設備，水噴霧消火設備，泡消火設備その他これらに類するもので自動式のものを設けたものをいう。第114条第1項及び第2項において同じ。）その他防火上支障がないものとして国土交通大臣が定める部分の間仕切壁を除く。）を準耐火構造とし，次の各号のいずれかに該当する部分を除き，小屋裏又は天井裏に達せしめなければならない。

一　天井の全部が強化天井（天井のうち，その下方からの通常の火災時の加熱に対してその上方への延焼を有効に防止することができるものとして，国土交通大臣が定めた構造方法を用いるもの又は国土交通大臣の認定を受けたものをいう。次号及び第114条第3項において同じ。）である階

二　準耐火構造の壁又は法第2条第九号の二ロに規定する防火設備で区画されている部分で，当該部分の天井が強化天井であるもの

5　法第21条第1項の規定により第109条の5第一号に掲げる基準に適合する建築物（通常火災終了時間が1時間以上であるものに限る。）とした建築物，法第27条第1項の規定により第110条第一号に掲げる基準に適合する特殊建築物（特定避難時間が1時間以上であるものに限る。）とした建築物，法第27条第3項の規定により準耐火建築物（第109条の3第二号に掲げる基準又は1時間準耐火基準に適合するものに限る。）とした建築物，法第61条の規定により第136条の2第二号に定める基準に適合する建築物（準防火地域内にあり，かつ，第109条の3第二号に掲げる基準又は1時間準耐火基準に適合するものに限る。）とした建築物又は法第67条第1項の規定により準耐火建築物等（第109条の3第二号に掲げる基準又は1時間準耐火基準に適合するものに限る。）とした建築物で，延べ面積が1,000 m²を超えるものについては，第1項の規定にかかわらず，床面積の合計1,000 m²以内ごとに1時間準耐火基準に適合する準耐火構造の床若しくは壁又は特定防火設備で区画しなければならない。

令第112条第1項，第4項，第5項は，一定の面積ごとに防火区画を設けることで火災を局部的なものに留めることを目的としたものであり，「**面積区画**」と呼ばれている。

① 1項 主要構造部を**耐火構造**又は準耐火構造とした建築物は，原則，**床面積の合計1,500m²以内ごとに1時間準耐火基準に適合する準耐火構造の床若しくは壁又は特定防火設備**で区画しなければならない。

② 1項 スプリンクラー設備等の自動式の消火設備を設けた場合は，当該床面積を1/2として算定する（令第112条各項に適用する）。例えば，床面積2,000m²でも，自動式消火設備を設けた場合は1,000m²となり，面積区画は必要ではなくなる。

③ 1項，4項，5項 面積区画に設ける扉等は，特定防火設備（火熱開始後1時間当該加熱面以外に火炎を出さない構造）とする。

④ 1項 ただし，用途上やむお得ない場合は面積区画が免除される。

イ．劇場，映画館，公会堂等の客席，体育館，工場等の部分

ロ．階段室，昇降機の昇降路部分（乗降ロビー含む）で防火区画されたもの

2）4項 法令の規定により，準耐火建築物（通常火災終了時間，特定避難時間が1時間以上であるもの，1時間準耐火基準に適合するものは除く）とした建築物で，延べ面積が500m²を超えるものについては，**床面積の合計500m²以内ごとに1時間準耐火基準に適合する準耐火構造の床若しくは壁又は特定防火設備**で区画し，かつ，防火上主要な間仕切壁を準耐火構造とし，小屋裏又は天井裏に達せしめなければならない。（天井を強化天井とした場合は，天井裏へ達しなくてもよい。）

3）5項 法令の規定により，準耐火建築物（通常火災終了時間，特定避難時間が1時間以上であるもの，1時間準耐火基準に適合するものに限る）とした建築物で，延べ面積が1,000m²を超えるものについては，**床面積の合計1,000m²以内ごとに1時間準耐火基準に適合する準耐火構造の床若しくは壁又は特定防火設備**で区画しなければならない。

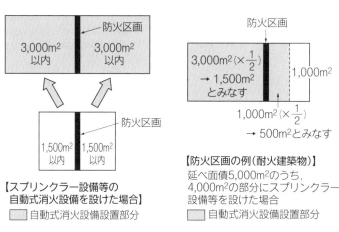

図4・9

⑵　**防火区画（1時間準耐火基準）（令第112条第2項）**（令和6年4月1日施行予定）

> **令第112条**
> 2　前項の「1時間準耐火基準」とは，主要構造部である壁，柱，床，はり及び屋根の軒裏の構造が，次に掲げる基準に適合するものとして，国土交通大臣が定めた構造方法を用いるもの又は国土交通大臣の認定を受けたものであることとする。
> 　一　次の表の左欄に掲げる建築物の部分にあつては，当該部分に通常の火災による火熱が加えられた場合に，加熱開始後それぞれ同表の右欄に掲げる時間において構造耐力上支障のある変形，溶融，破壊その他の損傷を生じないものであること。
>
> | 壁 | 間仕切り壁（耐力壁に限る。） | 1時間 |
> |---|---|---|
> | | 外壁　（耐力壁に限る。） | 1時間 |
> | 柱 | | 1時間 |
> | 床 | | 1時間 |
> | はり | | 1時間 |
>
> 　二　壁（非耐力壁である外壁の延焼のおそれのある部分以外の部分を除く。），床及び屋根の軒裏（外壁によつて小屋裏又は天井裏と防火上有効に遮られているものを除き，延焼のおそれのある部分に限る。）にあつては，これらに通常の火災による火熱が加えられた場合に，加熱開始後1時間当該加熱面以外の面（屋内に面するものに限る。）の温度が可燃物燃焼温度以上に上昇しないものであること。
> 　三　外壁（非耐力壁である外壁の延焼のおそれのある部分以外の部分を除く。）にあつては，これに屋内において発生する通常の火災による火熱が加えられた場合に，加熱開始後1時間屋外に火炎を出す原因となる亀裂その他の損傷を生じないものであること。

1）　面積区画で指定されている1時間準耐火基準

①　一号　壁，柱，床，はりの非損傷性：1時間

②　二号　壁，床及び屋根の軒裏の遮熱性：1時間

③　三号　外壁の遮炎性：1時間

⑶　**特定防火設備で区画されているものとみなす空間部分（令第112条第3項）**（令和6年4月1日施行予定）

> **令第112条**
> 3　特定主要構造部を耐火構造とした建築物の二以上の部分が当該建築物の吹抜きとなつている部分その他の一定の規模以上の空間が確保されている部分（以下この項において「空間部分」という。）に接する場合において，当該2以上の部分の構造が通常の火災において相互に火熱による防火上有害な影響を及ぼさないものとして，国土交通大臣が定めた構造方法を用いるもの又は国土交通大臣の認定を受けたものであるときは，当該二以上の部分と当該空間部分とが特定防火設備で区画されているものとみなして，第1項の規定を適用する。この場合において，同項ただし書中「ものに」とあるのは，「もの又は第3項の規定が適用される建築物の同項に規定する空間部分に」とする。

1）　1項の面積区画は，1時間準耐火基準に適合する準耐火構造の床若しくは壁又は特定防火設備で区画しなければならないが，建築物の各部分がアトリウムのような大空間を介することで延焼防止の効果がある場合，当該空間とそれに接する建築物の部分とは，特定防火設備で区画されているとみなす。（面積区画が不要となる。）

⑷　**防火区画（第4項，第5項の面積区画除外建物）（令第112条第6項）**

> **令第112条**
> 6　前2項の規定は，次の各号のいずれかに該当する建築物の部分で，天井（天井のない場合においては，屋根。以下この条において同じ。）及び壁の室内に面する部分の仕上げを準不燃材料でしたものについては，適用しない。
> 　一　体育館，工場その他これらに類する用途に供する建築物の部分
> 　二　第1項第二号に掲げる建築物の部分

1）次の建築物の部分で，**天井及び壁の室内に面する部分の仕上げを準不燃材料でした**ものは，第4項と第5項の規定は適用しない。

① 一号　体育館，工場等

② 二号　階段室，昇降機の昇降路（乗降ロビーを含む。）

4・3・2　高層区画

⑴　防火区画（高層区画）（令第112条第7項～第10項）

> **令第112条**
> 7　建築物の 11階以上の部分 で，各階の床面積の合計が 100 m² を超えるもの は，第1項の規定にかかわらず，床面積の合計100 m²以内ごとに耐火構造の床若しくは壁又は法第2条第九号の二ロに規定する防火設備で区画しなければならない。
> 8　前項の建築物の部分で，当該部分の壁（床面からの高さが1.2 m以下の部分を除く。次項及び第13項第一号において同じ。）及び天井の室内に面する部分（・・・）の仕上げを 準不燃材料 でし，かつ，その下地を準不燃材料で造つたものは，特定防火設備以外の法第2条第九号の二ロに規定する防火設備で区画する場合を除き，前項の規定にかかわらず，床面積の合計 200 m²以内ごと に区画すれば足りる。
> 9　第7項の建築物の部分で，当該部分の壁及び天井の室内に面する部分の仕上げを 不燃材料 でし，かつ，その下地を不燃材料で造つたものは，特定防火設備以外の法第2条第九号の二ロに規定する防火設備で区画する場合を除き，同項の規定にかかわらず，床面積の合計 500 m²以内ごと に区画すれば足りる。
> 10　前3項の規定は，階段室の部分若しくは昇降機の昇降路の部分（・・・），廊下その他避難の用に供する部分又は床面積の合計が 200 m²以内の共同住宅の住戸で，耐火構造の床若しくは壁又は特定防火設備（・・・）で区画されたものについては，適用しない。

表4・4

11階以上の部分（各階の床面積 100 m²超）の内装仕上げ（壁・天井）の種類		区画する面積	区画方法		適用除外
			床・壁	防火設備	
7項	下記以外	≦100 m²	耐火構造	防火設備	階段室，昇降機の昇降路（乗降ロビーを含む），廊下その他避難のための部分又は，200 m²以内の共同住宅の住戸で，耐火構造の床若しくは壁又は特定防火設備で区画されたもの（10項）
8項	仕上げ・下地ともに準不燃材料（壁で床面からの高さ1.2 m以下の部分を除く。）	≦200 m²		特定防火設備	
9項	仕上げ・下地ともに不燃材料（壁で床面からの高さ1.2 m以下の部分を除く。）	≦500 m²			

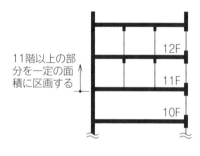

図4・10

11階以上の部分を一定の面積に区画する

※内装の仕上げ（壁・天井）の種類によって，区画面積が変化する。

4・3・3　竪穴区画

⑴　防火区画（竪穴区画）（令第112条第11項～15項）（令和6年4月1日施行予定）

> **令第112条**
> 11　主要構造部を準耐火構造とした建築物（特定主要構造部を耐火構造とした建築物を含む。）又は第136条の2第一号ロ若しくは第二号ロに掲げる基準に適合する建築物であつて，地階又は3階以上の階に居室を有するものの竪穴部分（長屋又は共同住宅の住戸でその階数が2以上であるもの，吹抜けとなつている部分，階段の部分（当該部分からのみ人が出入りすることのできる便所，公衆電話所その他これらに類するものを含む。），昇降機の昇降路の部

分，ダクトスペースの部分その他これらに類する部分をいう。以下この条において同じ。）については，当該竪穴部分以外の部分（・・・）と 準耐火構造 の床若しくは壁又は法第2条九号の二ロに規定する 防火設備 で区画しなければならない。ただし，次の各号のいずれかに該当する竪穴部分については，この限りでない。

一 避難階からその直上階又は直下階のみに通ずる吹抜きとなつている部分，階段の部分その他これらに類する部分でその壁及び天井の室内に面する部分の仕上げを不燃材料でし，かつ，その下地を不燃材料で造つたもの

二 階数が3以下で延べ面積が200m²以内の一戸建ての住宅又は長屋若しくは共同住宅の住戸のうちその階数が3以下で，かつ，床面積の合計が200m²以内であるものにおける吹抜きとなつている部分，階段の部分，昇降機の昇降路の部分その他これらに類する部分

12 3階を病院，診療所（患者の収容施設があるものに限る。次項において同じ。）又は児童福祉施設等（入所する者の寝室があるものに限る。同項において同じ。）の用途に供する建築物のうち階数が3で延べ面積が200m²未満のもの（前項に規定する建築物を除く。）の竪穴部分については，当該竪穴部分以外の部分と 間仕切り壁 又は法第2条九号の二ロに規定する 防火設備 で区画しなければならない。ただし，居室，倉庫その他これらに類する部分にスプリンクラー設備その他これに類するものを設けた建築物の竪穴部分については，当該防火設備に代えて 十分間防火設備 （第109条に規定する防火設備であつて，これに通常の火災による火熱が加えられた場合に加熱開始後10分間当該加熱面以外の面に火炎を出さないものとして国土交通大臣が定めた構造方法を用いるもの又は国土交通大臣の認定を受けたものをいう。第19項及び第121条第4項第一号において同じ。）で区画することができる。

13 3階を法別表1（い）欄（二）項に掲げる用途（病院，診療所又は児童福祉施設等を除く。）に供する建築物のうち階数が3で延べ面積が200m²未満のもの（第11項に規定する建築物を除く。）の竪穴部分については，当該竪穴部分以外の部分と 間仕切壁 又は 戸 （ふすま，障子その他これらに類するものを除く。）で区画しなければならない。

14 竪穴部分及びこれに接する他の竪穴部分（いずれも第1項第一号に該当する建築物の部分又は階段室の部分等であるものに限る。）が次に掲げる基準に適合する場合においては，これらの竪穴部分を一の竪穴部分とみなして，前三項の規定を適用する。

一 当該竪穴部分及び他の竪穴部分の壁及び天井の室内に面する部分の仕上げが準不燃材料でされ，かつ，その下地が準不燃材料で造られたものであること。

二 当該竪穴部分と当該他の竪穴部分とが用途上区分することができないものであること。

15 第12項及び第13項の規定は，火災が発生した場合に避難上支障のある高さまで煙又はガスの降下が生じない建築物として，壁及び天井の仕上げに用いる材料の種類並びに消火設備及び排煙設備の設置の状況及び構造を考慮して国土交通大臣が定めるものの竪穴部分については，適用しない。

1）11項 主要構造部が**準耐火構造以上**（耐火構造も含む）とした建築物，又は延焼防止建築物，準延焼防止建築物で，かつ，**地階又は3階以上の階に居室を有する**ものは，**階段室，吹抜，昇降機の昇降路，ダクトスペース等の竪穴部分**と他の部分を**準耐火構造**（45分）又は**防火設備**（両面20分）で防火区画（竪穴区画）しなければならない。

① 一号 避難階からその直上階又は直下階のみに通ずる吹抜き部分等で，壁及び天井の室内に面する部分の仕上げ及び下地を**不燃材料**でしたものは竪穴区画不要。

② 二号 **階数が3以下で延べ面積200m²以内の一戸建て住宅**，住戸の階数が3以下で床面積の合計が200m²以内の長屋・共同住宅の住戸内は，竪穴区画不要。

2）12項，13項 3階を病院等の一定の用途に供する建築物のうち，小規模なもの（階数が3で延べ面積200m²未満）については，法第27条第1項による主要構造部の規制は適用されないが（就寝利用するものは**警報設備設置**）竪穴部分については，間仕切壁と防火設備（第12項），又は戸（第13項）で区画しなければならない。

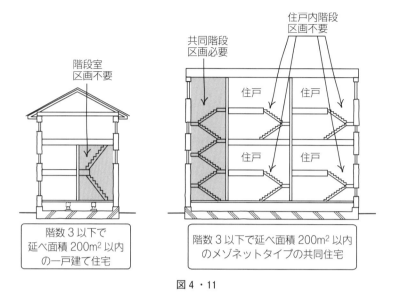

図4・11

4・3・4　外壁等のスパンドレル

> **令第112条（防火区画）**
> 16　第1項若しくは第4項から第6項までの規定による・・・構造の床若しくは壁（・・・）若しくは・・・規定する防火設備に接する外壁については，当該外壁のうちこれらに接する部分を含み幅90 cm以上の部分を準耐火構造としなければならない。ただし，外壁面から50 cm以上突出した準耐火構造のひさし，床，袖壁その他これらに類するもので防火上有効に遮られている場合においては，この限りでない。
> 17　前項の規定によって準耐火構造としなければならない部分に開口部がある場合においては，その開口部に法第2条第九号の二に規定する防火設備を設けなければならない。

1）16項　防火区画に接する外壁は，幅90 cm以上の部分を準耐火構造とする。ただし，外壁から50 cm以上突出した準耐火構造の庇，袖壁等がある場合はその限りではない。

2）17項　準耐火構造としなければならない外壁に開口部がある場合は，防火設備（両面20分）を設ける。

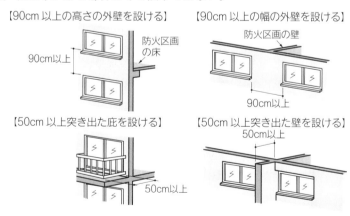

確認問題

法令上正しいものに○を，正しくないものに×を付けなさい。

1．防火区画（建築基準法施行令第112条第18項に規定するものを除く。）を構成する床に接する外壁については，その接する部分を含み幅90 cm以上の部分を準耐火構造とするか，外壁面から50 cm以上突出した準耐火構造のひさし等で防火上有効に遮らなければならない。

（　○　）

4・3・5　異種用途区画

(1)　防火区画（異種用途区画）（令第112条第18項）

> **令第112条**
> 18　建築物の一部が法第27条第1項各号，第2項各号又は第3項各号のいずれかに該当する場合においては，その部分とその他の部分とを1時間準耐火基準に適合する準耐火構造とした床若しくは壁又は特定防火設備で区画しなければならない。ただし，国土交通大臣が定める基準に従い，警報設備を設けることその他これに準ずる措置が講じられている場合においては，この限りではない。

1）建築物の一部が，**法第27条第1項各号**，**第2項各号**，**第3項各号のいずれかに該当する場合は**，その他の部分と**1時間準耐火基準に適合する準耐火構造とした床若しくは壁又は特定防火設備**で防火区画（異種用途区画）しなければならない。

> **確認問題**
>
> 法令上正しいものに〇を，正しくないものに×を付けなさい。
> 1．2階建ての建築物（各階の床面積が100 m²）で，1階が物品販売業を営む店舗，2階が事務所であるものは，物品販売業を営む店舗の部分とその他の部分とを防火区画しなければならない。　　　　　　　（　×　）

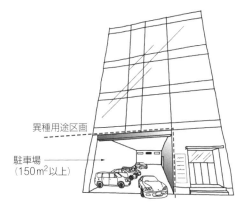

異種用途区画

駐車場
（150 m²以上）

図4・12

4・3・6　防火区画の構造

(1)　防火区画（防火区画の構造）（令第112条第19項～第23項）（令和6年4月1日施行予定）

> **令第112条**
> 19　第1項，第4項，第5項，第10項又は前項の規定による区画に用いる特定防火設備，第7項，第10項，第11項又は第12項本文の規定による区画に用いる法第2条第九号の二ロに規定する防火設備，同項ただし書の規定による区画に用いる10分間防火設備及び第13項の規定による区画に用いる戸は，次の各号に掲げる区分に応じ，当該各号に定める構造のものとしなければならない。
> 一　第1項本文，第4項若しくは第5項の規定による区画に用いる特定防火設備又は第7項の規定による区画に用いる法第2条第九号の二ロに規定する防火設備　次に掲げる要件を満たすものとして，国土交通大臣が定めた構造方法を用いるもの又は国土交通大臣の認定を受けたもの
> イ　常時閉鎖若しくは作動をした状態にあるか，又は随時閉鎖若しくは作動をできるものであること。
> ロ　閉鎖又は作動をするに際して，当該特定防火設備又は防火設備の周囲の人の安全を確保することができるものであること。
> ハ　居室から地上に通ずる主たる廊下，階段その他の通路の通行の用に供する部分に設けるものにあつては，閉鎖又は作動をした状態において避難上支障がないものであること。

ニ　常時閉鎖又は作動をした状態にあるもの以外のものにあつては，火災により煙が発生した場合又は火災により温度が急激に上昇した場合のいずれかの場合に，自動的に閉鎖又は作動をするものであること。

二　第1項第二号，第10項若しくは前項の規定による区画に用いる 特定防火設備 ，第10項，第11項若しくは第12項本文の規定による区画に用いる法第2条第九号の二ロに規定する 防火設備 ，同項ただし書きの規定による区画に用いる 10分間防火設備 又は第13の規定による区画に用いる 戸 ，次に掲げる要件を満たすものとして，国土交通大臣が定めた構造方法を用いるもの又は国土交通大臣の認定を受けたもの

イ　前号イからハまでに掲げる要件を満たしているものであること。

ロ　避難上及び防火上支障のない遮煙性能を有し，かつ，常時閉鎖又は作動をした状態にあるもの以外のものにあつては，火災により煙が発生した場合に自動的に閉鎖又は作動をするものであること。

20　給水管，配電管その他の管 が・・・「準耐火構造の防火区画」・・・を貫通する場合においては，当該管と準耐火構造の防火区画との隙間をモルタルその他の 不燃材料 で埋めなければならない。

21　換気，暖房又は冷房の設備の風道 が準耐火構造の防火区画を貫通する場合（・・・）においては，当該風道の準耐火構造の防火区画を貫通する部分又はこれに近接する部分に， 特定防火設備 （法第2条第九号の二ロに規定する防火設備によつて区画すべき準耐火構造の防火区画を貫通する場合にあつては，法第2条第九号の二ロに規定する防火設備）であつて，次に掲げる要件を満たすもの・・・設けなければならない。

一　火災により煙が発生した場合又は火災により温度が急激に上昇した場合に自動的に閉鎖するものであること。

二　閉鎖した場合に防火上支障のない遮煙性能を有するものであること。

22　建築物が 火熱遮断壁等 で区画されている場合における当該火熱遮断壁等により分離された部分は，第1項又は第11項から第13項までの規定の適用については，それぞれ別の建築物とみなす。

23　第109条の2の2第3項に規定する建築物に係る第1項又は第11項の規定の適用については，当該建築物の同条第3項に規定する特定部分及び他の部分をそれぞれ別の建築物とみなす。

1）防火区画に用いる防火設備は，次のいずれかに該当する構造で，**周囲の安全が確保でき，避難上支障がないもの**とする。（第19項第一号ロ，ハ）

①　**常時閉鎖**若しくは作動をした状態にあるもの（第19項第一号イ）

②　**随時閉鎖**若しくは作動できるもの（第19項第一号イ）

2）**面積区画等**（第1項本文，第4項，第5項，第7項）による防火設備

①　常時閉鎖又は作動した状態にある防火設備以外のものについては，火災による**煙又は熱のいずれかに反応して自動的に閉鎖**又は作動するものとする。（第19項第一号ニ）

3）**竪穴区画**（第11項，その他第1項第二号等の竪穴を形成する部分の区画を含む。）及び**異種用途区画**（第18項）による防火設備

①　常時閉鎖又は作動した状態にある防火設備以外のものにあつては，火災による**煙に対して自動的に閉鎖**又は作動するものとし，かつ，**遮煙性能**を有するもの。（第19項第二号ロ）

4）20項　給水管等が防火区画を貫通する場合は，当該管と防火区画との隙間を**モルタル等の不燃材料**で埋めなければならない。

5）21項　換気等の設備の風道が防火区画を貫通する場合は，**特定防火設備**（防火ダンパー）を設けなければならない。

①　一号　煙又は熱により自動的に閉鎖するもの

②　二号　遮煙性能を有すること

6）22項　建築物が**火熱遮断壁**（令第109条の8）で区画された場合は，面積区画（第1項），竪穴区画（第11項〜第13項）の適用については，それぞれ別の建築物とみなす。（令和6年4月1日施行予定）

7）23項　**特定部分**（令第109条の2の2第3項）を有する建築物は，面積区画（第1項），竪穴区画（第11項）の適用については，特定部分とその他の部分をそれぞれ別の建築物とみなす。（令和6年4月1日施行予定）

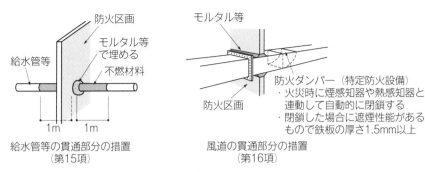

図 4・13

確認問題

法令上正しいものに○を，正しくないものに✕を付けなさい。
1．建築物の竪穴部分とその他の部分とを区画する防火設備は，避難上及び防火上支障のない遮煙性能を有するものでなくてもよい。　　　　　　　　　　　　　　　　　　　　　　　　　　　　　　　　　　　　　　　（　✕　）

4・3・7　界壁等

(1)　建築物の界壁，間仕切り壁及び隔壁（令第114条）（令和6年4月1日施行予定）

令第114条　長屋又は共同住宅の各戸の 界壁 （自動スプリンクラー設備等設置部分その他防火上支障がないものとして国土交通大臣が定める部分の界壁を除く。）は，準耐火構造とし，第112条第4項各号のいずれかに該当する部分を除き，小屋裏又は天井裏に達せしめなければならない。

2　学校，病院，診療所（患者の収容施設を有しないものを除く。），児童福祉施設等，ホテル，旅館，下宿，寄宿舎又はマーケットの用途に供する建築物の当該用途に供する部分については，その防火上主要な間仕切壁（・・・）を準耐火構造とし，第112条第4項各号のいずれかに該当する部分を除き，小屋裏又は天井裏に達せしめなければならない。

3　建築面積が300 m²を超える建築物の小屋組が木造である場合においては，小屋裏の直下の天井の全部を強化天井とするか，又は桁行間隔12 m以内ごとに小屋裏（・・・）に 準耐火構造 の 隔壁 を設けなければならない。ただし，次の各号のいずれかに該当する建築物については，この限りでない。

4　延べ面積がそれぞれ200 m²を超える建築物で耐火建築物以外のものの相互を連絡する渡り廊下で，その小屋組みが木造であり，かつ，けた行が4 mを超えるものは，小屋裏に準耐火構造の隔壁を設けなければならない。

5　第112条第20項の規定は給水管，配電管その他の管が第1項の界壁，第2項の間仕切壁又は前2項の隔壁を貫通する場合に，同条第21項の規定は換気，暖房又は冷房の設備の風道がこれらの界壁，間仕切壁又は隔壁を貫通する場合について準用する。この場合において，同項中「特定防火設備」とあるのは「第109条に規定する防火設備であつて，これに通常の火災による火熱が加えられた場合に，加熱開始後45分当該加熱面以外の面に火炎を出さないものとして，国土交通大臣が定めた構造方法を用いるもの又は国土交通大臣の認定を受けたもの」と読み替えるものとする。

6　建築物が火熱遮断壁等で区画されている場合における当該火熱遮断壁等により分離された部分は，第3項又は第4項の規定の適用については，それぞれ別の建築物とみなす。

1）共同住宅等の界壁（第1項），学校・病院等の防火上主要な間仕切り（第2項），隔壁（第3項）は，準耐火構造（45分）とする。

2）第1項～第3項の界壁等に，給水管等が貫通する場合は，令第112条第20項，第21項の規定が準用される。

3）風道等が界壁等を貫通する場合は，遮炎性能45分の防火設備（防火ダンパー）とする。（第5項読み替え）

4）建築物が火熱遮断壁等（令第109条の8）で区画された場合は，隔壁（第3項），渡り廊下（第4

項）の適用は，それぞれ別の建築物とみなす。

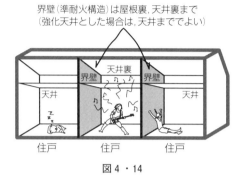

界壁（準耐火構造）は屋根裏，天井裏まで
（強化天井とした場合は，天井まででよい）

図4・14

4・3・8　防火壁等

⑴　防火壁等（法第26条）（令和6年4月1日施行予定）

> **法第26条**　延べ面積が1,000 m²を超える建築物は，防火上有効な構造の 防火壁 又は 防火床 によって有効に区画し，かつ，各区画における床面積の合計をそれぞれ1,000 m²以内としなければならない。ただし，次の各号のいずれかに該当する建築物については，この限りでない。
> 一　耐火建築物又は準耐火建築物
> 二　卸売市場の上家，機械製作工場その他これらと同等以上に火災の発生のおそれが少ない用途に供する建築物で，次のイ又はロのいずれかに該当するもの
> 　イ　主要構造部が不燃材料で造られたものその他これに類する構造のもの
> 　ロ　構造方法，主要構造部の防火の措置その他の事項について防火上必要な政令で定める技術的基準に適合するもの
> 三　畜舎その他の政令で定める用途に供する建築物で，・・・
> 2　防火上有効な構造の防火壁又は防火床によって他の部分と有効に区画されている部分（以下この項において「特定部分」という。）を有する建築物であって，当該建築物の特定部分が次の各号のいずれかに該当し，かつ，当該特定部分の外壁の開口部で延焼のおそれのある部分に第2条第九号の二ロに規定する防火設備を有するものに係る前項の規定の適用については，当該建築物の特定部分及び他の部分をそれぞれ別の建築物とみなし，かつ，当該特定部分を同項第一号に該当する建築物とみなす。
> 一　当該特定部分の特定主要構造部が耐火構造であるもの又は第2条第九号の二イ（2）に規定する性能と同等の性能を有するものとして国土交通大臣が定める基準に適合するもの
> 二　当該特定部分の主要構造部が準耐火構造であるもの又はこれと同等の準耐火性能を有するものとして国土交通大臣が定める基準に適合するもの（前号に該当するものを除く。）

1）1項　耐火建築物，準耐火建築物以外の建築物（機械製作工場等で主要構造部が不燃材料で造られたもの，畜舎等は除く。）で，**延べ面積が1,000 m²を超える建築物**は，防火上有効な構造の**防火壁**又は**防火床**によって有効に**区画**し，かつ，各区画の床面積の合計を1,000 m²以内としなければならない。（防火壁及び防火床の構造は，令第113条による。）

2）耐火建築物，準耐火建築物の区画は，令第112条による。

3）2項　特定部分（防火壁又は防火床によって区画されている部分）を有する建築物であって，当該特定部分の特定主要構造部が耐火構造，主要構造部が準耐火構造を有し，かつ，外壁の開口部で延焼のおそれのある部分に法第2条第九号の二ロに規定する防火設備を有するものは，特定部分と他の部分をそれぞれ別の建物とみなす。かつ，当該部分を耐火建築物又は準耐火建築物とみなす。

①　一号　特定主要構造部が法第2条第九号の二イ（2）に規定する性能と同等の性能を有する建築物の部分は，現時点では未制定。（2年施行関係）

（2）　**木造等の建築物の防火壁及び防火床（令第113条）**（令和6年4月1日施行予定）

> **令第113条**　防火壁及び防火床は，次に掲げる構造としなければならない。
> 一　耐火構造とすること。
> 二　通常の火災による当該防火壁又は防火床以外の建築物の部分の倒壊によって生ずる応力が伝えられた場合に倒壊しないものとして国土交通大臣が定めた構造方法を用いるものとすること。
> 三　通常の火災時において，当該防火壁又は防火床で区画された部分（当該防火壁又は防火床の部分を除く。）から屋外に出た火炎による当該防火壁又は防火床で区画された他の部分（当該防火壁又は防火床の部分を除く。）への延焼を有効に防止できるものとして国土交通大臣が定めた構造方法を用いるものとする。
> 四　防火壁に設ける開口部の幅及び高さ又は防火床に設ける開口部の幅及び長さは，それぞれ <u>2.5 m 以下</u>とし，かつ，これに 特定防火設備 で前条第19項第一号に規定する構造であるものを設けること。
> 3　防火壁又は防火床で火熱遮断壁等に該当するものについては，第1項の規定は，適用しない。

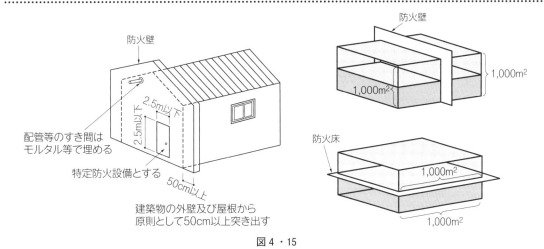

図 4・15

1）一号　防火壁及び防火床は，耐火構造とする

2）四号　防火壁に設ける開口部は，幅 2.5 m 以下，高さ 2.5 m 以下とし，特定防火設備

> ┌─**確認問題**─
> │
> │　法令上正しいものに○を，正しくないものに×を付けなさい。
> │　1．平家建て，延べ面積が 1,200 m² の旅館で，耐火建築物及び準耐火建築物以外のものは，床面積の合計 1,000 m² 以内ごとに防火上有効な構造の防火壁によって有効に区画しなければならない。　　　　　　（　○　）

4・3・9　無窓居室等の主要構造部

（1）　**防火上の無窓居室等の主要構造部**

> **法第35条の3**　政令で定める窓その他の開口部を有しない居室は，その居室を区画する主要構造部を耐火構造とし，又は不燃材料で造らなければならない。ただし，別表第（い）欄(1)項に掲げる用途に供するものについては，この限りではない。

> **令第111条**　法第35条の3（法第87条第3項において準用する場合を含む。）の規定により政令で定める窓その他の開口部を有しない居室は，次の各号のいずれかに該当する窓その他の開口部を有しない居室（避難階又は避難階の直上階若しくは直下階の居室その他の居室であつて，当該居室の床面積，当該居室からの避難の用に供する廊下その他の通路の構造並びに消火設備，排煙設備，非常用の照明装置及び警報設備の設置の状況及び構造に関し避難上支障がないものとして国土交通大臣が定める基準に適合するものを除く。）とする。
> 一　面積（第20条の規定により計算した採光に有効な部分の面積に限る。）の合計が，当該居室の床面積の1/20以上のもの

> 二　直接外気に接する避難上有効な構造のもので，かつ，その大きさが直径1m以上の円が内接することができる
> もの又はその幅及び高さが，それぞれ，75cm以上及び1.2m以上のもの

1）防火上の無窓居室はその居室を区画する主要構造部を耐火構造とするか，又は不燃材料で造らなければならない。（法第35条の3）

2）一号　有効採光面積の合計が，居室の床面積の1/20以上　二号　所定の大きさの開口（直径1m以上又は幅及び高さが75cm以上及び1.2m以上）アとイのいずれの窓も無い居室は防火上の無窓居室となる。（令第111条）

3）令第111条（　）書きにより，等該無窓居室からの避難の用に供する廊下その他の通路（避難経路）の構造，消火設備，非常用の照明装置等の設置の状況及び構造によって，規制の適用除外対象を示している。（現時点では告示未制定）

表4・5　令第112条による防火区画一覧

区画の種類	項	対象建築物	区画面積	床・壁の構造	防火設備の種類
面積区画	第1項	耐火建築物又は準耐火建築物等	1,500m²以内	1時間準耐火基準	特定防火設備
	第4項	法の規定により，準耐火建築物等（指定時間が1時間以上のものを除く）としなければならない建築物	500m²以内		
	第5項	法の規定により，準耐火建築物等（指定時間が1時間以上のものに限る）としなければならない建築物	1,000m²		
高層区画	第7項	11階以上（原則）	100m²以内	耐火構造	防火設備
	第8項	内装を準不燃材料（下地共）	200m²以内		特定防火設備
	第9項	内装を不燃材料（下地共）	500m²以内		
竪穴区画	第11項	主要構造部を準耐火構造とした建築物又は令第136条の2第一号ロ若しくは第二号ロに適合する建築物で，地階又は3階以上に居室を有するもの	竪穴部分とその他の部分	準耐火構造	防火設備
	第12項	3階を病院，児童福祉施設等の用途に供する建築物で，階数が3で延べ面積が200m²未満（※）		間仕切り壁	防火設備
	第13項	3階を法別表第1（い）欄(2)（病院，児童福祉施設等は除く）の用途に供する建築物で，階数が3で延べ面積が200m²未満（※）		間仕切り壁	戸
異種用途区画	第18項	建築物の一部が法第27条各項各号のいずれかに該当する場合	当該部分とその他の部分	1時間準耐火基準	特定防火設備

※就寝利用するものは警報設備設置

表4・6　その他の区画一覧

防火壁等	法第26条・令第113条	延べ面積が1,000m²を超える建築物（耐火建築物，準耐火建築物等を除く）	防火壁又は防火床で1,000m²以内に区画（扉は特定防火設備）
界壁	令第114条第1項	長屋，共同住宅等の界壁	強化天井とする場合を除き，準耐火構造とし小屋裏又は天井裏まで達するようにする
防火上主要な間仕切り壁	令第114条第2項	学校，病院，ホテル，児童福祉施設等の防火上主要な間仕切り壁	強化天井とする場合を除き，準耐火構造とし小屋裏又は天井裏まで達するようにする
隔壁	令第114条第3項	建築面積300m²超の建築物の小屋組みが木造である場合	強化天井とする場合を除き，けた行方向12m以内ごとに小屋裏に準耐火構造の隔壁を設ける
	令第114条第4項	延べ面積がそれぞれ200m²を超える耐火建築物以外のものの相互を連絡する渡り廊下で小屋組みが木造であり，かつ，けた行きが4mを超えるもの	小屋裏に準耐火構造の隔壁を設ける

例題

例題04-5

　建築物の防火区画，防火壁，間仕切壁等に関する次の記述のうち，建築基準法上，**誤っている**ものはどれか。ただし，耐火性能検証法，防火区画検証法，階避難安全検証法，全館避難安全検証法及び国土交通大臣の認定による安全性の確認は行わないものとする。

1．寄宿舎の用途に供する建築物の当該用途に供する部分については，その防火上主要な間仕切壁（自動スプリンクラー設備設置部分その他防火上支障がないものとして国土交通大臣が定める部分の間仕切壁を除く。）を準耐火構造とし，天井を強化天井とする場合を除き，小屋裏又は天井裏に達せしめなければならない。
2．建築面積 350 m² の物品販売業を営む店舗の小屋組が木造である場合においては，小屋裏の直下の天井の全部を強化天井とするか，又は桁行方向 12 m 以内ごとに小屋裏に準耐火構造の隔壁を設けなければならない。
3．木造平屋建，延べ面積 1,500 m² の旅館に防火壁を設けなければならない場合，当該防火壁は，耐火構造としなければならない。
4．防火壁に設ける開口部の幅及び高さは，それぞれ 2.5 m 以下とし，かつ，これに特定防火設備で所定の構造であるものを設けなければならない。
5．1 階の一部を床面積 130 m² の自動車車庫とし，その他の部分を事務所の用途に供する 3 階建の建築物においては，自動車車庫の部分とその他の部分とを防火区画しなければならない。

例題04-6

　建築物の防火区画，隔壁等に関する次の記述のうち，建築基準法上，**誤っている**ものはどれか。ただし，耐火性能検証法，防火区画検証法，階避難安全検証法，全館避難安全検証法及び国土交通大臣の認定による安全性の確認は行わないものとする。

1．建築基準法施行令第109条に規定する防火設備であって，これに通常の火災による加熱が加えられた場合に，加熱開始後 1 時間当該加熱面以外の面に火炎を出さないものとして，国土交通大臣が定めた構造方法を用いるもの又は国土交通大臣の認定を受けたものを，「特定防火設備」という。
2．2 階建で，延べ面積 300 m² の事務所の 1 階の一部が自動車車庫（当該用途に供する部分の床面積の合計が 60 m²）である場合，自動車車庫の部分とその他の部分とを防火区画しなくてもよい。
3．延べ面積がそれぞれ 200 m² を超える建築物で耐火建築物以外のもの相互を連絡する渡り廊下で，その小屋組が木造であり，かつ，桁行が 4 m を超えるものは，小屋裏に準耐火構造の隔壁を設けなければならない。
4．主要構造部を準耐火構造とした 3 階建で，延べ面積 150 m² の一戸建て住宅においては，階段の部分とその他の部分とを防火区画しなければならない。
5．天井のうち，その下方からの通常の火災時の加熱に対してその上方への延焼を有効に防止することができるものとして，国土交通大臣が定めた構造方法を用いるもの又は国土交通大臣の認定を受けたものを，「強化天井」という。

答え　➡ p.259

4・4　避難施設－1

4・4・1　階段・出口等

(1)　特殊建築物等の避難及び消火に関する技術的基準　（法第35条）

> **法第35条**　別表第1（い）欄(1)項から(4)項までに掲げる用途に供する特殊建築物，階数が3以上である建築物，政令で定める窓その他の開口部を有しない居室を有する建築物又は延べ面積（・・・）が1,000 m²をこえる建築物については，廊下，階段，出入口その他の避難施設，消火栓，スプリンクラー，貯水槽その他の消火設備，排煙設備，非常用の照明装置及び進入口並びに敷地内の避難上及び消火上必要な通路は，政令で定める技術的基準に従つて，避難上及び消火上支障がないようにしなければならない。

1）以下の建築物は，避難及び消火上支障がないようにしなければならない。

① 別表第1（い）欄(1)項から(4)項に掲げる特殊建築物

② 階数が3階以上の建築物

③ 政令で定める無窓居室を有する建築物

④ 延べ面積が1,000 m²を超える建築物

(2)　窓その他の開口部を有しない居室等　（令第116条の2）

> **令第116条の2**　法第35条（・・・）の規定により政令で定める窓その他の開口部を有しない居室は，次の各号に該当する窓その他の開口部を有しない居室とする。
> 一　面積（第20条の規定より計算した採光に有効な部分の面積に限る。）の合計が，当該居室の床面積の 1/20以上 のもの
> 二　開放できる部分（天井又は天井から下方80 cm以内の距離にある部分に限る。）の面積の合計が，当該居室の床面積の 1/50以上 のもの
> 2　ふすま，障子その他随時開放することができるもので仕切られた2室は，前項の規定の適用については，1室とみなす。

1）避難上の無窓居室には以下の2つがある。

① 一号　有効採光面積の合計が，居室の床面積1/20未満である居室（**採光上の無窓居室**）

② 二号　天井の開口部，又は天井から下方80 cm以内にある開口部で，開放できる面積の合計が，居室の床面積の1/50未満である居室（**排煙上の無窓居室**）

居室の床面積：A＝①＋②
ふすま，障子等，随時開放できる場合は1室とみなす

図4・16　排煙上の無窓居室

(3)　適用の範囲　（令第117条）（令和6年4月1日施行予定）

> **令第117条**　この節の規定は，法別表第1（い）欄(1)項から(4)項までに掲げる用途に供する特殊建築物，階数が3以上である建築物，前条第1項第一号に該当する窓その他の開口部を有しない居室を有する階又は延べ面積が1,000 m²をこえる建築物に限り適用する。
> 2　次に掲げる建築物の部分は，この節の規定の適用については，それぞれ別の建築物とみなす。
> 一　建築物が開口部のない耐火構造の床又は壁で区画されている場合における当該床又は壁により分離された部分
> 二　建築物の2以上の構造が通常の火災時において相互に火熱又は煙若しくはガスによる防火上有害な影響を及ぼさないものとして国土交通大臣が定めた構造方法を用いるものである場合における当該部分

1）令第5章第2節（令第117条～令第126条）の規定が適用される建物の規模等が規定されている。

表4・7

適用対象建築物（令第117条）	適用条文 （令第5章第2節）	内容
① 法別表第1（い）欄(1)項〜(4)項に掲げる特殊建築物	令第118条	客席からの出口の戸
	令119条	廊下の幅
	令120条	直通階段の設置
② 階数が3以上である建築物	令121条	2以上の直通階段を設ける場合
	令121条の2	屋外階段の構造
③ 令第116条の2第1項第1号に掲げる無窓居室を有する階	令122条	避難階段の設置
	令123条	避難階段及び特別避難階段の構造
	令124条	物品販売業を営む店舗における避難階段等の幅
④ 延べ面積が1,000 m²を超える建築物	令125条	屋外への出口
	令126条	屋上広場等

(4) 客席からの出口の戸（令第118条，令第125条第2項）

令第118条　劇場，映画館，演芸場，観覧場，公会堂又は集会場における<u>客席からの出口の戸</u>は，<u>内開きとしてはならない</u>。

令第125条
2　劇場，映画館，演芸場，観覧場，公会堂又は集会場の<u>客用に供する屋外への出口の戸は，内開きとしてはならない</u>。

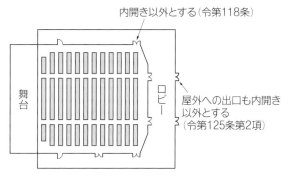

図4・17

＿確認問題＿

法令上正しいものに○を，正しくないものに×を付けなさい。
1．平家建ての劇場における客席からの出口の戸及び客用に供する屋外への出口の戸は，客席部分の床面積の合計が150 m²であっても，内開きとしてはならない。　　　（ ○ ）

(5) 廊下の幅（令第119条）

令第119条　廊下の幅は，それぞれ次の表に掲げる数値以上としなければならない。

廊下の用途	両側居室(中廊下)	その他(片廊下)
小学校，中学校，高等学校の児童用又は生徒用	2.3 m 以上	1.8 m 以上
病院の患者用 共同住宅（住戸）の床面積の合計が100 m²を超える階 居室床面積200 m²を超える地上階 ※3室以下専用は除く 居室床面積100 m²を超える地階	1.6 m 以上	1.2 m 以上

【3室以下の専用廊下】
■：幅の制限なし

┌─ 確認問題 ─┐

法令上正しいものに〇を，正しくないものに×を付けなさい。
1．無窓居室（令第116条の2第1項第一号に規定する）を有する，木造2階建て，延べ面積100 m²の一戸建ての
　住宅においては，廊下の幅に制限はない。　　　　　　　　　　　　　　　　　　　　　　　　（　〇　）
2．有料老人ホーム（2階建て，各階の床面積150 m²，高さ6 m）の片側にのみ居室のある共用の廊下の幅は，
　1.2 m以上としなければならない。　　　　　　　　　　　　　　　　　　　　　　　　　　　（　×　）

⑹　直通階段の設置（令第120条）（令和6年4月1日施行予定）

令第120条　建築物の避難階以外の階（・・・）においては，避難階又は地上に通ずる 直通階段 （・・・）を次の表
の左欄に掲げる居室の種類の区分に応じ当該各部分からその一に至る 歩行距離 が同表の中欄又は右欄に掲げる場
合の区分に応じそれぞれ同表の中欄又は右欄に掲げる数値以下となるように設けなければならない。

居室の種類　＼　構造	主要構造部が準耐火構造である場合（特定主要構造部が耐火構造である場合を含む。）又は，主要構造部が不燃材料で造られている場合	左欄に掲げる場合以外の場合
⑴　無窓居室，法別表第1（い）欄⑷項	30 m	30 m
⑵　法別表第1（い）欄⑵項	50 m	30 m
⑶　⑴⑵以外	50 m	40 m

2　主要構造部が準耐火構造である建築物（特定主要構造部が耐火構造である建築物を含む。次条第2項及び第122
　条第1項において同じ。）又は主要構造部が不燃材料で造られている建築物の居室で，当該居室及びこれから地上
　に通ずる主たる廊下，階段その他の通路の壁（床面からの高さが1.2 m以下の部分を除く。）及び天井（天井のない
　場合においては，屋根。）の室内に面する部分（回り縁，窓台その他これらに類する部分を除く。）の仕上げを 準不
　燃材料 でしたものについては，前項の表の数値に10を加えた数値を同項の表の数値とする。ただし，15階以上の階
　の居室については，この限りでない。
3　15階以上の階の居室については，前項本文の規定に該当するものを除き，第1項の表の数値から10を減じた数値
　を同項の表の数値とする。
4　第1項の規定は，主要構造部を準耐火構造とした共同住宅（特定主要構造部を耐火構造とした共同住宅を含む。
　第123条の2において同じ。）の住戸でその階数が2又は3であり，かつ，出入口が一の階のみにあるものの当該出
　入口のある階以外の階については，その居室の各部分から避難階又は地上に通ずる直通階段の一に至る歩行距離が
　40 m以下である場合においては，適用しない。

1）　1項　避難階以外の階において，居室の各部分から避難階等に通ずる直通階段の一つに至る**歩行
距離**を定めている。

2）　2項　**主要構造部が準耐火構造**か，不燃材料で造られている建築物においては，居室及び通路等
の**仕上げが準不燃材料**の場合，歩行距離は**＋10 m加算**（緩和）される。

3）　3項　**15階以上の階の居室**において，居室及び通路の仕上げが準不燃材料である場合を除いて，
歩行距離の規定は**－10 m**（強化）される。

4）　2項ただし書き　15階以上の階の居室において，居室及び通路等の仕上げが準不燃材料である場
合は，緩和又は強化の規定は適用されない。（**第1項の数値のまま適用される。**）

5）　4項　メゾネット型共同住宅（主要構造部が準耐火構造で階数が2又は3の住戸）で，出入口の
ない階については，住戸内の専用階段を通って出入口のある階の直通階段までの歩行距離が40 m以
下の場合は，第1項規定は適用しない。（歩行距離が40 m以内でなければ，メゾネット型共同住宅
は建築できない）

6) 1項表の居室の種類（1）内（ ）書きにより，無窓居室は30 m以下だが，当該居室の床面積，当該居室からの避難の用に供する廊下その他の通路（避難通路）の構造，消火設備，非常用の照明装置，警報設備等の設置の状況及び構造により50 mに緩和してもよい。（現在告示未制定）なお，これに伴い令第121条第3項や令第125条で規定されている歩行距離も緩和される。

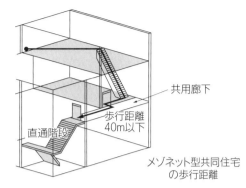

共用廊下

歩行距離
40m以下

直通階段

メゾネット型共同住宅
の歩行距離

図4・18

確認問題

法令上正しいものに〇を，正しくないものに×を付けなさい。
1. 各階に令第116条の2第1項一号に該当する「窓その他の開口部を有しない居室」を有する，木造2階建ての一戸建て住宅においては，2階の居室の各部分から1階又は地上に通ずる直通階段の一に至歩行距離の制限を受けない。
（ × ）

⑺　2以上の直通階段を設ける場合（令第121条）（令和6年4月1日施行予定）

令第121条　建築物の避難階以外の階が次の各号のいずれかに該当する場合においては，その階から避難階又は地上に通ずる2以上の直通階段を設けなければならない。
　一　劇場，映画館，演芸場，観覧場，公会堂又は集会場の用途に供する階でその階に客席，集会室その他これらに類するものを有するもの
　二　物品販売業を営む店舗（床面積の合計が1,500 m²を超えるものに限る。第122条第2項，第124条第1項及び第125条第3項において同じ。）の用途に供する階でその階に売場を有するもの
　三　次に掲げる用途に供する階でその階に客席，客室その他これらに類するものを有するもの（・・・）
　　イ　キャバレー，カフェー，ナイトクラブ又はバー
　四　病院若しくは診療所の用途に供する階でその階における病室の床面積の合計又は児童福祉施設等の用途に供する階でその階における児童福祉施設等の主たる用途に供する居室の床面積の合計が，それぞれ50 m²を超えるもの
　五　ホテル，旅館若しくは下宿の用途に供する階でその階における宿泊室の床面積の合計，共同住宅の用途に供する階でその階における居室の床面積の合計又は寄宿舎の用途に供する階でその階における寝室の床面積の合計が，それぞれ100 m²を超えるもの
　六　前各号に掲げる階以外の階で次のイ又はロに該当するもの
　　イ　6階以上の階でその階に居室を有するもの（・・・）
　　ロ　5階以下の階でその階における居室の床面積の合計が避難階の直上階にあつては200 m²を，その他の階にあつては100 m²を超えるもの
2　主要構造部が準耐火構造である建築物又は主要構造部が不燃材料で造られている建築物について前項の規定を適用する場合には，同項中「50 m²」とあるのは「100 m²」と，「100 m²」とあるのは「200 m²」と，「200 m²」とあるのは「400 m²」とする。
3　第1項の規定により避難階又は地上に通ずる2上の直通階段を設ける場合において，居室の各部分から各直通階段に至る通常の歩行経路の全てに共通する重複区間があるときにおける当該重複区間の長さは，前条に規定する歩行距離の数値の1/2をこえてはならない。ただし，・・・
4　第1項（第四号及び第五号（・・・）に係る部分に限る。）の規定は，階数が3以下で延べ面積が200 m²未満の建築物の避難階以外の階（・・・「特定階」という。）（階段の部分（・・・）と当該階段の部分以外の部分（・・・）とが間仕切り壁若しくは次の各号に掲げる場合の区分に応じ当該各号に定める防火設備で第112条第19項第二号に規定する構造であるもので区画されている建築物又は同条第15項の国土交通大臣が定める建築物の特定階に限る。）については，適用しない。

一　特定階を第1項第四号に規定する用途（・・・）に供する場合，法第2条第九号の二ロに規定する防火設備（・・・）

二　特定階を児童福祉施設等（・・・）の用途又は第1項第五号に規定する用途に供する場合　戸（・・・）

1）1項　第1項第一号から第六号のいずれかに該当する場合は，**2以上の直通階段**を設けなければならない。

2）2項　**主要構造部が準耐火構造**又は不燃材料の建築物は，制限対象の**床面積を2倍に読み替えて**適用する。

3）3項　2以上の直通階段を設ける場合，各直通階段に至る歩行経路に重複区間がある場合は，令第120条の**歩行距離の数値の1/2を超えてはならない**。

4）4項　第1項四号，五号の用途で，階数か3以下で延べ面積が200 m²未満の建築物は2以上の直通階段が免除される。

①　一号　病院・児童福祉施設等（寝室があるもの）で，階段とその他の部分を間仕切壁又は遮煙性能のある防火設備（両面20分）（居室等にスプリンクラー設備を設けた場合は，10分間防火設備）で区画した場合。

②　二号　ホテル，児童福祉施設等（寝室のないもの）で，階段とその他の部分を間仕切壁又は戸で区画した場合。

表4・8

2以上の直通階段が必要な用途 （第1項）		主要構造部	
		右欄以外の構造 （第1項）	準耐火構造・不燃材料 （第2項）
第一号	劇場，映画館，演芸場，観覧場，公会堂，集会場の用途に供する階で客席などを有する		
第二号	物品販売業を営む店舗	延床面積が1,500 m²を超える	
第三号	キャバレー，カフェー，ナイトクラブ又はバーその他		
第四号	病院，診療所，児童福祉施設等	病室又は主たる居室の合計が50 m²を超える階	病室又は主たる居室の合計が100 m²を超える階
第五号	ホテル，旅館，下宿，共同住宅，寄宿舎	宿泊室，居室，寝室の合計が100 m²を超える階	宿泊室，居室，寝室の合計が200 m²を超える階
第六号	6階以上で居室を有する階		
	5階以下で居室を有する階 （避難階が1階の場合）	3～5階で居室の合計が100 m²を超える階	3～5階で居室の合計が200 m²を超える階
		2階で居室の合計が200 m²を超える	2階で居室の合計が400 m²を超える

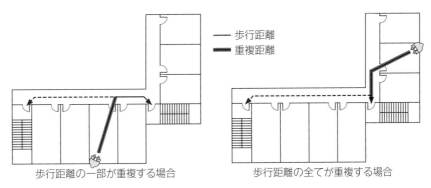

歩行距離の一部が重複する場合　　　　　歩行距離の全てが重複する場合

図4・19

確認問題

法令上正しいものに○を，正しくないものに×を付けなさい。

1. 主要構造部を耐火構造とした地上3階建ての旅館で，各階に宿泊室（床面積30 m²）が6室あるもの（2階以上の階には宿泊室以外の居室はないものとする。）は，2以上の直通階段を設けなければならない。　　　　（　×　）

---

(8)　**避難階段の設置**（令第122条）（令和6年4月1日施行予定）

令第122条　建築物の5階以上の階（主要構造部が準耐火構造である建築物又は主要構造部が不燃材料で造られている建築物で5階以上の階の床面積の合計が100 m²以下である場合を除く。）又は地下2階以下の階（主要構造部が準耐火構造である建築物又は主要構造部が不燃材料で造られている建築物で地下2階以下の階の床面積の合計が100 m²以下である場合を除く。）に通ずる直通階段は次条の規定による 避難階段又は特別避難階段 とし，建築物の15階以上の階又は地下3階以下の階に通ずる直通階段は同条第3項の規定による 特別避難階段 としなければならない。・・・

表4・9

直通階段に準ずる階	階段の種類
① 建築物の5階以上の階 ② 地下2階までの階	避難階段（又は特別避難階段）
① 建築物の15階以上の階 ② 地下3階以下の階	特別避難階段

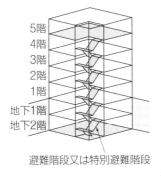

避難階段又は特別避難階段

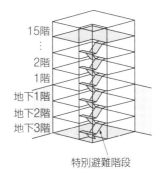

特別避難階段

図4・20

⑼　**避難階段及び特別避難階段の構造（令第123条）**

> **令第123条**　屋内に設ける避難階段は，次に定める構造としなければならない。
> 　一　階段室は，第四号の開口部，第五号の窓又は第六号の出入口の部分を除き，耐火構造の壁で囲むこと。
> 　二　階段室の天井（天井のない場合にあつては，屋根。第3項第四号において同じ。）及び壁の室内に面する部分は，仕上げを不燃材料でし，かつ，その下地を不燃材料で造ること。
> 2　屋外に設ける避難階段は，次に定める構造としなければならない。
> 　一　階段は，その階段に通ずる出入口以外の開口部（開口面積が各々1m²以内で，法第2条第九号の二ロに規定する防火設備ではめごろし戸であるものが設けられたものを除く。）から2m以上の距離に設けること。
> 　三　階段は，耐火構造とし，地上まで直通すること。
> 3　特別避難階段は，次に定める構造としなければならない。
> 　一　屋内と階段室とは，バルコニー又は付室を通じて連絡すること。

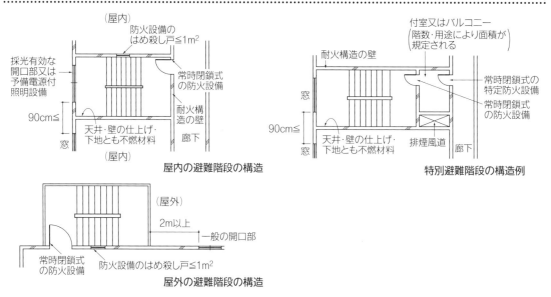

図4・21

⑽　**屋外への出口（令第125条第1項，第3項）**

> **令第125条**　避難階においては，階段から屋外への出口の1に至る歩行距離は第120条に規定する数値以下と，居室（・・・）の各部分から屋外への出口の一に至る歩行距離は同条に規定する数値の2倍以下としなければならない。
> 3　物品販売業を営む店舗の避難階に設ける屋外への出口の幅の合計は，床面積が最大の階における床面積100m²につき60cmの割合で計算した数値以上としなければならない

1）　1項　避難階における歩行距離

　①　階段から屋外への出口の1に至る歩行距離距離→令第120条に規定する数値以下

　②　居室の各部分から屋外への出口の1に至る歩行距離→令第120条に規定する数値の2倍以下

2）　3項　物品販売業を営む店舗（床面積の合計1,500m²超が対象（令第121条第1項第二号））の避難階における屋外への出口の幅の合計

　　床面積が最大の階の床面積×60cm/100m²

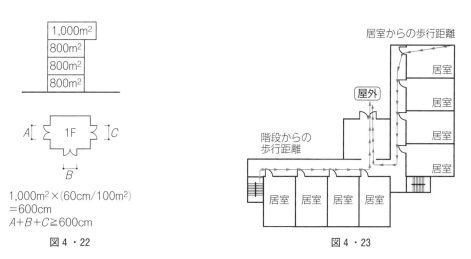

$1,000m^2 \times (60cm/100m^2)$
$=600cm$
$A+B+C \geqq 600cm$

図4・22

図4・23

確認問題

法令上正しいものに○を，正しくないものに×を付けなさい。

1. 地上5階建ての物品販売業を営む店舗（各階の床面積 700 m²）の避難階においては，屋外への出口の幅の合計を4mとすることができる。　　　　　　　　　　　　　　　（　×　　700×0.6＝4.2 m 以上　）

---

(11)　屋上広場等（令第126条）

令第126条　屋上広場又は2階以上の階にあるバルコニーその他これに類するものの周囲には，安全上必要な高さが1.1 m 以上の手すり壁，さく又は金網を設けなければならない。

2　建築物の5階以上の階を百貨店の売場の用途に供する場合においては，避難の用に供することができる屋上広場を設けなければならない。

1）令第117条の適用の範囲内の建築物で，屋上広場，2階以上の階にあるバルコニー等には，高さが1.1 m 以上の手すり壁・さく・金網などを設けなければならない。

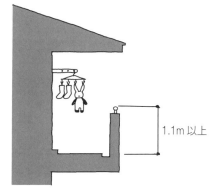

1.1m 以上

図4・24

確認問題

法令上正しいものに○を，正しくないものに×を付けなさい。

1. 建築基準法施行令第116条の2第1項第一号に規定する「窓その他の開口部を有しない居室」を有する，木造2階建ての一戸建て住宅において，2階にあるバルコニーの周囲には，安全上必要な高さが1.1 m 以上の手すり壁，さく又は金網を設けなければならない。　　　　　　　（　○　）

例題

例題04-7

　建築物の避難施設等に関する次の記述のうち，建築基準法上，**誤っている**ものはどれか。ただし，耐火性能検証法，防火区画検証法，階避難安全検証法，全館避難安全検証法及び国土交通大臣の認定による安全性の確認は行わないものとする。

1．2階建ての耐火建築物である幼保連携型認定こども園の避難階以外の階において，主たる用途に供する居室及びこれらから地上に通ずる主たる廊下，階段その他の通路の壁及び天井の室内に面する部分の仕上げを準不燃材料でしたものについては，居室の各部分から避難階又は地上に通ずる直通階段の一に至る歩行距離を60m以下としなければならない。
2．集会場の客用に供する屋外への出口の戸は，集会場の規模にかかわらず，内開きとしてはならない。
3．避難階以外の階をホテルの用途に供する場合，その階における宿泊室の床面積の合計が250㎡のものは，その階から避難階又は地上に通ずる2以上の直通階段を設けなければならない。
4．屋内に設ける避難階段の階段室の天井（天井がない場合は，屋根）及び壁の室内に面する部分は，仕上げを不燃材料でし，かつ，その下地を不燃材料で造らなければならない。
5．平屋建，延べ面積300㎡の物品販売業を営む店舗の屋外への出口の幅の合計は，1.8m以上としなければならない。

例題04-8

　建築物の避難施設等に関する次の記述のうち，建築基準法上，**誤っている**ものはどれか。ただし，耐火性能検証法，防火区画検証法，階避難安全検証法，全館避難安全検証法及び国土交通大臣の認定による安全性の確認は行わないものとする。

1．避難階が1階である2階建ての下宿（主要構造部が不燃材料で造られているもの）で2階における宿泊室の床面積の合計が200㎡であるものには，その階から避難階又は地上に通ずる2以上の直通階段を設けなければならない。
2．小学校の児童用の廊下で，両側に居室があるものの幅は，2.3m以上としなければならない。
3．共同住宅の2階にあるバルコニーの周囲には，安全上必要な高さが1.1m以上の手すり壁等を設けなければならない。
4．主要構造部が不燃材料で造られている，避難階が1階である2階建ての診療所で，2階における病室の面積の合計が90㎡であるものは，2以上の直通階段をもうけなくてもよい。
5．主要構造部が準耐火構造である地上3階地下2階建の建築物において，地下2階（床面積の合計110㎡）に通ずる直通階段は，避難階段又は特別避難階段としなければならない。

答え　➡ p.259，260

4・5　避難施設－2

4・5・1　排煙設備

(1)　設置（令第126条の2）（令和6年4月1日施行予定）

令第126条の2　法別表第1（い）欄(1)項から(4)項までに掲げる用途に供する特殊建築物で延べ面積が500 m²を超えるもの，階数が3以上で延べ面積が500 m²を超える建築物（建築物の高さが31 m以下の部分にある居室で，床面積100 m²以内ごとに，間仕切壁，天井面から50 cm以上下方に突出した垂れ壁その他これらと同等以上に煙の流動を妨げる効力のあるもので不燃材料で造り，又は覆われたもの（以下「防煙壁」という。）によって区画されたものを除く。），第116条の2第1項第二号に該当する窓その他の開口部を有しない居室又は延べ面積が1,000 m²を超える建築物の居室で，その床面積が200 m²を超えるもの（建築物の高さが31 m以下の部分にある居室で，床面積100 m²以内ごとに防煙壁で区画されたものを除く。）には，排煙設備を設けなければならない。ただし，次の各号のいずれかに該当する建築物又は建築物の部分については，この限りでない。
　一　法別表第1（い）欄(2)項に掲げる用途に供する特殊建築物のうち，準耐火構造の床若しくは壁又は法第2条第九号のニロに規定する防火設備で区画された部分で，その床面積が100 m²（共同住宅の住戸にあつては，200 m²）以内のもの
　二　学校（幼保連携型認定こども園を除く。），体育館，ボーリング場，スキー場，スケート場，水泳場又はスポーツの練習場（以下「学校等」という。）
　三　階段の部分，昇降機の昇降路の部分（当該昇降機の乗降のための乗降ロビーの部分を含む。）その他これらに類する建築物の部分
　四　機械製作工場，不燃性の物品を保存する倉庫その他これらに類する用途に供する建築物で主要構造部が不燃材料で造られたものその他これらと同等以上に火災の発生のおそれの少ない構造のもの。
　五　火災が発生した場合に避難上支障のある高さまで煙又はガスの降下が生じない建築物の部分として，天井の高さ，壁及び天井の仕上げに用いる材料の種類等を考慮して国土交通大臣が定めるもの。
　2　次に掲げる建築物の部分は，この節の規定の適用については，それぞれ別の建築物とみなす。
　一　建築物が開口部のない準耐火構造の床若しくは壁又は法第2第九号のニロに規定する防火設備でその構造が第112条第19項第一号イ及びロ並びに第二号ロに掲げる要件を満たすものとして，国土交通大臣が定めた構造方法を用いるもの若しくは国土交通大臣の認定を受けたもので区画されている場合における当該床若しくは壁又は防火設備により分離された部分

表4・10　排煙設備の設置

排煙設備が必要な建築物又は居室	排煙設備の設置が免除
①法別表第1（い）欄(1)項〜(4)項の特殊建築物で延べ面積が500 m²を超えるもの ②階数が3以上かつ延べ面積が500 m²を超える建築物 ③無窓居室（令第116条の2第1項第二号） ※排煙上有効な開口が1/50未満の居室 ④1,000 m²を超える建築物で200 m²を超える居室	・②，④においては，高さ31 m以下で100 m²以内に防煙区画された居室 ・第一号：病院，ホテル等で100 m²（共同住宅で200 m²）以内に防火区画された部分 ・第二号：「学校等」 ・第三号：階段の部分等 ・第四号：機械製作工場，不燃物品の保管倉庫などで主要構造部が不燃材料のもの等 ・第五号：高天井の場合など国土交通大臣が定めるもの

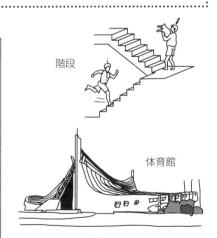

図4・25

階段

体育館

※学校等は，排煙設備のほか，非常用照明（令第126条の4），内装制限（令第128条の4）も緩和される。

(2)　構造（令第126条の3）

令第126条の3　前条第1項の排煙設備は，次に定める構造としなければならない。
一　建築物をその床面積500 m²以内ごとに，防煙壁で区画すること。
二　排煙設備の排煙口，風道その他煙に接する部分は，不燃材料で造ること。
三　排煙口は，第一号の規定により区画された部分（以下「防煙区画部分」という。）のそれぞれについて，当該防煙区画部分の各部分から排煙口の1に至る水平距離が30 m以下となるように，天井又は壁の上部（天井から80 cm（たけの最も短い防煙壁のたけが80 cmに満たないときは，その値）以内の距離にある部分をいう。）に設け，直接外気に接する場合を除き，排煙風道に直結すること。
四　排煙口には，手動開放装置を設けること。
五　前号の手動開放装置のうち手で操作する部分は，壁に設ける場合においては床面から80 cm以上1.5 m以下の高さの位置に，天井から吊り下げて設ける場合においては床面からおおむね1.8 mの高さの位置に設け，かつ，見やすい方法でその使用方法を表示すること。

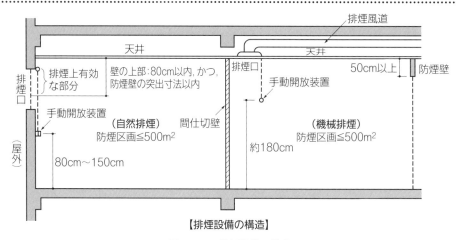

【排煙設備の構造】

図4・26　排煙設備の構造

確認問題

法令上正しいものに〇を，正しくないものに×を付けなさい。
1．延べ面積2,000 m²の病院において，床面積100 m²以内ごとに防火区画した部分については，排煙設備を設けなくてもよい。　　　　　　　　　　　　　　　　　　　　　　　　（　〇　）

4・5・2　非常用の照明装置

(1)　設置（令第126条の4）（令和6年4月1日施行予定）

令第126条の4　法別表第1（い）欄⑴項から⑷項までに掲げる用途に供する特殊建築物の居室，階数が3以上で延べ面積が500 m²を超える建築物の居室，第116条の2第1項第一号に該当する窓その他の開口部を有しない居室又は延べ面積が1,000 m²を超える建築物の居室及びこれらの居室から地上に通ずる廊下，階段その他の通路（採光上有効に直接外気に開放された通路を除く。）並びにこれらに類する建築物の部分で照明装置の設置を通常要する部分には，非常用の照明装置を設けなければならない。ただし，次の各号のいずれかに該当する建築物又は建築物の部分については，この限りでない。
一　一戸建の住宅又は長屋若しくは共同住宅の住戸
二　病院の病室，下宿の宿泊室又は寄宿舎の寝室その他これらに類する居室
三　学校等
四　避難階又は避難階の直上階若しくは直下階の居室で避難上支障がないものその他これらに類するものとして国土交通大臣が定めるもの
2　第117条第2項各号に掲げる建築物の部分は，この節の規定の適用については，それぞれ別の建築物とみなす。

表4・11 非常用照明装置の設置

非常用照明の設置が必要な建築物及び部分	非常用照明の設置が免除
①法別表第1（い）欄(1)項～(4)項の特殊建築物の居室 ②階数が3以上かつ延べ面積が500 m²を超える建築物の居室 ③無窓居室（令第116条の2第1項第一号） 　※採光上有効な開口が1/20未満の居室 ④延べ面積1,000 m²を超える建築物の居室 ⑤①～④の居室から地上に通ずる廊下，階段等の通路 ⑥以上に類する建築物の部分で照明装置の設置を通常要する部分	・採光上有効な直接外気に解放された通路 ・第一号：一戸建住宅，長屋・共同住宅の住戸部分 ・第二号：病院の病室，下宿の宿泊室等 ・第三号：学校等 ・第四号：避難階又はその直上階・直下階で一定（大臣が定める）の居室

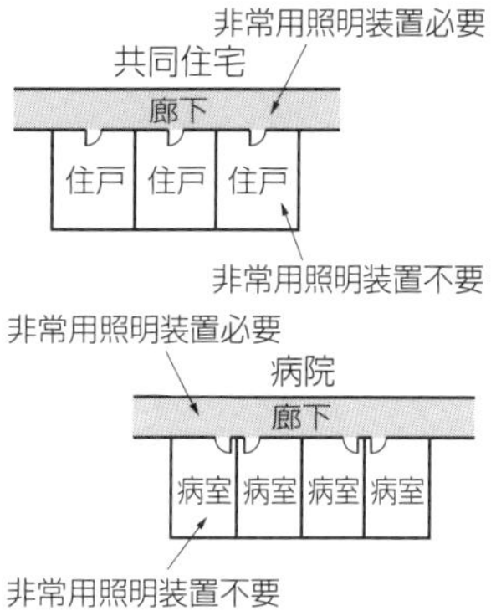

図4・27

(2) 構造（令第126条の5）（令和6年4月1日施行予定）

令第126条の5　前条の第1項の非常用の照明装置は，次の各号のいずれかに定める構造としなければならない。
一　次に定める構造とすること。
　イ　照明は，直接照明とし，床面において1lx以上の照度を確保することができるものとすること。
　ロ　照明器具の構造は，火災時において温度が上昇した場合であつても著しく光度が低下しないものとして国土交通大臣が定めた構造方法を用いるものとすること。
　ハ　予備電源を設けること。

確認問題

法令上正しいものに○を，正しくないものに×を付けなさい。
1．延べ面積2,000 m²，地上2階建てのボーリング場の2階の居室から地上に通ずる屋内の廊下及び階段の部分には，非常用の照明装置を設けなければならない。　　　　　　　　　　　　　　　　（　×　）

4・5・3　非常用の進入口

(1) 設置（令第126条の6）

令第126条の6　建築物の高さ31 m以下の部分にある3階以上の階（不燃性の物品の保管その他これと同等以上に火災の発生のおそれの少ない用途に供する階又は国土交通大臣が定める特別の理由により屋外からの進入を防止する必要がある階で，その直上階又は直下階から進入することができるものを除く。）には，非常用の進入口を設けなければならない。ただし，次の各号のいずれかに該当する場合においては，この限りでない。
一　第129条の13の3の規定に適合するエレベーターを設置している場合
二　道又は道に通ずる幅員4 m以上の通路その他の空地に面する各階の外壁面に窓その他の開口部（直径1 m以上の円が内接することができるもの又はその幅及び高さが，それぞれ，75 cm以上及び1.2 m以上のもので，格子その他の屋外からの進入を妨げる構造を有しないものに限る。）を当該壁面の長さ10 m以内ごとに設けている場合

表4・12　非常用進入口の設置

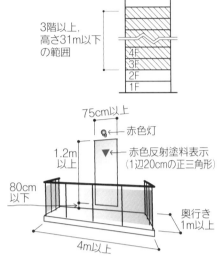

図4・28　非常用進入口

非常用の進入口の設置が必要なもの	非常用の進入口の設置が必要ないもの
・建築物の3階以上の階	・建築物の高さ31mを超える部分 ・建築物の1階と2階の部分 ・不燃性の物品の保管等の階その他 ・第一号：非常用のエレベーターを設けている場合 ・第二号：10m以内ごとに進入口に代わる開口部を設ける場合 　　（非常用進入口に代わる窓） ・第三号：一定の吹抜き等の空間から容易に各階に進入できるよう，開放性を有する通路等を設ける場合

(2)　構造（令第126条の7）

令第126条の7　前条の非常用の進入口は，次の各号に定める構造としなければならない。
一　進入口は，道又は道に通ずる幅員4m以上の通路その他の空地に面する各階の外壁面に設けること。
二　進入口の間隔は，40m以下であること。
三　進入口の幅，高さ及び下端の床面からの高さが，それぞれ，75cm以上，1.2m以上及び80cm以下であること。
四　進入口は，外部から開放し，又は破壊して室内に進入できる構造とすること。
五　進入口には，奥行き1m以上，長さ4m以上のバルコニーを設けること。
六　進入口又はその近くに，外部から見やすい方法で赤色灯の標識を掲示し，及び非常用の進入口である旨を赤色で表示すること。
七　前各号に定めるもののほか，国土交通大臣が非常用の進入口としての機能を確保するために必要があると認めて定める基準に適合する構造とすること。

確認問題

法令上正しいものに〇を，正しくないものに×を付けなさい。
1．建築物の高さ31m以下の部分にある3階以上の各階において，道に面する外壁面に，幅及び高さが，それぞれ，75cm以上及び1.2m以上の窓で，格子その他の屋外からの進入を妨げる構造を有しないものを当該壁面の長さ10m以内ごとに設けている場合においては，非常用進入口を設けなくてもよい。　　　（　〇　）

4・5・4　敷地内通路等

(1)　敷地内通路（令第128条）

令第128条　敷地内には，第123条第2項の屋外に設ける避難階段及び第125条第1項の出口から道又は公園，広場その他の空地に通ずる幅員が1.5m（階数が3以下で延べ面積が200m²未満の建築物の敷地内にあつては，90cm）以上の通路を設けなければならない。

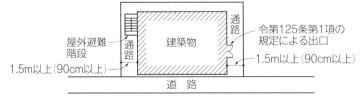

図4・29　屋外避難階段等から通路等への通路の幅

(2)　地下街（令第128条の3）（令和6年4月1日施行予定）

> **令第128条の3**　地下街の各構えは，次の各号に該当する地下道に2m以上接しなければならない。ただし，・・・。
> 一　壁，柱，床，はり，及び床版は，国土交通大臣が定める耐火に関する性能を有すること。
> 二　幅員5m以上，天井までの高さ3m以上で，かつ，段及び1/8をこえる勾配の傾斜路を有しないこと。
> 三　天井及び壁の内面の仕上げを不燃材料でし，かつ，その下地を不燃材料で造つていること。
> 四　長さが60mをこえる地下道にあつては，避難上安全な地上に通ずる直通階段で第23条第1項の表の(2)に適合するものを各構えの接する部分からその一に至る歩行距離が30m以下となるように設けていること。
> 2　地下街の各構えが当該地下街の他の各構えに接する場合においては，当該各構えと当該他の各構えとを耐火構造の床若しくは壁又は特定防火設備で第112条第18項第二号に規定する構造であるもので区画しなければならない。
> 3　地下街の各構えは，地下道と耐火構造の床若しくは壁又は特定防火設備で第112条第18項第二号に規定する構造であるもので区画しなければならない。
> 4　地下街の各構えの居室の各部分から地下道（当該居室の各部分から直接地上へ通ずる通路を含む。）への出入口の一に至る歩行距離は，30m以下でなければならない。

4・5・5　避難上の安全検証

⑴　別の建築物とみなすことができる部分（令第128条の6）（令和6年4月1日施行予定）

> **令第128条の6**　第117条第2項各号に掲げる建築物の部分は，この章の規定の適用については，それぞれ別の建築物とみなす。

⑵　避難上の安全の検証を行う区画部分に対する基準の適用（令第128条の7）（令和6年4月1日施行予定）

> **令第128条の7**　居室その他の建築物の部分で，準耐火構造の床若しくは壁又は法第2条九号のニロに規定する防火設備で第112条第19項第二号に規定する構造であるもので区画されたもの（・・・「区画部分」という。）のうち，当該区画部分が区画避難安全性能を有するものであることについて，区画避難安全検証法により確かめられたもの（主要構造部が準耐火構造である建築物（特定主要構造部が耐火構造である建築物を含む。次条第1項において同じ。）又は主要構造部が不燃材料で造られた建築物の区画部分に限る。）又は国土交通大臣の認定を受けたものについては，第126条の2，第126条の3，及び第128条の5（第2項，第6項及び第7項並びに階段に係る部分を除く。）の規定は，適用しない。

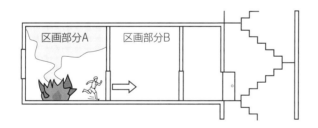

煙にさらされずに
区画部分から避難できる。

1）「**区画避難安全検証法**」とは，「当該区画部分のいずれの室で火災が発生した場合でも，当該区画部分に存する者の全てが当該区画部分以外の部分等までの避難を終了するまでに，主たる廊下に避難上支障がある高さまで煙又はガスが降下しないことを確認すること」である。

2）この検証が行われた場合には，避難規定の一部（排煙設備の設置と構造，内装制限の一部）の規定は適用しない。

⑶ 避難上の安全の検証を行う建築物の階に対する基準の適用（令第129条）（令和6年4月1日施行予定）

> **令第129条** 建築物の階（物品販売業を営む店舗の用途に供する建築物にあつては，屋上広場を含む。以下この条及び次条第4項において同じ。）のうち，当該階が階避難安全性能を有するものであることについて，階避難安全検証法により確かめられたもの（主要構造部が準耐火構造であるか建築物又は主要構造部が不燃材料で造られた建築物の階に限る。）又は国土交通大臣の認定を受けたものについては，第119条，第120条，第123条第3項第一号，第二号，第十号，（屋内からバルコニー又は付室に通ずる出入口に係る部分に限る。）及び第十二号，第124条第1項第二号，第126条の2，第126条の3並びに第128条の5（第2項，第6項及び第7項並びに階に係る部分を除く。）の規定は，適用しない。

1）「**階避難安全検証法**」とは，「当該階のいずれの室で火災が発生した場合でも，当該階に存する者の全てが当該階から直通階段の一つまでの避難を終了するまでに，主たる廊下に避難上支障のある高さまで煙又はガスが降下しないことを確認すること」である。

2）この検証が行われた場合には，避難規定の一部（廊下の幅，直通階段の歩行距離，特別非難階段の一部，物販の避難階段の一部，排煙設備の設置と構造，内装制限の一部）の規定は適用しない。

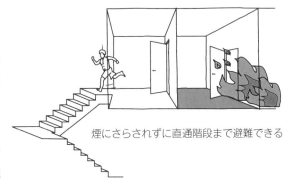

煙にさらされずに直通階段まで避難できる

図4・30 階避難安全性能

⑷ 避難上の安全の検証を行う建築物に対する基準の適用（令第129条の2）（令和6年4月1日施行予定）

> **令第129条の2** 建築物のうち，当該建築物が全館避難安全性能を有するものであることについて，全館避難安全検証法により確かめられたもの（主要構造部が準耐火構造であるもの（特定主要構造部が耐火構造であるものに限る。）又は主要構造部が不燃材料で造られたものに限る。）又は国土交通大臣の認定を受けたもの（次項において「全館避難安全性能確認建築物」という。）については，第112条第7項，第11項から第13項まで及び第18項，第119条，第120条，第123条第1項第一号及び第六号，第2項第二号並びに第3項第一号から第三号まで，第十号及び十二号，第124条第1項，第125条第1項及び第3項，第126条の2，第126条の3並びに第128条の5（第2項，第6項及び第7項並びに階に係る部分を除く。）の規定は，適用しない。

1）「**全館避難安全検証法**」とは，「当該建築物のいずれの室で火災が発生した場合でも，当該建築物に存する者の全てが当該建築物から地上までの避難を終了するまで，主たる廊下，階段に避難上支障のある高さまで煙又はガスが降下しないことを確認すること」である。

2）この検証が行われた場合には，避難規定の一部（防火区画（高層区画，竪穴区画，異種用途区画），廊下の幅，直通階段の歩行距離，避難階段・特別避難階段の一部，物販の避難階段の一部，屋外への出口，排煙設備の設置と構造，内装制限の一部）の規定は適用しない。

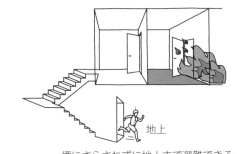

煙にさらされずに地上まで避難できる

図4・31 全館避難安全性能

表 4・13

項目	規定		条文	区画避難	階避難	全館避難
防火区画	面積区画		令第112条第1，4，5項	－	－	－
	11階以上の 100 m²区画		第7項	－	－	除外
	階段等の竪穴区画		第11，12，13項	－	－	除外
	異種用途区画		第18項	－	－	除外
避難施設	客席からの出口の戸は内開き不可		令第118条	－	－	－
	廊下の幅		令第119条	－	除外	除外
	直通階段までの歩行距離		令第120条	－	除外	除外
	2以上の直通階段		令第121条	－	－	－
	屋内避難階段	耐火構造の壁で囲む	令第123条第1項第一号			除外
		階段に通ずる出入口の防火設備	第六号			
	屋外避難階段に通ずる出入口の防火設備		令第123条第2項第二号	－	－	除外
	特別避難階段	バルコニー又は付室の設置	令第123条第3項第一号	－	除外	除外
		煙流入防止	第二号	除外	－	除外
		耐火構造の壁で囲む	第三号	－	－	除外
		仕上げ・下地を不燃材料で造る	第四号	－	－	－
		屋内に面する開口部設置不可	第七号	－	－	－
		屋内から付室に通ずる出入口	第十号	－	除外	除外
		付室から階段室に通ずる出入口	第十号	－	－	除外
		バルコニー又は付室の床面積	第十二号	－	除外	除外
	1,500 m²を超える物品販売業を営む店舗の避難階段，特別避難階段	階段の幅	令第124条第1項第一号	－	－	除外
		出入口の幅	第二号	－	除外	除外
屋外出口	避難階における，屋外出口に至る歩行距離		令第125条第1項	－	－	除外
	屋外への出口の戸は内開き不可		第2項	－	－	－
	物品販売業を営む店舗の屋外出口の幅		第3項	－	－	除外
屋上広場等	5階以上の百貨店の屋上広場設置		令第126条	－	－	－
排煙設備	排煙設備の設置		令第126条の2	除外	除外	除外
	排煙設備の構造		令第126条の3			
非常照明	非常用照明の設置		令第126条の4	－	－	－
内装制限	特殊建築物の内装仕上げ		令第128条の5第1項	除外	除外	除外
	自動車車庫等の内装仕上げ		第2項	－	－	－
	地階の特殊建築物の内装仕上げ		第3項	除外	除外	除外
	大規模建築物の内装仕上げ		第4項	除外	除外	除外
	無窓居室を有する建築物の内装仕上げ		第5項	除外	除外	除外
	火気使用室の内装仕上げ		第6項	－	－	－
	階段室の内装仕上げ		令第128条の5	－	－	－
非常用昇降機	非常用昇降機の構造		令第129条の13の3	－	－	－

確認問題

法令上正しいものに○を，正しくないものに×を付けなさい。

1. 主要構造部を耐火構造とした建築物で，当該建築物が区画避難安全検証性能を有するものであることについて，区画避難安全検証法により確かめられた区画部分には，非常用の照明装置の設置の規定は適用されない。

(　× 　)

┌─ 例題 ─┐

例題04-9

共同住宅（3階建，延べ面積300 m²，高さ9 m）の避難施設に関するイ～ニの記述について，建築基準法上，**誤っているもののみ**の組み合わせは，次のうちどれか。ただし，各階の床面積はそれぞれ100 m²とし，耐火性能検証法，防火区画検証法，階避難安全検証法，全館避難安全検証法及び国土交通大臣の認定による安全性の確認は行わないものとする。

イ．住戸には，非常用照明装置を設けなくてもよい。
ロ．共用の廊下で，片側のみに居室があるものの幅は，1.2 m以上としなければならない
ハ．避難階以外の階から避難階又は地上に通ずる2以上の直通階段を設けなくてもよい。
ニ．各階の外壁面には，非常用の進入口を設けなければならない。

1．イとロ
2．イとハ
3．ロとハ
4．ロとニ
5．ハとニ

例題04-10

避難施設に関する次の記述のうち，建築基準法上，**誤っているもの**はどれか。

1．延べ面積600 m²の共同住宅の階段の部分には，排煙設備を設けなくてもよい。
2．排煙設備の排煙口に設ける手動解放装置のうち手で操作する部分は，壁に設ける場合おいては，床面から80 cm以上1.5 m以下の高さの位置に設け，かつ，見やすい方法でその使用方法を表示しなければならない。
3．スポーツの練習場には，非常用の照明装置を設けなくてもよい。
4．主要構造部が準耐火構造である建築物の階のうち，当該階が階避難安全性能を有するものであることについて，階避難安全検証法により確かめられたものであっても，屋内に設ける避難階段の構造の規定は適用される。
5．主要構造部が準耐火構造である建築物で，当該建築物が全館避難安全検性能を有するものであることについて，全館避難安全検証法により確かめられたものであっても，排煙設備の設置及び構造の規定は適用される。

答え ➡ p.260

4・6　内装制限

4・6・1　内装制限を受ける建築物

⑴　特殊建築物等の内装（法第35条の2）

> **法第35条の2**　別表第1（い）欄に掲げる用途に供する特殊建築物，階数が3以上である建築物，政令で定める窓その他の開口部を有しない居室を有する建築物，延べ面積が1,000 m²をこえる建築物又は建築物の調理室，浴室その他の室でかまど，こんろその他火を使用する設備若しくは器具を設けたものは，政令で定めるものを除き，政令で定める技術的基準に従つて，その壁及び天井（天井のない場合においては，屋根）の室内に面する部分の仕上げを防火上支障がないようにしなければならない

⑵　制限を受ける窓その他の開口部を有しない居室（令第128条の3の2）

> **令第128条の3の2**　法第35条の2（法第87条第3項において準用する場合を含む。次条において同じ。）の規定により政令で定める窓その他の開口部を有しない居室は，次の各号のいずれかに該当するもの（天井の高さが6 mを超えるものを除く。）とする。
> 一　床面積が50 m²を超える居室で窓その他の開口部の開放できる部分（天井又は天井から下方80 cm以内の距離にある部分に限る。）の面積の合計が，当該居室の床面積の1/50未満のもの
> 二　法第28条第1項ただし書に規定する温湿度調整を必要とする作業を行う作業室その他用途上やむを得ない居室で同項本文の規定に適合しないもの

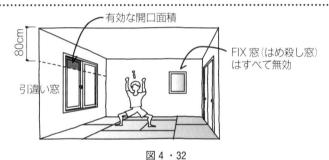

図4・32

⑶　制限を受けない特殊建築物等（令第128条の4）（令和6年4月1日施行予定）

> **令第128条の4**　法第35条の2の規定により政令で定める特殊建築物は，次に掲げるもの以外のものとする。
> 一　次の表に掲げる特殊建築物

用途		法第2条九号の三イに該当する建築物（特定主要構造部を耐火構造とした建築物を含む。）であって1時間準耐火基準に適合するもの	法第2条九号の三イ又はロのいずれかに該当する建築物であって1時間準耐火基準に適合しないもの	その他の建築物
(1)	法別表第1（い）欄(1)項に掲げる用途（劇場，映画館等）	客席床面積　400 m²以上	客席の床面積 100 m²以上	客席の床面積 100 m²以上
(2)	法別表第1（い）欄(2)項に掲げる用途（病院，共同住宅等）	3階以上の床面積　300 m²以上	2階部分の床面積 300 m²以上	床面積　200 m²以上
(3)	法別表第1（い）欄(4)項に掲げる用途（百貨店，飲食店等）	3階以上の床面積　1,000 m²以上	2階部分の床面積 500 m²以上	床面積　200 m²以上

> ※この表において，耐火建築物は，法第86条の4の規定により耐火建築物とみなされるものを含み，準耐火建築物は，同条の規定により準耐火建築物とみなされるものを含む。

> 　二　自動車車庫又は自動車修理工場の用途に供する特殊建築物
> 　三　地階又は地下工作物内に設ける居室その他これらに類する居室で法別表第1（い）欄(1)項，(2)項又は(4)項に掲げる用途に供するものを有する特殊建築物
> 2　法第35条の2の規定により政令で定める階数が3以上である建築物は，延べ面積が500㎡を超えるもの（学校等の用途に供するものを除く。）以外のものとする。
> 3　法第35条の2の規定により政令で定める延べ面積が1,000㎡を超える建築物は，階数が2で延べ面積が1,000㎡を超えるもの又は階数が1で延べ面積が3,000㎡を超えるもの（学校等の用途に供するものを除く。）以外のものとする。
> 4　法第35条の2の規定により政令で定める建築物の調理室，浴室その他の室でかまど，こんろその他火を使用する設備又は器具を設けたものは，階数が2以上の住宅（住宅で事務所，店舗その他これらに類する用途を兼ねるものを含む。以下この項において同じ。）の用途に供する建築物（特定主要構造部を耐火構造としたものを除く。）の最上階以外の階又は住宅の用途に供する建築物以外の建築物（特定主要構造部を耐火構造としたものを除く。）に存する調理室，浴室，乾燥室，ボイラー室，作業室その他の室でかまど，こんろ，ストーブ，炉，ボイラー，内燃機関その他火を使用する設備又は器具を設けたもの（次条第6項において「内装の制限を受ける調理室等」という。）以外のものとする。

1）法第35条の2では，「特殊建築物等・・・政令で定めるものを除き」とあるが，令第128条の4各項で「・・・以外のもの」となっており，二重否定がなされている。令第128条の4各項は，内装制限を受ける建築物が記載されている。

2）1項　内装制限を受ける特殊建築物（用途による規制）

①　一号　法別表1（い）欄(1)項，(2)項，(4)項の用途について，構造と規模により内装制限がかかる

②　二号　自動車車庫等は規模に関係なく，必ず内装制限を受ける

③　三号　地階に設ける法別表1（い）欄（1），（2），（4）項の用途に供する特殊建築物は，規模に関係なく必ず内装制限を受ける

3）2項，3項　規模による規制（学校等は適用除外される）

①　階数3以上かつ，延べ面積500㎡を超える建築物（2項）

②　階数2で延べ面積1,000㎡を超える建築物（3項）

③　階数1で延べ面積3,000㎡を超える建築物（3項）

4）4項　火気使用室の内装制限

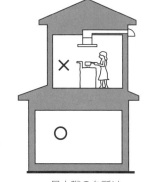

最上階の台所は
内装制限を受けない

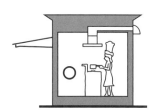

住宅以外の火気使用室
は内装制限を受ける

耐火構造の場合
内装制限を受けない

図4・33

① 住宅は，**最上階以外の階**の火気使用室は，内装制限を受ける。

② 住宅以外の火気使用室は，全て内装制限を受ける。

③ 特定主要構造部を**耐火構造**とした火気使用室は，**内装制限を受けない**。

表4・14

条文	建築物	延べ面積	（　）書
第2項	階数が3以上	延べ面積が 500 m² を超えるもの	「学校等」は制限を受けない
第3項	階数が2	延べ面積が 1,000 m² を超えるもの	
	階数が1	延べ面積が 3,000 m² を超えるもの	

確認問題

法令上正しいものに○を，正しくないものに×を付けなさい。

1．地階に設ける居室を有する建築物は，当該居室の用途に関わらず，内装制限を受ける。　（　×　）

2．火を使用する設備を設けた調理室は，その構造及び規模にかかわらず，内装制限を受ける。　（　×　）

4・6・2　内装制限を受ける建築物の内装

(1)　特殊建築物等の内装（令第128条の5）（令和6年4月1日施行予定）

令第128条の5　前条第1項第一号に掲げる特殊建築物は，当該各用途に供する 居室 （・・・）の壁（床面からの高さが1.2 m 以下の部分を除く。第4項において同じ。）及び天井（天井のない場合においては，屋根。以下この条において同じ。）の室内に面する部分（回り縁，窓台その他これらに類する部分を除く。以下この条において同じ。）の仕上げを 第一号に掲げる仕上げ と，当該各用途に供する居室から地上に通ずる 主たる廊下，階段その他の通路 の壁及び天井の室内に面する部分の仕上げを 第二号に掲げる仕上げ としなければならない。

一　次のイ又はロに掲げる仕上げ

　イ　 難燃材料 （3階以上の階に居室を有する建築物の当該各用途に供する居室の天井の室内に面する部分にあつては， 準不燃材料 ）でしたもの

　ロ　イに掲げる仕上げに準ずるものとして国土交通大臣が定める方法により国土交通大臣が定める材料の組合せによつてしたもの

二　次のイ又はロに掲げる仕上げ

　イ　 準不燃材料 でしたもの

　ロ　イに掲げる仕上げに準ずるものとして国土交通大臣が定める方法により国土交通大臣が定める材料の組合せによつてしたもの

2　 前条第1項第二号 に掲げる特殊建築物は，当該各用途に供する部分及びこれから地上に通ずる主たる通路の壁及び天井の室内に面する部分の仕上げを 前項第二号 に掲げる仕上げ としなければならない。

3　 前条第1項第三号 に掲げる特殊建築物は，同号に規定する居室及びこれから地上に通ずる主たる廊下，階段その他の通路の壁及び天井の室内に面する部分の仕上げを 第1項第二号 に掲げる仕上げ としなければならない。

4　階数が3以上で延べ面積が 500 m² を超える建築物，階数が2で延べ面積が 1,000 m² を超える建築物又は階数が1で延べ面積が 3,000 m² を超える建築物（学校等の用途に供するものを除く。）は， 居室 （・・・）の壁及び天井の室内に面する部分の仕上げを次の各号のいずれかに掲げる仕上げと，居室から地上に通ずる 主たる廊下，階段その他の通路 の壁及び天井の室内に面する部分の仕上げを 第1項第二号 に掲げる仕上げ としなければならない。・・・

一　 難燃材料 でしたもの

二　前号に掲げる仕上げに準ずるものとして国土交通大臣が定める方法により国土交通大臣が定める材料の組合せでしたもの

5　第128条の3の2に規定する居室を有する建築物は，当該居室及びこれから地上に通ずる主たる廊下，階段その他の通路の壁及び天井の室内に面する部分の仕上げを 第1項第二号 に掲げる仕上げ としなければならない。

6　 内装の制限を受ける調理室等 は，その壁及び天井の室内に面する部分の仕上げを 第1項第二号 に掲げる仕上げ としなければならない。

7　前各項の規定は，火災が発生した場合に避難上支障のある高さまで煙又はガスの降下が生じない建築物の部分として，床面積，天井の高さ並びに消火設備及び排煙設備の設置の状況及び構造を考慮して国土交通大臣が定めるものについては，適用しない。

1）1項　令第128条の4第1項第一号により内装制限を受ける場合（特殊建築物）

① 一号　**居室**は，**壁**（高さ 1.2 m 以下の部分は除く。）及び**天井**の仕上げは**難燃材料**等としなければならない。（3階以上の階に居室を有する建築物の当該各用途に供する居室の天井は，**準不燃材料**等としなければならない。）

② 二号　**通路等**は，**壁**及び**天井**の仕上げを**準不燃材料**等としなければならない。

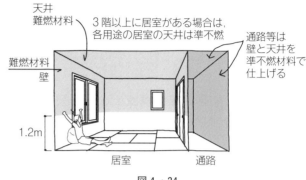

天井　難燃材料

3階以上に居室がある場合は，各用途の居室の天井は準不燃

難燃材料　壁

通路等は壁と天井を準不燃材料で仕上げる

居室　　通路

図4・34

2）2項，3項　令第128条の4第1項第二号，第三号より内装制限を受ける場合（車庫，地階の特殊建築物）

① 2項　**自動車車庫**等は，室内，通路部分とも，壁及び天井の仕上げを**準不燃材料**等としなければならない。

② 3項　**地階の特殊建築物**は，室内，通路部分とも壁及び天井の仕上げを**準不燃材料**等としなければならない。

3）4項　令第128条の4第2項，第3項により内装制限を受ける場合（規模）

① 一号　**居室**の壁（高さ 1.2 m 以下の部分は除く。）及び天井の仕上げを**難燃材料**等としなければならない。

② 二号　**通路**等の壁及び天井の仕上げを**準不燃材料**等としなければならない。

4）5項　**無窓居室**及び通路の壁及び天井の仕上げを**準不燃材料**等としなければならない。

5）6項　**火気使用室**の壁及び天井の仕上げを**準不燃材料**等としなければならない。

6）7項　高天井など国土交通大臣が定めたものは内装制限を受けない。

天井

壁

自動車車庫　　通路

準不燃材料

難燃材料

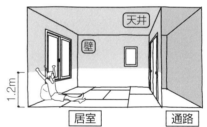

天井

壁

居室　　　通路

天井

壁

火気使用室

図4・35

表 4・15　内装制限の対象と仕上げ方法

令第128条の4		制限を受けるもの	令第128条の5	仕上げ方法		備考
				居　室	通路等	
第1項	第一号	一定規模以上の特殊建築物 法別表第1(1)(2)(4)項	第1項	難燃材料 ※1.2 m 以下の腰壁部分を除く	準不燃材料	3階以上の階に居室を有する建築物の当該各用途に供する居室の天井は,準不燃材料
	第二号	自動車車庫,自動車修理工場	第2項	準不燃材料	準不燃材料	
	第三号	地階の特殊建築物 法別表第1(1)(2)(4)項	第3項	準不燃材料	準不燃材料	
第2項		階数3以上かつ500 m²超える	第4項	難燃材料 ※1.2 m 以下の腰壁部分を除く	準不燃材料	
第3項		階数2かつ1,000 m²超える 階数1かつ3,000 m²超える				
第4項		【火気使用室】 住　宅：最上階以外の階 非住宅：全て	第6項	準不燃材料	—	主要構造部が耐火構造のものは除く
令第128条の3の2		無窓居室	第5項	準不燃材料	準不燃材料	
			第7項	高天井など国土交通大臣が定めたもの（仕上げの制限を受けない）		

確認問題

法令上正しいものに〇を，正しくないものに×を付けなさい。
1. 主要構造部を耐火構造とした病院の3階にある内装の制限を受ける病室（床面積の合計 100 m²以内ごとに準耐火構造の壁等で区画されていないものとする。）の壁の室内に面する部分にあっては，準不燃材料としなければならない。　　　　　　　　　　　　　　　　　　　　　　　　　　　　　　（　×　）
2. 内装の制限を受ける調理室等の壁及び天井の室内に面する部分の仕上げには，準不燃材料を使用することができる。　　（　〇　）

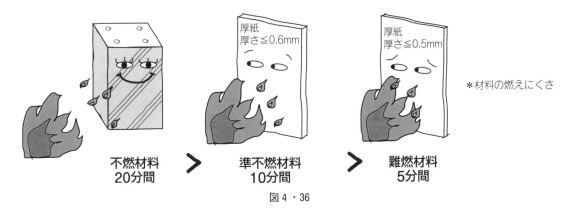

図 4・36

4・6・3 内装制限を受けるその他の部分

(1) 避難階段及び特別避難階段の構造（令第123条第1項第二号）

> 令第123条（屋内に設ける避難階段）
> 二 階段室の天井（天井のない場合にあつては，屋根。第3項第四号において同じ。）及び壁の室内に面する部分は，<u>仕上げを不燃材料でし，かつ，その下地を不燃材料で造る</u>こと。
> 3 （特別避難階段）
> 四 階段室及び付室の天井及び壁の室内に面する部分は，仕上げを不燃材料とし，かつ，その下地を不燃材料で造ること。

仕上げと下地を不燃材料にする

階段室

階段室内に面する部分すべての
仕上げと下地を不燃材料にする

図4・37

(2) 地下街（令第128条の3第1項第三号）

> 令第128条の3 地下街の各構えは，次の各号に該当する<u>地下道に2m以上接し</u>なければならない。ただし，公衆便所，公衆電話所その他これらに類するものにあつては，その接する長さを2m未満とすることができる。
> 三 <u>天井及び壁の内面の仕上げを不燃材料</u>でし，かつ，その<u>下地を不燃材料</u>で造つていること。

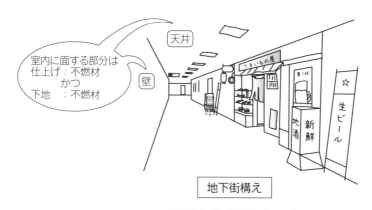

室内に面する部分は
仕上げ：不燃材
かつ
下地 ：不燃材

天井

壁

地下街構え

地下道に2m以上接すること

図4・38

(3) 非常用の昇降機の設置及び構造（令第129条の13の3第3項第五号）

> 令第129条の13の3
> 3 乗降ロビーは，次に定める構造としなければならない。
> 五 <u>天井及び壁の室内に面する部分は，仕上げを不燃材料</u>でし，かつ，<u>その下地を不燃材料で造る</u>こと。

1）屋内に設ける避難階段，特別避難階段，地下街の地下道及び非常用昇降機の昇降ロビーの室内に面する部分の壁及び天井の部分の**仕上げを不燃材料**とし，かつ，**下地を不燃材料**で造らなければならない。

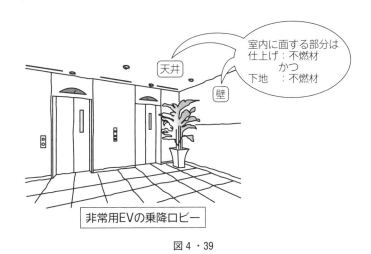

図 4・39

⑷ **避難上の安全の検証を行う建築物に対する基準の適用（令第129条の2）**（令和6年4月1日施行予定）

> **令第129条の2** 建築物のうち，当該建築物が全館避難安全性能を有するものであることについて，全館避難安全検証法により確かめられたもの（主要構造部が準耐火構造であるもの（特定主要構造部が耐火構造であるものに限る。）又は主要構造部が不燃材料で造られたものに限る。）又は国土交通大臣の認定を受けたもの（次項において「全館避難安全性能確認建築物」という。）については，第112条第7項，第11項から第13項まで及び第18項，第119条，第120条，第123条第1項第一号及び第六号，第2項第二号並びに第3項第一号から第三号まで，第十号及び十二号，第124条第1項，第125条第1項及び第3項，第126条の2，第126条の3並びに第128条の5（第2項，第6項及び第7項並びに階段に係る部分を除く。）の規定は，適用しない。

1）全館避難安全性能を有することを，全館避難安全検証法により確かめられた建築物は，内装制限の一部について適用しない。ただし，自動車車庫等（令第128条の5第2項），火気使用室（令第128条の5第6項）及び階段の部分は緩和されない。

2）区画避難安全検証法及び階避難安全検証法により確かめられた場合も同様である。

例題

例題04-11

　建築基準法第35条の2の規定による内装の制限に関する次の記述のうち，建築基準法上，**誤っている**ものはどれか。ただし，窓その他の開口部を有しない居室並びに自動式の消火設備及び排煙設備は設けないものとし，耐火性能検証法，防火区画検証法，区画避難安全検証法，階避難安全検証法，全館避難安全検証法及び国土交通大臣の認定による安全性の確認は行わないものとする。

1．内装の制限を受ける2階建の有料老人ホームの当該用途に供する居室の壁及び天井の室内に面する部分の仕上げには，難燃材料を使用することができる。
2．内装の制限を受ける調理室等の壁及び天井の室内に面する部分の仕上げには，準不燃材料を使用することができる。
3．自動車修理工場の用途に供する特殊建築物は，その構造及び規模にかかわらず，内装の制限を受ける。
4．木造2階建，延べ面積165 m²の一戸建住宅の2階にある火を使用する設備を設けた調理室は，内装の制限を受ける。
5．地階に設ける居室でバーの用途に供するものを有する特殊建築物は，その構造及び規模にかかわらず，内装の制限を受ける。

例題04-12

　建築基準法第35条の2の規定による内装の制限に関する次の記述のうち，建築基準法上，**正しい**ものはどれか。ただし，窓その他の開口部を有しない居室，地階並びに自動式の消火設備及び排煙設備は設けないものとし，避難上の安全の検証は行わないものとする。

1．平家建，延べ面積50 m²の自動車車庫は，内装制限を受けない。
2．耐火建築物，準耐火建築物以外の建築物で，有料老人ホームの用途に供する部分の床面積の合計が200 m²のものは，内装制限を受けない。
3．内装の制限を受ける特殊建築物の居室から地上に通ずる主たる廊下の壁及び天井の室内に面する部分の仕上げは，難燃材料でしなければならない。
4．鉄骨造2階建，延べ面積165 m²の一戸建住宅の2階にある火を使用する設備を設けた調理室は，内装の制限を受けない。
5．飲食店の用途に供する耐火建築物は，その規模にかかわらず，内装の制限を受けない。

答え　➡ p.260, 261

第5章

用途・制限

5・1　道路と敷地

5・1・1　適用の範囲

⑴　適用区域（法第41条の2）

> **法第41条の2**　この章（第八節を除く。）の規定は，都市計画区域及び準都市計画区域内に限り，適用する。

1）法第3章（法第41条の2～法第68条の8）の規定（**集団規定**）は，**都市計画区域**及び**準都市計画区域**内に限り適用される。

都市計画区域及び
準都市計画区域外の区域

準都市計画区域

都市計画区域

図5・1

5・1・2　道路の定義

⑴　道路の定義（法第42条）

> **法第42条**　この章の規定において「道路」とは，次の各号のいずれかに該当する幅員4m（特定行政庁がその地方の気候若しくは風土の特殊性又は土地の状況により必要と認めて都道府県都市計画審議会の議を経て指定する区域内においては，6m。次項及び第3項において同じ。）以上のもの（地下におけるものを除く。）をいう。
> 一　道路法（昭和27年法律第180号）による道路
> 二　都市計画法，土地区画整理法（・・・），旧住宅地造成事業に関する法律（・・・），都市再開発法（・・・），新都市基盤整備法（・・・），大都市地域における住宅及び住宅地の供給の促進に関する特別措置法（・・・）又は密集市街地整備法（第6章に限る。以下この項において同じ。）による道路
> 三　都市計画区域若しくは準都市計画区域の指定若しくは変更又は第68条の9第1項の規定に基づく条例の制定若しくは改正によりこの章の規定が適用されるに至つた際現に存在する道
> 四　道路法，都市計画法，土地区画整理法，都市再開発法，新都市基盤整備法，大都市地域における住宅及び住宅地の供給の促進に関する特別措置法又は密集市街地整備法による新設又は変更の事業計画のある道路で，2年以内にその事業が執行される予定のものとして特定行政庁が指定したもの
> 五　土地を建築物の敷地として利用するため，道路法，・・・法によらないで築造する政令【令第144条の4】で定める基準に適合する道で，これを築造しようとする者が特定行政庁からその位置の指定を受けたもの
> 2　都市計画区域若しくは準都市計画区域の指定若しくは変更又は第68条の9第1項の規定に基づく条例の制定若しくは改正によりこの章の規定が適用されるに至つた際現に建築物が立ち並んでいる幅員4m未満の道で，特定行政庁の指定したものは，前項の規定にかかわらず，同項の道路とみなし，その中心線からの水平距離2m（同項の規定により指定された区域内においては，3m（特定行政庁が周囲の状況により避難及び通行の安全上支障がないと認める場合は，2m）。以下この項及び次項において同じ。）の線をその道路の境界線とみなす。ただし，当該道がその中心線からの水平距離2m未満で崖地，川，線路敷地その他これらに類するものに沿う場合においては，当該崖地等の道の側の境界線及びその境界線から道の側に水平距離4mの線をその道路の境界線とみなす。

1）1項　法による道路は，原則，**幅員4m**（特定行政庁が指定する区域では6m）**以上**で，第一号～第五号に該当するもの。

表 5・1

法第42条 第1項	概要	備考
第一号	高速自動車国道，一般国道，都道府県道，市町村道 （道路法による道路）	公道
第二号	都市計画法・土地区画整理事業等による道路	開発等による道路
第三号	第3章の規定を受けるようになった以前から存在する道	既存道路
第四号	道路法・都市計画法等により**事業計画**があり，**2年以内**に **事業が執行**される予定として**特定行政庁**が**指定**したもの	計画道路
第五号	道の基準により造成されるもので，**特定行政庁**からその位 置の指定を受けたもの	位置指定道路

2）2項　法第42条2項道路

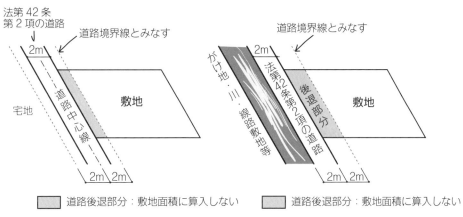

図 5・2

確認問題

法令上正しいものに〇を，正しくないものに×を付けなさい。
1．建築基準法第3章の規定が適用されるに至った際，現に存在する幅員4mの私道は，建築基準法上の道路に該当しない。　　　　　　　　　　　　　　　　　　　　　　　　　　　　　　　　　　　　　　　（　×　）

⑵　道路に関する基準（令第144条の4）

令第144条の4　法第42条第1項第五号の規定により政令で定める基準は，次の各号に掲げるものとする。
一　両端が他の道路に接続したものであること。ただし，次のイからホまでのいずれかに該当する場合において
　　は，袋路状道路（法第43条第3項第五号に規定する袋路状道路をいう。以下この条において同じ。）とすること
　　ができる。
　イ　延長（既存の幅員6m未満の袋路状道路に接続する道にあつては，当該袋路状道路が他の道路に接続するま
　　での部分の延長を含む。ハにおいて同じ。）が35m以下の場合
　ロ　終端が公園，広場その他これらに類するもので自動車の転回に支障がないものに接続している場合
　ハ　延長が35mを超える場合で，終端及び区間35m以内ごとに国土交通大臣の定める基準に適合する自動車の
　　転回広場が設けられている場合
　ニ　幅員が6m以上の場合
　ホ　イからニまでに準ずる場合で，特定行政庁が周囲の状況により避難及び通行の安全上支障がないと認めた場
　　合

二 道が同一平面で交差し，若しくは接続し，又は屈曲する箇所（交差，接続又は屈曲により生ずる内角が120度以上の場合を除く。）は，角地の隅角をはさむ辺の長さ2mの二等辺三角形の部分を道に含むすみ切りを設けたものであること。ただし，特定行政庁が周囲の状況によりやむを得ないと認め，又はその必要がないと認めた場合においては，この限りでない。

三 砂利敷その他ぬかるみとならない構造であること。

四 縦断勾配が12%以下であり，かつ，階段状でないものであること。ただし，特定行政庁が周囲の状況により避難及び通行の安全上支障がないと認めた場合においては，この限りでない。

五 道及びこれに接する敷地内の排水に必要な側溝，街渠その他の施設を設けたものであること。

1）1項 法第42条第1項第五号（位置指定道路）の基準

① 一号 原則，両端が他の道に接続していること。（**通り抜け道路**）

図5・3

② 一号 イ～ホのいずれかに該当する場合は袋路状道路とすることができる。（**行き止まり道路でも可の条件**）

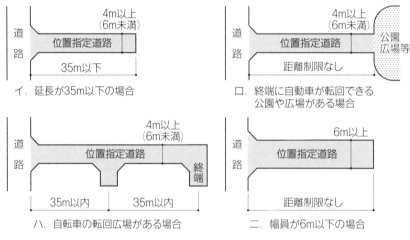

図5・4

③ 二号 道路が交差等する場合の**すみ切り**の規定。

④ 三号 砂利敷等ぬかるみとならない構造とする。

⑤ 四号 縦断勾配は12%以下とする。

⑥ 五号 排水に必要な側溝等を設ける。

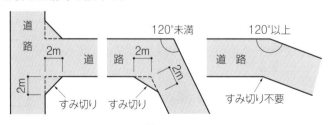

図5・5

確認問題

法令上正しいものに〇を，正しくないものに×を付けなさい。
1．土地を建築物の敷地として利用するため，道路法によらないで，特定行政庁からその位置の指定を受けて築造する道は，原則として，縦断勾配が15%以下であり，階段状でないものとしなければならない。　　　　（　×　）

5・1・3　道路と敷地の関係

(1)　敷地等と道路との関係（法第43条）

法第43条　建築物の敷地は，道路（次に掲げるものを除く。第44条第1項を除き，以下同じ。）に2m以上接しなければならない。
一　自動車のみの交通の用に供する道路
二　地区計画の区域（地区整備計画が定められている区域のうち都市計画法第12条の11の規定により建築物その他の工作物の敷地として併せて利用すべき区域として定められている区域に限る。）内の道路
2　前項の規定は，次の各号のいずれかに該当する建築物については，適用しない。
一　その敷地が幅員4m以上の道（道路に該当するものを除き，避難及び通行の安全上必要な国土交通省令で定める基準に適合するものに限る。）に2m以上接する建築物のうち，利用者が少数であるものとしてその用途及び規模に関し国土交通省令で定める基準に適合するもので，特定行政庁が交通上，安全上，防火上及び衛生上支障がないと認めるもの
二　その敷地の周囲に広い空地を有する建築物その他の国土交通省令で定める基準に適合する建築物で，特定行政庁が交通上，安全上，防火上及び衛生上支障がないと認めて建築審査会の同意を得て許可したもの
3　地方公共団体は，次の各号のいずれかに該当する建築物について，その用途，規模又は位置の特殊性により，第一項の規定によつては避難又は通行の安全の目的を十分に達成することが困難であると認めるときは，条例で，その敷地が接しなければならない道路の幅員，その敷地が道路に接する部分の長さその他その敷地又は建築物と道路との関係に関して必要な制限を付加することができる。
一　特殊建築物
二　階数が3以上である建築物
三　政令で定める窓その他の開口部を有しない居室を有する建築物
四　延べ面積（同一敷地内に2以上の建築物がある場合にあつては，その延べ面積の合計。次号，第4節，第7節及び別表第3において同じ。）が1,000 m²を超える建築物
五　その敷地が袋路状道路（その一端のみが他の道路に接続したものをいう。）にのみ接する建築物で，延べ面積が150 m²を超えるもの（一戸建ての住宅を除く。）

1）　1項　建築物の敷地は，道路に**2m以上**接しなければならない。

①　一号　**自動車専用道路等**は，**接道道路**からは**除外**されている。

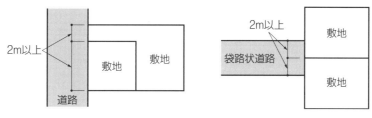

図5・6

2）　2項　接道義務が適用されない場合

①　一号　幅員4m以上の省令で定める基準に適合する道（建築基準法上の道路に該当するものは除く。）に2m以上接する省令で定める基準に適合する建築物は，特定行政庁が認めれば第1項の接道義務は除外される。（農道等に2m以上接する200 m²以内の一戸建て住宅。規則第10条の3第1項，第3項）

②　二号　敷地の周囲に広い空地を有する建築物その他の省令で定める基準に適合する建築物は，特定行政庁が認めて建築審査会の同意を得て許可した場合は，第1項の接道義務は除外される。（規則10条の3第4項）

3）3項　**地方公共団体**は，一定の建築物に対して敷地と道路の関係（道路幅員，接道長さ等）を**条例によって制限を付加**することができる。

確認問題

法令上正しいものに〇を，正しくないものに×を付けなさい。
1．特定行政庁は，特殊建築物等の用途，規模又は位置の特殊性により，避難又は通行の安全の目的を十分に達成することが困難であると認めるときは，建築物の敷地が道路に接する部分の長さについて，条例で，必要な制限を付加することができる。　　　　　　　　　　　　　　　　　　　　（　×　）

---

(2)　敷地と道路との関係の特例の基準（規則10条の3）

規則10条の3　法第43条第2項第一号の国土交通省令で定める道の基準は，次の各号のいずれかに掲げるものとする。
一　農道その他これに類する公共の用に供する道であること。
二　令第144条の4第1項各号に掲げる基準に適合する道であること。
2　令第百144条の4第2項及び第3項の規定は，前項第二号に掲げる基準について準用する。
3　法第43条第2項第一号の国土交通省令で定める建築物の用途及び規模に関する基準は，<u>延べ面積</u>（同一敷地内に2以上の建築物がある場合にあつては，その延べ面積の合計）が<u>200 m²以内の一戸建ての住宅</u>であることとする。
4　法第43条第2項第二号の国土交通省令で定める基準は，次の各号のいずれかに掲げるものとする。
一　その敷地の周囲に公園，緑地，広場等広い空地を有する建築物であること。
二　その敷地が農道その他これに類する公共の用に供する道（幅員4 m以上のものに限る。）に<u>2 m以上接する</u>建築物であること。
三　その敷地が，その建築物の用途，規模，位置及び構造に応じ，避難及び通行の安全等の目的を達するために十分な幅員を有する通路であつて，道路に通ずるものに有効に接する建築物であること。

(3)　仮設建築物に対する制限の緩和（法第85条）

法第85条
2　災害があつた場合において建築する停車場，官公署その他これらに類する<u>公益上必要な用途</u>に供する <u>応急仮設建築物</u> 又は工事を施工するために <u>現場に設ける事務所</u>，下小屋，材料置場その他これらに類する仮設建築物については，<u>第6条から・・・第37条，第39条及び第40条の規定</u>並びに <u>第3章の規定</u> は，適用しない。ただし，・・・。
5　<u>特定行政庁</u> は，仮設興行場，博覧会建築物，<u>仮設店舗</u>その他これらに類する仮設建築物（次項及び第101条第1項十号において「仮設興行場等」という。）について・・・<u>1年以内の期間</u>（・・・）を定めてその建築を許可することができる。この場合においては，第12条第1項から・・・の規定並びに第3章の規定は，適用しない。

1）災害があったときの公益上必要な仮設建築物又は仮設現場事務所は，法第6条他一定の規定が適用されない。（**第3章の規定も適用されないので，接道義務2 mも適用されない。**）

非常災害時の応急仮設建築物
図5・7

5・1・4　道路内の建築制限

(1) 道路内の建築制限（法第44条）

法第44条　建築物又は敷地を造成するための擁壁は，道路内に，又は道路に突き出して建築し，又は築造してはならない。ただし，次の各号のいずれかに該当する建築物については，この限りでない。
一　地盤面下に設ける建築物
二　公衆便所，巡査派出所その他これらに類する公益上必要な建築物で特定行政庁が通行上支障がないと認めて建築審査会の同意を得て許可したもの
三　地区計画の区域内の自動車のみの交通の用に供する道路又は特定高架道路等の上空又は路面下に設ける建築物のうち，当該地区計画の内容に適合し，かつ，政令で定める基準に適合するものであつて特定行政庁が安全上，防火上及び衛生上支障がないと認めるもの
四　公共用歩廊その他政令で定める建築物で特定行政庁が安全上，防火上及び衛生上他の建築物の利便を妨げ，その他周囲の環境を害するおそれがないと認めて許可したもの
2　特定行政庁は，前項第四号の規定による許可をする場合においては，あらかじめ，建築審査会の同意を得なければならない。

1）道路内には原則として建築物を建築し，又は擁壁を築造してはならない。ただし，第一号～第四号に該当するものは，道路内に建築することができる。

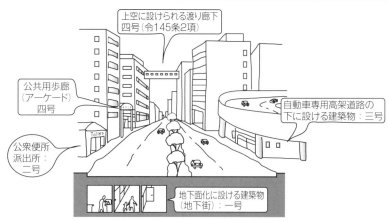

図5・8

確認問題

法令上正しいものに〇を，正しくないものに×を付けなさい。
1．都市計画法第7条第1項に規定する市街化区域内においては，都市開発法による幅員30mの道路の歩道部分に設ける通行上支障がない公衆便所は，特定行政庁の許可を受けることなく建築することができる。　（ × ）
2．道路の地盤面下に，建築物に附属する地下通路を設ける場合，特定行政庁の許可を受ける必要がある。
（ × ）

5・1・5　道路に関するその他の規定

(1) 私道の変更又は廃止の制限（法第45条）

法第45条　私道の変更又は廃止によつて，その道路に接する敷地が第43条第1項の規定又は同条第3項の規定に基づく条例の規定に抵触することとなる場合においては，特定行政庁は，その私道の変更又は廃止を禁止し，又は制限することができる。

1）私道を廃止するなどによって，接道義務に違
　反するような場合は，**特定行政庁は私道の廃止
　等を禁止または制限することができる。**

私道を廃止すると
A, B, C, Dの敷地
は接道している道
路がなくなってし
まう。

図 5・9

(2) 壁面線の指定（法第46条）

法第46条　特定行政庁は，街区内における建築物の位置を整えその環境の向上を図るために必要があると認める場合
　においては，建築審査会の同意を得て，壁面線を指定することができる。この場合においては，あらかじめ，その
　指定に利害関係を有する者の出頭を求めて公開による意見の聴取を行わなければならない。
２　前項の規定による意見の聴取を行う場合においては，同項の規定による指定の計画並びに意見の聴取の期日及び
　場所を期日の３日前までに公告しなければならない。
３　特定行政庁は，第１項の規定による指定をした場合においては，遅滞なく，その旨を公告しなければならない。

1）壁面線とは，街区内における建築物の位置を
　整え，環境条件の向上を図るために，建築物の
　壁面位置を後退させる線をいう。

壁面線　　　　　　　　　壁面線

壁面線による建築物の
壁面後退で環境が向上

図 5・10

(3) 壁面線による建築制限（法第47条）

法第47条　建築物の壁若しくはこれに代る柱又は高さ２mをこえる門若しくはへいは，壁面線を越えて建築してはな
　らない。ただし，地盤面下の部分又は特定行政庁が建築審査会の同意を得て許可した歩廊の柱その他これに類する
　ものについては，この限りでない。

表 5・2

制限を受けるもの	①建築物の壁若しくはこれに代わる柱 ②高さ２mを超える門若しくはへい
制限を受けないもの	①地盤面下の部分 ②高さ２m以下の門若しくはへい ③特定行政庁が建築審査会の同意を得て許可した歩廊の柱 ※建築物のひさしや屋根も壁面線を越えて建築することができる

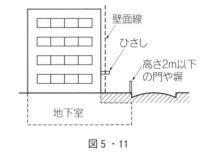

壁面線
ひさし
高さ2m以下
の門や塀
地下室

図 5・11

┌ **確認問題** ─────────────────

法令上正しいものに〇を，正しくないものに×を付けなさい。
　1．壁面線を越えるひさしを設ける建築物を建築する場合には，特定行政庁の許可が必要である。　　　　（　×　）

⑷　道路の位置の指定に関する特例（法第68条の6）

> **法第68条の6**　地区計画等に道の配置及び規模又はその区域が定められている場合には，当該地区計画等の区域（・・・）における第42条第1項第五号の規定による位置の指定は，地区計画等に定められた道の配置又はその区域に即して行わなければならない。ただし，建築物の敷地として利用しようとする土地の位置と現に存する道路の位置との関係その他の事由によりこれにより難いと認められる場合においては，この限りでない。
> 一　地区計画　再開発等促進区若しくは開発整備促進区（・・・）又は地区整備計画
> 二　防災街区整備地区計画　地区防災施設の区域又は防災街区整備地区整備計画

1）地区整備計画や防災街区整備地区計画で道路の配置等が定められている場合は，道路の位置指定は，当該計画に定められた道の配置に即して行わなければならない。

⑸　予定道路の指定（法第68条の7）

> **法第68条の7**　特定行政庁は，地区計画等に道の配置及び規模又はその区域が定められている場合で，次の各号の一に該当するときは，当該地区計画等の区域において，地区計画等に定められた道の配置及び規模又はその区域に即して，政令で定める基準に従い，予定道路の指定を行うことができる。ただし，第二号又は第三号に該当する場合で当該指定に伴う制限により当該指定の際現に当該予定道路の敷地となる土地を含む土地について所有権その他の権利を有する者が当該土地をその権利に基づいて利用することが著しく妨げられることとなるときは，この限りでない。
> 4　第1項の規定により予定道路が指定された場合においては，当該予定道路を第42条第1項に規定する道路とみなして，第44条の規定を適用する。
> 5　第1項の規定により予定道路が指定された場合において，建築物の敷地が予定道路に接するとき又は当該敷地内に予定道路があるときは，特定行政庁が交通上，安全上，防火上及び衛生上支障がないと認めて許可した建築物については，当該予定道路を第52条第2項の前面道路とみなして，同項から同条第7項まで及び第9項の規定を適用するものとする。この場合においては，当該敷地のうち予定道路に係る部分の面積は，敷地面積又は敷地の部分の面積に算入しないものとする。

1）4項　予定道路は，建築基準法上の道路とみなして，道路の建築制限（法第44条の規定）の規定を適用する。

2）5項　予定道路は，容積率算定上（法第52条第2項）の道路とみなす。

例題

例題05-1

　都市計画区域内における道路等に関するイ〜ニの記述について，建築基準法上，**誤っているもののみの組合せ**は，次のうちどれか。

イ．建築物の屋根は，壁面線を超えて建築することができる。

ロ．地区計画の区域外において，自転車歩行者専用道路となっている幅員5mの道路法による道路にのみ10m接している敷地には，建築物を建築することができない。

ハ．建築基準法第3章の規定が適用されるに至った際現に存在する幅員4mの道にのみ2m接する敷地については，その道が道路法による道路でなくても，建築物を建築することができる。

ニ．道路法による新設の事業計画のある道路で，2年以内にその事業が執行される予定のものは，建築基準法上の道路である。

　　1．イとロ
　　2．イとハ
　　3．ロとハ
　　4．ロとニ
　　5．ハとニ

例題05-2

　都市計画区域内における建築基準法上の道路に関するイ〜ニの記述について，建築基準法上，**誤っているもののみの組合せ**は，次のうちどれか。

イ．道路に2m以上接していない敷地で，その周囲に広い空地を有する場合，特定行政庁が交通上，安全上，防火上及び衛生上支障がないと認めて建築審査会の同意を得て許可した建築物は，建築することができる。

ロ．防災街区整備地区整備計画として，道の配置及び規模が定められている区域内においては，原則として，道路の位置の指定は当該計画に定められた道の配置に即して行わなければならない。

ハ．土地を建築物の敷地として利用するため袋路状道路を築造する場合，特定行政庁からその位置の指定を受けるためには，その幅員を6m以上とし，かつ，終端に自動車の転回広場を設けなければならない。

ニ．密集市街地整備法による新設の事業計画のある幅員6mの道路で，2年以内にその事業が執行される予定のものを特定行政庁が道路として指定する場合，建築審査会の同意を得なければならない。

　　1．イとロ
　　2．イとハ
　　3．ロとハ
　　4．ロとニ
　　5．ハとニ

答え ➡ p.261

5・2 用途地域

5・2・1 用途地域の種類

　用途地域は，住居系8種類・商業系2種類・工業系3種類の計13種類に分類されている。

　法別表2より，（い）項第一種低層住居専用地域，（ろ）項第二種低層住居専用地域，（は）項第一種中高層住居専用地域，（ち）項田園住居地域は建築できるもの，その他の用途地域には建築してはならないものが定められている。

表5・3

	用途地域
住居系	第一種低層住居専用地域, 第二種低層住居専用地域, 第一種中高層住居専用地域, 第二種中高層住居専用地域, 第一種住居地域, 第二種住居地域, 準住居地域 田園住居地域
商業系	近隣商業地域, 商業地域
工業系	準工業地域, 工業地域, 工業専用地域

図5・12

5・2・2 第一種低層住居専用地域内の制限

⑴ 第一種低層住居専用地域内に 建築することができる建築物 （法別表第2 （い）項）

```
　一　住宅
　二　住宅で事務所，店舗その他これらに類する用途を兼ねるもののうち政令【令第130条の3】で定めるもの
　三　共同住宅，寄宿舎又は下宿
　四　学校（大学，高等専門学校，専修学校及び各種学校を除く。），図書館その他これらに類するもの
　五　神社，寺院，教会その他これらに類するもの
　六　老人ホーム，保育所，福祉ホームその他これらに類するもの
　七　公衆浴場（・・・）
　八　診療所
　九　巡査派出所，公衆電話所その他これらに類する政令【令第130条の4】で定める公益上必要な建築物
　十　前各号の建築物に附属するもの（政令【令第130条の5】で定めるものを除く。）
```

※条文中の政令の次にある【　】は関連法規として示したもの。（以下第5章において同じ）

1）第一種低層住居専用地域に建築することができる建築物。

　① 次の8種類は，全ての用途地域で規模に関係なく建築することができる。

　　ア．神社　　イ．寺院　　ウ．教会　　エ．保育所　　オ．公衆浴場　　カ．診療所

　　キ．巡査派出所　　ク．公衆電話所

　② 二号　兼用住宅の規模等は令第130条の3で定められている。

③　四号　学校は，学校教育法で定義されている。（幼稚園，小，中，高等）

④　八号　病院は，医療法によりベッド数20以上，診療所は，ベッド数19以下と定義されている。（病院は建設不可）

⑤　九号　巡査派出所等の公益上必要な建築物は**令第130条の4**で定められている。

低層住宅のための地域。小規模な店舗や事務所を兼ねた住宅や，小中学校なども建てられる。

図5・13

⑵　第一種低層住居専用地域内に建築することができる兼用住宅（令第130条の3）

令第130条の3　法別表第2（い）項第二号（・・・）の規定により政令で定める住宅は，延べ面積の1/2以上を居住の用に供し，かつ，次の各号の一に掲げる用途を兼ねるもの（これらの用途に供する部分の床面積の合計が50m²を超えるものを除く。）とする。
一　事務所（・・・）
二　日用品の販売を主たる目的とする店舗又は食堂若しくは喫茶店
三　理髪店，美容院，クリーニング取次店，質屋，貸衣装屋，貸本屋その他これらに類するサービス業を営む店舗
四　洋服店，畳屋，建具屋，自転車店，家庭電気器具店その他これらに類するサービス業を営む店舗（原動機を使用する場合にあつては，その出力の合計が0.75kW以下のものに限る。）
五　自家販売のために食品製造業（・・・）を営むパン屋，米屋，豆腐屋，菓子屋その他これらに類するもの（原動機を使用する場合にあつては，その出力の合計が0.75kW以下のものに限る。）
六　学習塾，華道教室，囲碁教室その他これらに類する施設
七　美術品又は工芸品を製作するためのアトリエ又は工房（原動機を使用する場合にあつては，その出力の合計が0.75kW以下のものに限る。）

1）第一種低層住居専用地域に建築することができる兼用住宅の要件

①　**第一号～第七号に掲げる用途を兼用する住宅。**

②　**住宅の用に供する部分は，建築物の延べ面積の1/2以上。**

③　**兼用部分の床面積は50m²以下。**

④　第四号，第五号，第七号において，**原動機を使用する場合は0.75kW以下。**

第一～七号に掲げる用途で床面積50m²以下

床面積の1/2以上

図5・14　第一種低層住居専用地域内に建築可能な兼用住宅

⑶　第一種低層住居専用地域内に建築することができる公益上必要な建築物（令第130条の4）

令第130条の4　法別表第2（い）項第九号（・・・）の規定により政令で定める公益上必要な建築物は，次に掲げるものとする。
一　郵便法（・・・）の規定により行う郵便の業務の用に供する施設で延べ面積が500m²以内のもの
二　地方公共団体の支庁又は支所の用に供する建築物，老人福祉センター，児童厚生施設その他これらに類するもので延べ面積が600m²以内のもの

1）第一種低層住居専用地域に建築することができる**公益上必要な建築物**

①　一号　延べ面積500m²以内の郵便局

② 二号　延べ面積 600 m² 以内の老人福祉センター等

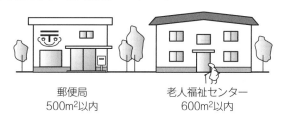

郵便局
500m²以内

老人福祉センター
600m²以内

図 5・15

確認問題

法令上正しいものに○を，正しくないものに×を付けなさい。
1．第一種低層住居専用地域内にコンビニエンスストアは新築することができる。　　　（　×　）

5・2・3　第二種低層住居専用地域内の制限

(1)　第二種低層住居専用地域内に 建築することができる建築物 （法別表第 2 （ろ）項）

> 一　（い）項第一号から第九号までに掲げるもの
> 二　店舗，飲食店その他これらに類する用途に供するもののうち政令【令第130条の 5 の 2 】で定めるものでその用途に供する部分の床面積の合計が 150 m² 以内のもの（ 3 階以上の部分をその用途に供するものを除く。）
> 三　前二号の建築物に附属するもの（政令【令第130条の 5 】で定めるものを除く。）

① 一号　第一種低層住居専用地域で建築できるものは，第二種低層住居専用地域でも建築できる。

② 二号　建築することができる店舗等は，令第130条の 5 の 2 に掲げる用途で，その用途の部分が，床面積 150 m² 以内で 2 階以下にあるもの。

主に低層住宅のための地域。150m² までの一定の店舗などが建てられる。

図 5・16

(2)　第二種低層住居専用地域内に建築することができる店舗，飲食店等の建築物（令第130条の 5 の 2 ）

> **令第130条の 5 の 2**　法別表第 2 （ろ）項第二号（・・・）の規定により政令で定める建築物は，次に掲げるものとする。
> 一　日用品の販売を主たる目的とする店舗又は食堂若しくは喫茶店
> 二　理髪店，美容院，クリーニング取次店，質屋，貸衣装屋，貸本屋その他これらに類するサービス業を営む店舗
> 三　洋服店，畳屋，建具屋，自転車店，家庭電気器具店その他これらに類するサービス業を営む店舗で作業場の床面積の合計が 50 m² 以内のもの（原動機を使用する場合にあつては，その出力の合計が 0.75 kW 以下のものに限る。）
> 四　自家販売のために食品製造業を営むパン屋，米屋，豆腐屋，菓子屋その他これらに類するもので作業場の床面積の合計が 50 m² 以内のもの（原動機を使用する場合にあつては，その出力の合計が 0.75 kW 以下のものに限る。）
> 五　学習塾，華道教室，囲碁教室その他これらに類する施設

1）コンビニは，150 m^{2}以内で2階建て以下なら建てられる。

図5・17

確認問題

法令上正しいものに〇を，正しくないものに×を付けなさい。

1．第二種低層住居専用地域内の2階建て，延べ面積300 m^{2}の併用住宅で，1階を床面積150 m^{2}の学習塾，2階を床面積150 m^{2}の住宅としたものは新築することができない。　　　　　　　　　　　　（　×　）

5・2・4　第一種中高層住居専用地域内の制限

⑴　第一種中高層住居専用地域内に 建築することができる建築物 （法別表第2（は）項）

一　（い）項第一号から第九号までに掲げるもの
二　大学，高等専門学校，専修学校その他これらに類するもの
三　病院
四　老人福祉センター，児童厚生施設その他これらに類するもの
五　店舗，飲食店その他これらに類する用途に供するもののうち政令【令第130条5の3】で定めるものでその用途に供する部分の床面積の合計が500 m^{2}以内のもの（3階以上の部分をその用途に供するものを除く。）
六　自動車車庫で床面積の合計が300 m^{2}以内のもの又は都市計画として決定されたもの（3階以上の部分をその用途に供するものを除く。）
七　公益上必要な建築物で政令【令第130条の5の4】で定めるもの
八　前各号の建築物に附属するもの（政令【令第130条の5の5】で定めるものを除く。）

1）第一種中高層住居専用地域で建築することができる建築物

①　一号　第一種低層住居専用地域で建築できるものは，第一種中高層住居専用地域でも建築できる。

②　二号　大学，高等専門学校等は第一・二種低層住居専用地域では建てられないが，第一種中高層住居専用地域から建築することができる。

③　三号　第一・二種低層住居専用地域では診療所まで，第一種中高層住居専用地域から病院が建てられるようになる。

④　四号　老人福祉センター等は，第一・二種低層住居専用地域では面積規制があるが，第一種中高層住居専用地域から規模の規制がなくなる。

⑤　五号　建築することができる店舗等は，**令第130条の5の3**に掲げる用途で，その用途

中高層住宅のための地域。病院，大学
500m^{2}までの一定の店舗などが建てられる。

図5・18

の部分が，床面積 500 m²以内で 2 階以下にあるもの。

⑥　六号　自動車車庫は，単独なもの（付属しないもの）で床面積が 300 m²以内かつ 2 階以下であれば建築できる。

⑦　七号　公益上必要な建築物は，**令第130条の 5 の 4** で定める。

⑵ **第一種中高層住居専用地域内に建築することができる店舗，飲食店等の建築物**
（令第130条の 5 の 3 ）

令第130条の 5 の 3　法別表第 2 （は）項第五号（・・・）の規定により政令で定める建築物は，次に掲げるものとする。
一　前条第二号から第五号までに掲げるもの
二　物品販売業を営む店舗（・・・）又は飲食店
三　銀行の支店，損害保険代理店，宅地建物取引業を営む店舗その他これらに類するサービス業を営む店舗

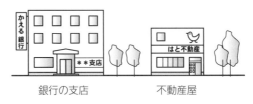

銀行の支店　　　　不動産屋

図 5 ・19

⑶ **第一種中高層住居専用地域内に建築することができる公益上必要な建築物**（令第130条の 5 の 4 ）

令第130条の 5 の 4　法別表第 2 （は）項第七号（・・・）の規定により政令で定める建築物は，次に掲げるものとする。
一　税務署，警察署，保健所，消防署その他これらに類するもの（法別表第 2 （い）項第九号に掲げるもの及び 5 階以上の部分をこれらの用途に供するものを除く。）

1 ）第一種中高層住居専用地域であっても税務署，保健所，消防所等で，**4 階以下の建築物**の場合には建築することができる。

消防署　　　　　　保健所
4階以下　　　　　4階以下

図 5 ・20

確認問題

法令上正しいものに○を，正しくないものに×を付けなさい。
1．第一種中高層住居専用地域内の 3 階建，延べ面積 300 m²の自動車車庫は新築することができる。　　（　×　）

5・2・5　第二種中高層住居専用地域内の制限

(1)　第二種中高層住居専用地域内に建築してはならない建築物（法別表第 2 （に）項）

> 一　（ほ）項第 2 号及び第三号，（へ）項第三号から第五号まで，（と）項第四号並びに（り）項第二号及び第三号に掲げるもの
> 二　工場（政令【令第130条の 6 】で定めるものを除く。）
> 三　ボーリング場，スケート場，水泳場その他これらに類する政令【令第130条の 6 の 2 】で定める運動施設
> 四　ホテル又は旅館
> 五　自動車教習所
> 六　政令【令第130条の 7 】で定める規模の畜舎
> 七　3 階以上の部分を（は）項に掲げる建築物以外の建築物の用途に供するもの（政令で定めるものを除く。）
> 八　（は）項に掲げる建築物以外の建築物の用途に供するものでその用途に供する部分の床面積の合計が 1,500 m² を超えるもの（政令で定めるものを除く。）

1 ）第二種中高層住居専用地域からは，**建築してはならない建築物。**

①　一号　（ほ）項第一種住居地域，（へ）項第二種住居地域，（と）項準住居地域，（り）項近隣商業地域，（ぬ）項商業地域，（る）項準工業地域に規定されている建築物（一部を除く。）は建築できない。

②　二号　工場は，原則建築することができないが，**令第130条の 6** に掲げる工場は建築することができる。

③　三号　建築することのできない運動施設は，**令第130条の 6 の 2** で定める。

④　六号　建築することのできない畜舎は，**令第130条の 7** で定める。

⑤　七号　八号　（は）項第一種中高層住居専用地域に掲げる建築物以外の建築物についての規制。

延べ面積 1,500 m² 以下，かつ，2 階以下であれば建築できる。（例えば，事務所ビルは，1,500 m² 以下で 2 階建以下なら建築できる。）

主に中高層住宅のための地域。1500m² までの一定の店舗や事務所など必要な利便施設が建てられる。

図 5・21

(2)　第二種中高層住居専用地域内に建築することができる工場（令第130条の 6 ）

> **令第130条の 6**　別表第 2 （に）項第二号（・・・）の規定により政令で定める工場は，パン屋，米屋，豆腐屋，菓子屋その他これらに類する食品製造業を営むもの（同表（と）項第三号（2 の 2 ）又は（4 の 4 ）に該当するものを除く。）で，作業場の床面積の合計が 50 m² 以内のもの（原動機を使用する場合にあつては，その出力の合計が 0.75 kW 以下のものに限る。）とする。

(3)　第二種中高層住居専用地域及び工業専用地域内に建築してはならない運動施設

（令第130条の 6 の 2 ）

> **令第130条の 6 の 2**　法別表第 2 （に）項第三号及び（を）項第七号（・・・）の規定により政令で定める運動施設は，スキー場，ゴルフ練習場及びバッティング練習場とする。

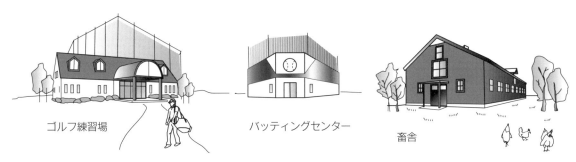

ゴルフ練習場　　　　　　バッティングセンター　　　　　　畜舎

図5・22　　　　　　　　　　　　　　　　図5・23

(4)　第二種中高層住居専用地域内に建築してはならない畜舎（令第130条の7）

令第130条の7　法別表第2（に）項第六号（・・・）に規定する政令で定める規模の畜舎は，床面積の合計が15 m²を超えるものとする。

⎡確認問題⎤

法令上正しいものに〇を，正しくないものに×を付けなさい。
1．第二種中高層住居専用地域内において，平家建て，延べ面積200 m²の自家用の倉庫は，新築することができない。　　　　　　　　　　　　　　　　　　　　　　　　　　（　×　）

5・2・6　第一種住居地域内の制限

第一種住居地域内に建築してはならない建築物（法別表第2（ほ）項）

一　（へ）項第一号から第五号までに掲げるもの
二　マージャン屋，ぱちんこ屋，射的場，勝馬投票券発売所，場外車券売場その他これらに類するもの
三　カラオケボックスその他これに類するもの
四　（は）項に掲げる建築物以外の建築物の用途に供するものでその用途に供する部分の床面積の合計が3,000 m²を超えるもの
　　（政令【令第130条の7の2】で定めるものを除く。）

1）第一種住居専用地域に建築してはならない建築物
①　一号（へ）項第二種住居地域，（と）項準住居地域，（り）項近隣商業地域，（ぬ）項商業地域，（る）項準工業地域に規定されている建築物（一部を除く。）は建築することができない。
②　四号　（は）項第一種中高層住居専用地域に掲げる建築物以外の建築物についての規制。
　　延べ面積3,000 m²以下であれば建築できる。（例えば，事務所ビルは，3,000 m²以下なら建築できる。）

住居の環境を守るための地域。3000m²までの店舗・事務所・ホテルなどは建てられる。

図5・24

⎡確認問題⎤

法令上正しいものに〇を，正しくないものに×を付けなさい。
1．第一種住居地域内において，2階建て，延べ面積300 m²の演芸場は，新築することができる。　　　　（　×　）

5・2・7　第二種住居地域内の制限

第二種住居地域内に建築してはならない建築物（法別表第2（へ）項）

> 一　(と) 項第三号及び第四号並びに (り) 項に掲げるもの
> 二　原動機を使用する工場で作業場の床面積の合計が50 m²を超えるもの
> 三　劇場，映画館，演芸場又は観覧場
> 四　自動車車庫で床面積の合計が300 m²を超えるもの又は3階以上の部分にあるもの（建築物に附属するもので政令【令第130条の8】で定めるもの又は都市計画として決定されたものを除く。）
> 五　倉庫業を営む倉庫
> 六　店舗，飲食店，展示場，遊技場，勝馬投票券発売所，場外車券売場その他これらに類する用途で政令で定めるものに供する建築物でその用途に供する部分の床面積の合計が1万 m²を超えるもの

第二種住居専用地域内に建築してはならない建築物

① 一号　(と) 項準住居地域，(り) 項近隣商業地域，(ぬ) 項商業地域，(る) 項準工業地域に規定されている建築物（一部を除く。）は建築することができない。

② 四号　自動車車庫の規制

　ア．単独のもの（附属しないもの）は，床面積300 m²以内で，かつ，2階以下としなければならない。

　イ．建築物に附属する自動車車庫は，令第130条の8により，自動車車庫以外の部分（附属する主体の建築物）の床面積以下で，2階以下としなければならない。

主に住居の環境を守るための地域。事務所・ホテル 10,000m² 以下の店舗・カラオケボックスなどは建てられる。

図5・25

確認問題

法令上正しいものに〇を，正しくないものに×を付けなさい。
1．第二種住居専用地域内において，平家建て，延べ面積200 m²の保健所は，新築することができない。

（　×　）

5・2・8　準住居地域内の制限

準住居地域内に建築してはならない建築物（法別表第2（と）項）

> 一　(り) 項に掲げるもの
> 二　原動機を使用する工場で作業場の床面積の合計が50 m²を超えるもの（作業場の床面積の合計が150 m²を超えない自動車修理工場を除く。）
> 三　次に掲げる事業（特殊の機械の使用その他の特殊の方法による事業であつて住居の環境を害するおそれがないものとして政令で定めるものを除く。）を営む工場(1)〜(16)
> 四　(る) 項第一号(1)から(3)まで，(11)又は(12)の物品（(ぬ) 項第四号及び (る) 項第二号において「危険物」という。）の貯蔵又は処理に供するもので政令【令第130条の9】で定めるもの
> 五　劇場，映画館，演芸場又は観覧場のうち客席の部分の床面積の合計が200 m²以上のもの
> 六　前号に掲げるもののほか，劇場，映画館，演芸場若しくは観覧場又は店舗，飲食店，展示場，遊技場，勝馬投票券発売所場外車券売場その他これらに類する用途で政令で定めるものに供する建築物でその用途に供する部分（劇場，映画館，演芸場又は観覧場の用途に供する部分にあつては，客席の部分に限る。）の床面積の合計が1万 m²を超えるもの

1）準住居地域に**建築してはならない建築物**

① 一号 （り）項近隣商業地域，（ぬ）項商業地域，（る）項準工業地域に規定されている建築物（一部を除く。）は建築することができない。

② 二号 原動機を使用する工場で「作業場の床面積の合計が 50 m^2」を超えるものは建築できないが，作業場の床面積の合計が 150 m^{2}以下の自動車修理工場は建築できる。

③ 五号 劇場，**映画館**等で客席の床面積の合計が 200 m^{2}以上は建築できない。

道路の沿道において，自動車関連施設などの立地と，これと調和した住居の環境を保護するための地域。

図 5・26

確認問題

法令上正しいものに〇を，正しくないものに✕を付けなさい。
1．準住居地域内において，平家建て，延べ面積 150 m^{2}の料理店は，新築することができる。　　　（　✕　）

5・2・9　田園住居地域内に 建築することができる建築物 （法別表第 2 （ち）項）

一　（い）項第一号から第九号までに掲げるもの
二　農産物の生産，集荷，処理又は貯蔵に供するもの（政令【令第130条の 9 の 3】で定めるものを除く）
三　農業の生産資材の貯蔵に供するもの
四　地域で生産された農産物の販売を主たる目的とする店舗その他の農業の利便を増進するために必要な店舗，飲食店その他これらに類する用途に供するもののうち政令【令第130条の 9 の 4】で定めるものでその用途に供する部分の床面積の合計が 500 m^{2}以内のもの（3 階以上の部分をその用途に供するものを除く）
五　前号に掲げるもののほか，店舗，飲食店その他これらに類する用途に供するもののうち政令【令第130条の 5 の 2】で定めるものでその用途に供する部分の床面積の合計が 150 m^{2}以内のもの（3 階以上の部分をその用途に供するものを除く）
六　前各号の建築物に附属するもの（政令【令第130条の 5】で定めるものを除く）

1）田園住居地域に**建築することができる建築物。**

① 一号 第一種低層住居専用地域に建築することができるものは，田園住居地域に建築物することができる。

② 二号 農産物の生産等の建築物は建築することができるが，**令第130条の 9 の 3** で定めるものは，建築することができない。

③ 四号 農産物の販売等のための店舗，飲食店で，**令第130条の 9 の 4** に定めるものは建築することができる。

④ 五号 一般の店舗，飲食店等は令第130条の 5 の 2 で定めるものは建築することができる。

5・2・10　田園住居地域内に **建築してはならない建築物**（令第130条の 9 の 3）

令第130条の 9 の 3　法別表第二（ち）項第二号（法第87条第 2 項又は第 3 項において法第48条第 8 項の規定を準用する場合を含む。）の規定により政令で定める建築物は，農産物の乾燥その他の農産物の処理に供する建築物のうち著しい騒音を発生するものとして国土交通大臣が指定するものとする。

1）農産物の乾燥その他処理等に使用する建築物で，著しい騒音を発するものとして国土交通大臣が指定するものは，建築してはならない。

5・2・11　田園住居地域内に建築することができる農業の利便を増進するために必要な店舗，飲食店等の建築物（令第130条の9の4）

第130条の9の4　法別表第二（ち）項第四号（法第87条第2項又は第3項において法第48条第8項の規定を準用する場合を含む。）の規定により政令で定める建築物は，次に掲げるものとする。
一　田園住居地域及びその周辺の地域で生産された農産物の販売を主たる目的とする店舗
二　前号の農産物を材料とする料理の提供を主たる目的とする飲食店
三　自家販売のために食品製造業を営むパン屋，米屋，豆腐屋，菓子屋その他これらに類するもの（第一号の農産物を原材料とする食品の製造又は加工を主たる目的とするものに限る。）で作業場の床面積の合計が50 m²以内のもの（原動機を使用する場合にあつては，その出力の合計が0.75 kW以下のものに限る。）

1）農産物の販売を目的とする店舗，農産物を材料とする料理を提供する飲食店等で階数2以下・床面積の合計が500 m²以内の建築物は建築できる。

> ┌ 確認問題 ┐
> 法令上正しいものに〇を，正しくないものに×を付けなさい。
> 1．田園住居地域内において，平家建て，延べ面積160 m²の喫茶店は，新築することができる。　　（　×　）

5・2・12　近隣商業地域内の制限
近隣商業地域内に建築してはならない建築物（法別表第2（り）項）

一　（ぬ）項に掲げるもの
二　キャバレー，料理店，ナイトクラブその他これらに類するもの
三　個室付浴場業に係る公衆浴場その他これに類する政令【令第130条の9の2】で定めるもの

1）近隣商業地域に建築することができない建築物

①　一号　（ぬ）項商業地域，（る）項準工業地域に規定される建築物（一部除く。）は建築できない。

②　（ぬ）項第二号の制限を受ける。原動機を使用する工場で作業場の床面積の合計が150 m²を超えるものは建築できないが，日刊新聞の印刷所及び作業場の床面積の合計が300 m²を超えない自動車修理工場は建築できる。

まわりの住民が日用品の買い物をするための地域。小規模の工場も建てられる。

図5・27

> ┌ 確認問題 ┐
> 法令上正しいものに〇を，正しくないものに×を付けなさい。
> 1．近隣商業地域内において，平家建て，延べ面積500 m²（作業場の床面積の合計が400 m²）の原動機を使用する自動車修理工場は，新築することができる。　　（　×　）

5・2・13　商業地域内の制限

商業地域内に<u>建築してはならない建築物</u>（法別表第2（ぬ）項）

> 一　<u>（る）項第一号及び第二号に掲げるもの</u>
> 二　原動機を使用する工場で作業場の床面積の合計が150 m²をこえるもの（<u>日刊新聞の印刷所及び作業場の床面積</u>
> 　<u>の合計が300 m²をこえない自動車修理工場を除く。</u>）
> 三　次に掲げる事業（特殊の機械の使用その他の特殊の方法による事業であつて商業その他の業務の利便を害する
> 　おそれがないものとして政令で定めるものを除く。）を営む工場⑴〜⒇
> 四　危険物の貯蔵又は処理に供するもので政令【令第130条の9】で定めるもの

1）商業地域に建築することができない建築物

① 一号　（る）項準工業地域（第三号は除かれる）に規定される建築物は，建築することができない。

② 二号　原動機を使用する工場で作業場の床面積の合計が150 m²を超えるものは建築できないが，日刊新聞の印刷所及び作業場の床面積の合計が300 m²を超えない自動車修理工場は建築できる。

駅前の繁華街等の銀行，映画館，飲食店
百貨店などが集まる地域。住宅や小規模の
工場も建てられる。

図5・28

> **確認問題**
>
> 法令上正しいものに○を，正しくないものに×を付けなさい。
> 1．商業地域内において，2階建て，延べ面積600 m²の日刊新聞の印刷所は，新築することができない。
> 　　　　　　　　　　　　　　　　　　　　　　　　　　　　　　　　　　　　（　×　）

5・2・14　準工業地域内の制限

準工業地域内に<u>建築してはならない建築物</u>（法別表第2（る）項）

> 一　次に掲げる事業（特殊の機械の使用その他の特殊の方法による事業であつて環境の悪化をもたらすおそれのな
> 　い工業の利便を害するおそれがないものとして政令【令第130条の9の4】で定めるものを除く。）を営む工場⑴
> 　〜㉛
> 二　危険物の貯蔵又は処理に供するもので政令【令第130条の9】で定めるもの
> 三　個室付浴場業に係る公衆浴場その他これに類する政令【令第130条の9の2】で定めるもの

主に軽工業の工場やサービス施設等が立地する地域。
危険性，環境悪化が小さい工場が建てられる。

図5・29

> **確認問題**
>
> 法令上正しいものに○を，正しくないものに×を付けなさい。
> 1．準工業地域内において，平家建て，延べ面積500 m²の肥料の製造工場は，新築することができる。　　（　×　）

5・2・15　工業地域内の制限

工業地域内に建築してはならない建築物（法別表第2（を）項）

一　（る）項第三号に掲げるもの
二　ホテル又は旅館
三　キャバレー，料理店，ナイトクラブその他これらに類するもの
四　劇場，映画館，演芸場又は観覧場
五　学校（幼保連携型認定こども園を除く。）
六　病院
七　店舗，飲食店，展示場，遊技場，勝馬投票券発売所，場外車券売場その他これらに類する用途で政令で定める
　　ものに供する建築物でその用途に供する部分の床面積の合計が1万m²を超えるもの

どんな工場でも建てられる地域。
住宅や店舗は建てられるが，学校，病院，ホテルなどは建てられない。

図5・30

確認問題

法令上正しいものに〇を，正しくないものに×を付けなさい。
1．工業地域内において，2階建て，延べ面積250m²の食堂兼用住宅で，居住の用に供する部分の床面積が
　　100m²のものは，新築することができない。　　　　　　　　　　　　　　　　　　　　　　（　×　）

5・2・16　工業専用地域内の制限

工業専用地域内に建築してはならない建築物（法別表第2（わ）項）

一　（を）項に掲げるもの
二　住宅
三　共同住宅，寄宿舎又は下宿
四　老人ホーム，福祉ホームその他これらに類するもの
五　物品販売業を営む店舗又は飲食店
六　図書館，博物館その他これらに類するもの
七　ボーリング場，スケート場，水泳場その他これらに類する政令【令第130条の6の2】で定める運動施設
八　マージャン屋，ぱちんこ屋，射的場，勝馬投票券発売所，場外車券売場その他これらに類するもの

工場のための地域。どんな工場でも建てられるが，
住宅，学校，病院，ホテルなどは建てられない。

図5・31

1）工業専用地域に建築することができない建築物

①　一号　（を）項工業地域に規定される建築物は，建築することができない。

②　下記に掲げるものは，工業専用地域以外の用途地域では，規模に関係なく建築することができる。

　　ア．住宅　イ．共同住宅　ウ．寄宿舎又は下宿　エ．老人ホーム　オ．福祉ホーム　カ．図書館

確認問題

法令上正しいものに〇を，正しくないものに×を付けなさい。
1．工業専用地域内において，2階建て，延べ面積 300 m² の幼保連携型認定こども園は，新築することができない。　　　　　　　　　　　　　　　　　　　　　　　　　　　　　　　　　　　　　　（　×　）

5・2・17　用途地域の指定のない区域内の制限

用途地域の指定のない区域（・・・）内に建築してはならない建築物（法別表第2（か）項）

> 劇場，映画館，演芸場若しくは観覧場又は店舗，飲食店，展示場，遊技場，勝馬投票券発売所，場外車券売場その他これらに類する用途で政令で定めるものに供する建築物でその用途に供する部分（劇場，映画館，演芸場又は観覧場の用途に供する部分にあつては，客席の部分に限る。）の床面積の合計が <u>1万 m²</u> を超えるもの

5・2・18　用途地域の内外にわたる場合の制限

建築物の敷地が区域，地域又は地区の内外にわたる場合の措置（法第91条）

> **法第91条**　建築物の敷地がこの法律の規定（・・・）による建築物の敷地，構造，建築設備又は用途に関する禁止又は制限を受ける <u>区域</u>（・・・），<u>地域</u>（・・・）又は <u>地区</u>（・・・）の内外にわたる場合においては，その建築物又はその敷地の全部について敷地の過半の属する区域，地域又は地区内の建築物に関するこの法律の規定又はこの法律に基づく命令の規定を適用する。

1）敷地が2以上の用途地域にまたがる場合は，
　その敷地のうち，**過半を占める用途地域の規制**
　を受ける。

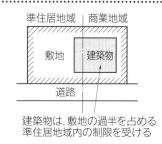

建築物は，敷地の過半を占める
準住居地域内の制限を受ける

図5・32

例題

例題05-3

2階建，延べ面積300 m²の次の建築物のうち，建築基準法上，**新築してはならないもの**はどれか。ただし，特定行政庁の許可は受けないものとし，用途地域以外の地域，地区等は考慮しないものとする。

1. 第一種低層住居専用地域内の児童厚生施設
2. 第二種低層住居専用地域内の学習塾
3. 第二種中高層住居専用地域内の貸本屋
4. 工業地域内の共同住宅
5. 工業専用地域内の銀行の支店

例題05-4

図のような敷地及び建築物（3階建，各階の床面積100 m²，延べ面積300 m²）の配置において，建築基準法上，**新築することができる建築物**は，次のうちどれか。ただし，特定行政庁の許可は受けないものとし，用途地域以外の地域，地区等は考慮しないものとする。

1. 飲食店
2. 事務所兼用住宅（1階が事務所，2階及び3階が住宅）
3. 保健所
4. カラオケボックス
5. 旅館

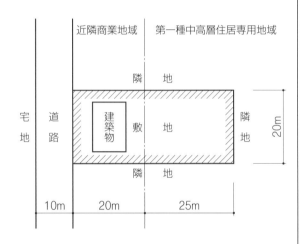

答え ➡ p.261, 262

5・3 建ぺい率

5・3・1 建ぺい率の限度

(1) 建ぺい率（法第53条第1項，第2項）

> **法第53条** 建築物の建築面積（同一敷地内に2以上の建築物がある場合においては，その建築面積の合計）の敷地面積に対する割合（以下「建ぺい率」という。）は，次の各号に掲げる区分に従い，当該各号に定める数値を超えてはならない。
> 一～三
> 四 商業地域内の建築物 8/10
> 五
> 六 用途地域の指定のない区域内の建築物
> 2 建築物の敷地が前項の規定による建築物の建ぺい率に関する制限を受ける地域又は区域の2以上にわたる場合においては，当該建築物の建ぺい率は，同項の規定による当該各地域又は区域内の建築物の建ぺい率の限度にその敷地の当該地域又は区域内にある各部分の面積の敷地面積に対する割合を乗じて得たものの合計以下でなければならない。

$$建ぺい率＝\frac{建築面積}{敷地面積}≦建ぺい率の限度$$

建築面積の限度＝敷地面積×建ぺい率の限度

1) 1項 建ぺい率の限度は，第一号から第六号に掲げる数値のうちから都市計画で定められている。（商業地域のみ8/10一種類だけ）

2) 2項 一つの敷地の中で，建ぺい率の制限が2以上ある場合の建築面積の限度は，それぞれの地域の建ぺい率の限度にその部分の敷地面積を乗じたものの合計。

図5・33

設問1 図のような敷地において，建築基準法上，新築することができる**建築物の建築面積の最高限度**を求めよ。ただし，図に記載されているものを除き，地域，地区及び特定行政庁の指定はないものとする。

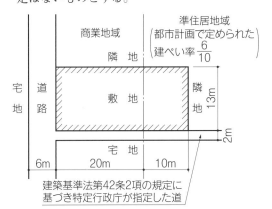

建築基準法第42条2項の規定に基づき特定行政庁が指定した道路

解答 商業地域

・敷地面積＝20 m×12 m（2項道路により後退）＝240 m²

・建築面積の限度＝240 m²×8/10＝192 m²

準住居地域

・敷地面積＝10 m×12 m（2項道路により後退）＝120 m²

・建築面積の限度＝120 m²×6/10＝72 m²

敷地全体の建築面積の最高限度

・192 m²＋72 m²＝264 m²

(2)　建ぺい率の緩和，適用除外（法第53条第3項，第6項）

> **法第53条**
> 3　前2項の規定の適用については，第一号又は第二号のいずれかに該当する建築物にあつては第1項各号に定める数値に1/10を加えたものをもつて当該各号に定める数値とし，第一号及び第二号に該当する建築物にあつては同項各号に定める数値に2/10を加えたものをもつて当該各号に定める数値とする。
> 　一　防火地域（第1項第二号から第四号までの規定により建蔽率の限度が8/10とされている地域を除く。）内にあるイに該当する建築物又は準防火地域内にあるイ若しくはロのいずれかに該当する建築物
> 　　イ　耐火建築物又はこれと同等以上の延焼防止性能（通常の火災による周囲への延焼を防止するために壁，柱，床その他の建築物の部分及び防火戸その他の政令で定める防火設備に必要とされる性能をいう。ロにおいて同じ。）を有するものとして政令で定める建築物（以下この条及び第67条第1項において「耐火建築物等」という。）
> 　　ロ　準耐火建築物又はこれと同等以上の延焼防止性能を有するものとして政令で定める建築物（耐火建築物等を除く。第8項及び第67条第1項において「準耐火建築物等」という。）
> 　二　街区の角にある敷地又はこれに準ずる敷地で特定行政庁が指定するものの内にある建築物
> 6　前各項の規定は，次の各号のいずれかに該当する建築物については，適用しない。
> 　一　防火地域（第1項第二号から第四号までの規定により建蔽率の限度が8/10とされている地域に限る。）内にある耐火建築物等
> 　二　巡査派出所，公衆便所，公共用歩廊その他これらに類するもの
> 　三　公園，広場，道路，川その他これらに類するものの内にある建築物で特定行政庁が安全上，防火上及び衛生上支障がないと認めて許可したもの

1）　3項　建ぺい率の緩和

①　**一号イ　防火地域内の耐火建築物等**は，都市計画で定める限度（第1項の8/10以外）の数値に1/10を加える。

②　一号ロ　準防火地域内にある耐火建築物等又は準耐火建物等は，都市計画で定める限度（第1項）の数値に1/10を加える。

③　**二号　街区の角にある敷地で特定行政庁が指定する**ものは，都市計画で定める限度（第1項）に1/10を加える。

④　①と③の両方（防火・耐火の角地）又は②と③の両方（準防火・耐火の角地）に該当する場合は，都市計画で定める限度（第1項）に2/10を加える。

2）　6項　建ぺい率の適用除外

①　一号　建ぺい率の限度が8/10とされている地域内では，**防火地域内の耐火建築物**は，建ぺい率の制限を受けない。10/10とすることができる。

②　二号　巡査派出所等は建ペイ率の規制がない。

③　三号　公園等の内にある建築物で，特定行政庁が認めて許可したものは建ぺい率の制限がない。

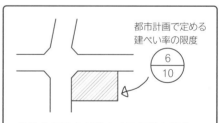

①特定行政庁が指定する角地の場合
$$\frac{6}{10} + \frac{1}{10} = \frac{7}{10}$$

②防火地域の指定があり耐火建築物を建てる場合
$$\frac{6}{10} + \frac{1}{10} = \frac{7}{10}$$

③角地指定があり，防火地域の耐火建築物の場合
$$\frac{6}{10} + \frac{2}{10} = \frac{8}{10}$$

図5・34

表 5・4

	原則	①特定行政庁が指定する街区の角にある敷地	②防火地域内にある耐火建築物等	③準防火地域内にある耐火建築物等又は準耐火建築物等	①かつ②	①かつ③
商業地域又は建ぺい率が8/10地域	8/10	+1/10	適用除外 （10/10）	+1/10	適用除外 （10/10）	+2/10
建ぺい率が8/10以外の地域	それぞれの用途地域ごとに都市計画で決定	+1/10	+1/10	+1/10	+2/10	+2/10

確認問題

法令上正しいものに〇を，正しくないものに×を付けなさい。

1. 都市計画において定められた建ぺい率の限度が6/10の第一種住居地域内で，かつ，防火地域内にある耐火建築物については，建ぺい率の限度の緩和の対象とならない。　　　　　　　　　　　　　　　（　×　）
2. 工業地域内にある建築物の敷地が防火地域及び準防火地域にわたる場合において，その敷地内の建築物の全部が耐火建築物であるときは，都市計画において定められた建ぺい率の限度に関わらず，建ぺい率の限度の緩和の対象となる。　　　　　　　　　　　　　　　　　　　　　　　　　　　　　　　　（　〇　）
3. 敷地に接する道路の幅員によって，建築物の建ぺい率の制限が異なる。　　　　　　　　（　×　）
4. 商業地域内で，かつ，防火地域内にある耐火建築物は，建ぺい率の制限を受けない。　　（　〇　）

---

(3) 耐火建築物と同等以上の延焼防止性能を有する建築物等（令第135条の20）

（令和6年4月1日施行予定）

令第135条の20　法第53条第3項第一号イの政令で定める建築物は，次に掲げる要件に該当する建築物とする。
一　外壁の開口部で延焼のおそれのある部分に防火設備が設けられていること。
二　壁，柱，床その他の建築物の部分及び前号の防火設備が第136条の2第一号ロに掲げる基準に適合し，かつ，法第61条1項に規定する構造方法を用いるもの又は同項の規定による認定を受けたものであること。
2　前項の規定は，法第53条第3項第1号ロの政令で定める建築物について準用する。この場合において，前項第2号中「第136条の2第1号ロ」とあるのは，「第136条の2第2号ロ」と読み替えるものとする。

(4) 壁面線等の指定の建ぺい率の許可（法第53条第4項，第5項）

法第53条
4　隣地境界線から後退して壁面線の指定がある場合又は第68条の2第1項の規定に基づく条例で定める壁面の位置の制限（・・・）がある場合において，当該壁面線又は壁面の位置の制限として定められた限度の線を越えない建築物（・・・）で，特定行政庁が安全上，防火上及び衛生上支障がないと認めて許可したものの建ぺい率は，前3項の規定にかかわらず，その許可の範囲内において，前3項の規定による限度を超えるものとすることができる。
5　次の各号のいずれかに該当する建築物で，特定行政庁が安全上，防火上及び衛生上支障がないと認めて許可したものの建蔽率は，第1項から第3項までの規定にかかわらず，その許可の範囲内において，これらの規定による限度を超えるものとすることができる。
一　特定行政庁が街区における避難上及び消火上必要な機能の確保を図るため必要と認めて前面道路の境界線から後退して壁面線を指定した場合における，当該壁面線を越えない建築物
二　特定防災街区整備地区に関する都市計画において特定防災機能（密集市街地整備法第2条第三号に規定する特定防災機能をいう。次号において同じ。）の確保を図るため必要な壁面の位置の制限（道路に面する建築物の壁又はこれに代わる柱の位置及び道路に面する高さ2mを超える門又は塀の位置を制限するものに限る。同号において同じ。）が定められた場合における，当該壁面の位置の制限として定められた限度の線を越えない建築物
三　第68条の2第1項の規定に基づく条例において防災街区整備地区計画の区域（特定建築物地区整備計画又は防災街区整備地区整備計画が定められている区域に限る。）における特定防災機能の確保を図るため必要な壁面の位置の制限が定められた場合における，当該壁面の位置の制限として定められた限度の線を越えない建築物
四　建築物のエネルギー消費性能の向上のため必要な外壁に関する工事その他の屋外に面する建築物の部分に関する工事を行う建築物で構造上やむを得ないものとして国土交通省令で定めるもの

> **規則10条の４の８**　法第53条第５項第四号の国土交通省令で定める建築物は，第10条の４の６第１項各号に掲げる工事を行う建築物で当該工事によりその建蔽率が法第53条第１項から第３項までの規定による限度を超えるものとする。
> ２　前項の工事は，その目的を達成するために必要な最小限度のものでなければならない。
>
> **規則10条の４の６**　法第52条第14項第三号の国土交通省令で定める建築物は，次に掲げる工事を行う建築物で当該工事によりその容積率が法第52条１項から９項までの規定による限度を超えるものとする。
> 一　建築物のエネルギー消費性能の向上のため必要な外壁を通して熱の損失の防止のための工事
> 二　建築物のエネルギー消費性能の向上のため必要な軒又はひさしを外壁その他の屋外に面する建築物の部分に設ける工事
> 三　再生可能エネルギー源（・・・）の利用に資する設備を外壁に設ける工事
> ２　前項の工事は，その目的を達成するために必要な最小限度のものでなければならない。

① 　４項　壁面線等が定められた場合，特定行政庁が安全上等支障がないと認めて許可した場合は，許可の範囲において第１項から第３項までの規定の限度を超えることができる。なお，この場合は，建築審査会の同意を得なければならない。

② 　５項四号　建築物エネルギー消費性能の向上のための工事に関しては，特定行政庁の許可の範囲において第１項から第３項までの規定の限度を超えることができる。なお，この場合は，建築審査会の同意を得なければならない。具体的な工事内容に関しては，規則10条の４の６によって，**外壁の断熱等の工事，軒・庇等の取り付け工事，太陽光パネルの取り付け工事等**が指定されている。

⑸　**敷地が防火地域の内外にわたる耐火建築物（法第53条７項，第８項）**

> **法第53条**
> ７　建築物の敷地が防火地域の内外にわたる場合において，その敷地内の建築物の全部が耐火建築物等であるときは，その敷地は，全て防火地域内にあるものとみなして，第３項第一号又は前項第一号の規定を適用する。
> ８　建築物の敷地が準防火地域と防火地域及び準防火地域以外の区域とにわたる場合において，その敷地内の建築物の全部が耐火建築物等又は準耐火建築物等であるときは，その敷地は，全て準防火地域内にあるものとみなして，第３項第一号の規定を適用する。

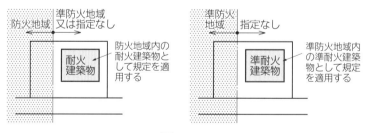

図５・35

⑹　建築物の敷地面積（法第53条の２）

法第53条の２　建築物の敷地面積は，用途地域に関する都市計画において建築物の敷地面積の最低限度が定められたときは，当該最低限度以上でなければならない。ただし，次の各号のいずれかに該当する建築物の敷地については，この限りでない。
一　前条第６項第一号に掲げる建築物
二　公衆便所，巡査派出所その他これらに類する建築物で公益上必要なもの
三　その敷地の周囲に広い公園，広場，道路その他の空地を有する建築物であつて，特定行政庁が市街地の環境を害するおそれがないと認めて許可したもの
四　特定行政庁が用途上又は構造上やむを得ないと認めて許可したもの
2　前項の都市計画において建築物の敷地面積の最低限度を定める場合においては，その最低限度は，200 m²を超えてはならない。
3　第１項の都市計画において建築物の敷地面積の最低限度が定められ，又は変更された際，現に建築物の敷地として使用されている土地で同項の規定に適合しないもの又は現に存する所有権その他の権利に基づいて建築物の敷地として使用するならば同項の規定に適合しないこととなる土地について，その全部を１の敷地として使用する場合においては，同項の規定は，適用しない。ただし，次の各号のいずれかに該当する土地については，この限りでない。

１）　１項　建築物の敷地は，都市計画によって最低限度（２項により，200 m²以内で定められている。）が定められたときは，その最低限度の面積以上でなければならない。

２）　３項　敷地面積の最低限度が定められたとき，**現に建築物の敷地として使用されているものは，**その全部を１の敷地として使用する場合は，**敷地面積の最低限度の規定は適用しない。**

⑺　**第一種低層住居専用地域又は第二種低層住居専用地域内における外壁の後退距離（法第54条）**

法第54条　第一種低層住居専用地域又は第二種低層住居専用地域内においては，建築物の外壁又はこれに代わる柱の面から敷地境界線までの距離（以下この条及び第86条の６第１項において 「外壁の後退距離」 という。）は，当該地域に関する都市計画において外壁の後退距離の限度が定められた場合においては，政令で定める場合を除き，当該限度以上でなければならない。
2　前項の都市計画において外壁の後退距離の限度を定める場合においては，その限度は，1.5 m 又は１m とする。

例題

例題05-5

　建築物及び敷地の条件とその建ぺい率の最高限度との組み合わせとして，建築基準法上，**誤っているもの**は，次のうちどれか。ただし，用途地域，防火地域及び準防火地域以外の地域，地区等は考慮しないものとし，特定行政庁による角地及び壁面線の指定等はないものとする。

	建築物及び敷地の条件			建ぺい中の最高限度
	建築物の構造	敷　地		
		用途地域（都市計画で定められた建ぺい率）	防火地域又は準防火地域の指定	
1.	耐火建築物	第一種低層住居専用地域 $\left(\dfrac{5}{10}\right)$	準防火地域	$\dfrac{6}{10}$
2.	耐火建築物	第二種住居地域 $\left(\dfrac{6}{10}\right)$	防火地域	$\dfrac{7}{10}$
3.	耐火建築物	近隣商業地域 $\left(\dfrac{8}{10}\right)$	防火地域	$\dfrac{9}{10}$
4.	準耐火建築物	準住居地域 $\left(\dfrac{5}{10}\right)$	準防火地域	$\dfrac{6}{10}$
5.	準耐火建築物	商業地域	防火地域	$\dfrac{8}{10}$

例題05-6

　図のような敷地において，耐火建築物を新築する場合，建築基準法上，新築することができる建築物の**建築面積の最高限度**は，次のうちどれか。ただし，図に記載されているものを除き，地域，地区等及び特定行政庁の指定はなく，図に示す範囲に高低差はないものとする。

1. $126\,\mathrm{m}^2$
2. $132\,\mathrm{m}^2$
3. $144\,\mathrm{m}^2$
4. $150\,\mathrm{m}^2$
5. $174\,\mathrm{m}^2$

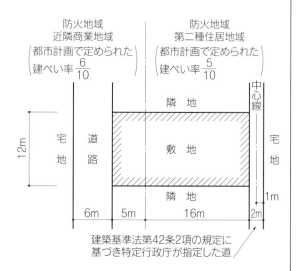

答え　➡ p.262

5・4　容積率

5・4・1　容積率の限度

(1) 容積率（法第52条第1項，第2項）

> **法第52条**　建築物の延べ面積の敷地面積に対する割合（以下「容積率」という。）は，次の各号に掲げる区分に従い，当該各号に定める数値以下でなければならない。ただし，・・・
> 　一～七
> 　八　用途地域の指定のない区域内の建築物　5/10, 8/10, 10/10, 12/10又は30/10, 40/10のうち，特定行政庁が土地利用の状況等を考慮し当該区域を区分して都道府県都市計画審議会の議を経て定めるもの
> 2　前項に定めるもののほか，前面道路（前面道路が2以上あるときは，その幅員の最大のもの。以下この項及び第12項において同じ。）の幅員が12m未満である建築物の容積率は，当該前面道路の幅員のメートルの数値に，次の各号に掲げる区分に従い，当該各号に定める数値を乗じたもの以下でなければならない。
> 　一　第一種低層住居専用地域又は第二種低層住居専用地域内の建築物　　　　　　　　　　4/10
> 　二　第一種中高層住居専用地域若しくは第二種中高層住居専用地域内の建築物又は第一種住居地域，第二種住居地域若しくは準住居地域内の建築物（・・・）　　　　　　　　　　4/10（・・・6/10）
> 　三　その他の建築物　　　　　　　　　　6/10（・・・4/10又は8/10・・・）

$$容積率 = \frac{延べ面積}{敷地面積} \leqq 容積率の限度$$

1）**1項　都市計画で定める容積率の限度（Vs）**

2）**2項　前面道路幅員による容積率の限度（Vd）**

　① 前面道路幅員が12m未満の場合は，道路幅員×用途地域による係数，以下としなければならない。

　② 道路幅員に乗ずる係数は，**住居系の用途地域4/10，その他の用途地域6/10**

3）容積率の限度は，**都市計画で定める数値（Vs）と前面道路の幅員により決まる数値（Vd）のうち，小さい方**をその敷地の容積率の限度とする。

> **延べ面積の限度**＝敷地面積×容積率の限度

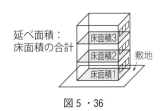

図 5・36

・前面道路幅員×4/10（住居系用途地域）

・前面道路幅員×6/10（住居系以外の用途地域）

(2) 敷地が制限の異なる地域等にわたる場合（法第52条第7項）

> **法第52条**
> 7　建築物の敷地が第1項及び第2項の規定による建築物の容積率に関する制限を受ける地域，地区又は区域の2以上にわたる場合においては，当該建築物の容積率は，第1項及び第2項の規定による当該各地域，地区又は区域内の建築物の容積率の限度にその敷地の当該地域，地区又は区域内にある各部分の面積の敷地面積に対する割合を乗じて得たものの合計以下でなければならない。

1）敷地が，**2以上の地域等に属する場合の延べ面積の限度**は，それぞれの地域の容積率の限度の数値にその部分の**敷地面積を乗じて得たものの合計**とする。

設問2　図のような敷地において，建築基準法上，新築することができる**建築物の延べ面積の最高限度**はどれだけか。（図以外の地区，住宅，車庫等は考慮しない。）

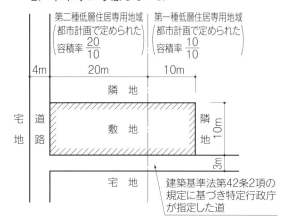

解答　第二種低層住居専用地域

・敷地面積　20 m×9.5 m（2項道路後退）
　　　　　　＝190 m^2

・延べ面積の限度　Vs：20/10
　　　　　　Vd：4×4/10＝16/10
　　　　　190 m^2×16/10＝304 m^2

第一種低層住居専用地域

・敷地面積　10 m×9.5 m（2項道路後退）
　　　　　　＝95 m^2

・延べ面積の限度　Vs：10/10
　　　　　　Vd：4×4/10＝16/10
　　　　　95 m^2×10/10＝95 m^2

・**敷地全体の延べ面積の最高限度：**
　　　　304 m^2＋95 m^2＝**399 m^2**

確認問題

法令上正しいものに〇を，正しくないものに×を付けなさい。
1．用途地域の指定のない区域内の耐火建築物は，容積率の制限を受けない。　　　　　　　（　×　）

5・4・2　特定道路による前面道路幅員の緩和

⑴　特定道路による幅員の加算（法第52条第9項）

法第52条
9　建築物の敷地が，幅員15 m以上の道路（以下この項において「特定道路」という。）に接続する幅員6 m以上12 m未満の前面道路のうち当該特定道路からの延長が70 m以内の部分において接する場合における当該建築物に対する第2項から第7項までの規定の適用については，第2項中「幅員」とあるのは，「幅員（第9項の特定道路に接続する同項の前面道路のうち当該特定道路からの延長が70 m以内の部分にあつては，その幅員に，当該特定道路から当該建築物の敷地が接する当該前面道路の部分までの延長に応じて政令【令第135条の18】で定める数値を加えたもの）」とする。

⑵　容積率の制限について前面道路の幅員に加算する数値（令第135条の18）

令第135条の18　法第52条第9項の政令で定める数値は，次の式によつて計算したものとする。
$$Wa = ((12 - Wr)(70 - L))/(70)$$
この式において W_a，W_r 及びLは，それぞれ次の数値を表すものとする。
　W_a　法第52条第9項の政令で定める数値（単位　m）
　W_r　前面道路の幅員（単位　m）
　L　法第52条第9項の特定道路からその建築物の敷地が接する前面道路の部分の直近の端までの延長（単位　m）

1）次の**3つの条件**すべてにあてはまる場合，前面道路幅員による容積率の限度を計算する場合，**前面道路幅員に令135条の18で定める数値（*Wa*）を加算する。**

$$Wa = \frac{(12 - Wr)(70 - L)}{70}$$

① 特定道路（幅員 15 m 以上の道路）に**前面道路が接続**

② 前面道路の幅員（**Wr**）が**6 m 以上 12 m 未満**

③ 特定道路からの距離（**L**）が**70 m 以内**で接する敷地

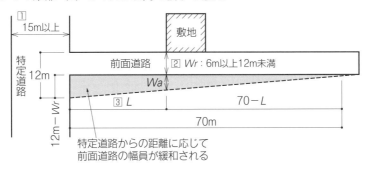

図 5・37

設問 3　図のような敷地において，建築基準法上，新築することができる**建築物の延べ面積の最高限度**はどれだけか。（図以外の地区，住宅，車庫等は考慮しない。）

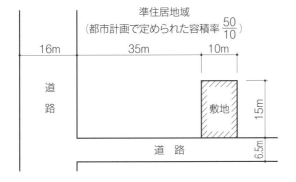

解答　第 9 項の緩和が受けられるか，3 つの条件を確認する。

① 15 m 以上の道路（特定道路）に接続

② 前面道路幅員 6.5 m（Wr）（6 m 以上 12 m 未満）

③ 特定道路からの距離 35 m（L）（70 m 以内）

3 つの条件をクリアーしているので緩和が受けられる。

$$Wa = (12\,\mathrm{m} - 6.5\,\mathrm{m}) \times (70\,\mathrm{m} - 35\,\mathrm{m})/70$$
$$= 2.75\,\mathrm{m}$$

・**延べ面積の最高限度**　$Vs : 50/10$

$$Vd : (6.5\,\mathrm{m} + 2.75\,\mathrm{m}) \times 4/10 = 37/10$$
$$150\,\mathrm{m}^2 \times 37/10 = \mathbf{555\,m^2}$$

5・4・3　容積率の算定の基礎となる延べ面積に算入しない部分

⑴　地階の住宅等（法第52条第 3 項）

> **法第52条**
> 3　・・・に規定する建築物の容積率（・・・）の算定の基礎となる延べ面積には，建築物の地階でその天井が地盤面からの高さ1 m 以下にあるものの住宅又は老人ホーム，福祉ホームその他これらに類するもの（以下この項並びに第6項第二号及び第三号において「老人ホーム等」という。）の用途に供する部分（第6項各号に掲げる建築物の部分を除く。以下この項において同じ。）の床面積（当該床面積が当該建築物の住宅及び老人ホーム等の用途に供する部分の床面積の合計の1/3を超える場合においては，当該建築物の住宅及び老人ホーム等の用途に供する部分の床面積の合計の1/3）は，算入しないものとする。

1 ）地階の住宅及び老人ホーム等の部分は，**容積率の算定の基礎となる延べ面積には参入しない**。ただし，地階を含めた住宅及び老人ホームの用途に供する部分の**床面積の合計の1/3を限度**とする。

設問4　図のような専用住宅を建築する場合，建築基準法上，**容積率の算定の基礎となる延べ面積**はどれだけか。（エレベーター，車庫等はないものとする。）

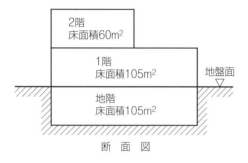

断　面　図

解答　延べ面積

・60 m²（2階）＋105 m²（1階）＋105 m²（地階）＝270 m²

地階の緩和面積

・270 m²×1/3＝90 m²　（地階は，90 m²まで算入されない。）

地階の容積率の算定の基礎となる床面積は

・105 m²－90 m²＝15 m²

容積率の算定の基礎となる延べ面積は

・60 m²（2階）＋105 m²（1階）＋15 m²（地階）＝**180 m²**

⑵　**共同住宅等の容積不算入部分（法第52条第6項）**

> **法第52条**
> 6　・・・規定する建築物の容積率の算定の基礎となる延べ面積には，次に掲げる建築物の部分の床面積は，算入しないものとする。
> 　一号　政令で定める昇降機の昇降路の部分
> 　二号　共同住宅又は老人ホーム等の共用の廊下又は階段の用途に供する部分
> 　三号　住宅又は老人ホーム等に設ける機械室その他これに類する建築物の部分（給湯設備その他の国土交通省令で定める建築設備を設置するためのものであつて，市街地の環境を害するおそれがないものとして国土交通省令で定める基準に適合するものに限る。）で，特定行政庁が交通上，安全上，防火上及び衛生上支障がないものと認めるもの

> **規則10条の4の4**　法第52条第6項第三号の国土交通省令で定める建築設備は，建築物のエネルギー消費性能（・・・）の向上に資するものとして国土交通大臣が定める給湯設備とする。

> **規則10条の4の5**　法第52条第6項第三号の国土交通大臣省令で定める基準は，次に掲げるものとする。
> 　一号　その敷地が幅員8m以上の道路に接する建築物に設けられるものであること。
> 　二号　その敷地面積が1,000 m²以上の建築物に設けられるものであること。
> 　三号　当該建築物の部分の床面積の合計を居住部分（住宅にあつては住戸をいい，老人ホーム等にあつては入居者ごとの専有部分をいう。）の数の合計で除して得た面積が2 m²以下であること。
> 　四号　当該建築物の部分の床面積の合計が建築物の延べ面積の1/50以下であること。

1）法第52条第6項により，昇降機の昇降路の部分（一号），共同住宅の共用の廊下等（二号），住宅等の給湯設備の部分（三号）は容積率の算定の基礎となる延べ面積からは除外される。

　ただし，三号の給湯設備に関しては，規則10条の4の5において，建物規模，敷地規模，建物全体に対する居住部分の割合及び給湯設備部分面積の合計が建築物延べ面積の1/50以下の条件がある。

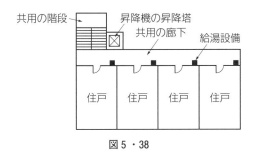

図 5・38

⑶ 容積率の算定の基礎となる延べ面積に昇降路の部分の床面積を算入しない昇降機（令第135条の16）

令第135条の16 法第52条第6項第一号の政令で定める昇降機は，エレベーターとする。

表 5・5

容積率算定上の延べ面積に算入しない部分		算入しない限度
住宅・老人ホーム等の地階 （天井が地盤面上1m以下）部分	法第52条3項	原則として， 住宅・老人ホーム等部分の1/3
エレベーターの昇降路	法第52条第6項一号	原則として，全て
共同住宅・老人ホーム等の共用の廊下 又は階段	法第52条第6項二号	原則として，全て
住宅等の給湯設備部分 （一定条件あり）	法第52条第6項三号	敷地内の建築物全体の1/50
自動車車庫・駐輪場	令第2条第1項第四号イ・同条第3項第一号	敷地内の建築物全体の1/5
備蓄倉庫部分	令第2条第1項第四号ロ・同条第3項第二号	敷地内の建築物全体の1/50
蓄電池設置部分	令第2条第1項第四号ハ・同条第3項第三号	敷地内の建築物全体の1/50
自家発電設備設置部分	令第2条第1項第四号ニ・同条第3項第四号	敷地内の建築物全体の1/100
貯水槽設置部分	令第2条第1項第四号ホ・同条第3項第五号	敷地内の建築物全体の1/100
宅配ボックス	令第2条第1項第四号ヘ・同条第3項第六号	敷地内の建築物全体の1/100

確認問題

法令上正しいものに〇を，正しくないものに×を付けなさい。

1. 宅配ボックスを設ける部分の床面積は，当該建築物の各階の床面積の合計の1/50を限度として，延べ面積に算入しない。 （ × ）

2. 田園住居地域内の専用住宅の容積率は，その敷地内に政令で定める規模以上の空地（道路に接して有効な部分が政令で定める規模以上であるものに限る。）を有し，かつ，その敷地面積が政令で定める規模以上である場合，当該地域に関する都市計画において定められた容積率の1.5倍以下とすることができる。 （ × 法第52条8項）

⑷　特定行政庁の許可により容積率の限度を超えることができるもの（法第52条第14項）

法第52条
14　次の各号のいずれかに該当する建築物で，特定行政庁が交通上，安全上，防火上及び衛生上支障がないと認めて許可したものの容積率は，第1項から第9項までの規定にかかわらず，その許可の範囲内において，これらの規定による限度を超えるものとすることができる。
一　同一敷地内の建築物の機械室その他これに類する部分の床面積の合計の建築物の延べ面積に対する割合が著しく大きい場合におけるその敷地内の建築物
二　その敷地の周囲に広い公園，広場，道路その他の空地を有する建築物
三　建築物のエネルギー消費性能（建築物のエネルギー消費性能の向上に関する法律（・・・）の向上のため必要な外壁に関する工事その他の屋外に面する建築物の部分に関する工事を行う建築物で構造上やむを得ないものとして国土交通省令で定めるもの

規則10条の4の6　法第52条第14項第三号の国土交通省令で定める建築物は，次に掲げる工事を行う建築物で当該工事によりその容積率が法第52条1項から9項までの規定による限度を超えるものとする。
一　建築物のエネルギー消費性能の向上のため必要な外壁を通して熱の損失の防止のための工事
二　建築物のエネルギー消費性能の向上のため必要な軒又はひさしを外壁その他の屋外に面する建築物の部分に設ける工事
三　再生可能エネルギー源（・・・）の利用に資する設備を外壁に設ける工事
2　前項の工事は，その目的を達成するために必要な最小限度のものでなければならない。

1）14項　特定行政庁が安全上等支障がないと認めて許可をした場合は，許可の範囲において第1項から第9項までの規定の限度を超えることができる。なお，この場合は，建築審査会の同意を得なければならない。

①　三号　建築物エネルギー消費性能の向上のための工事に関しては，規則10条の4の6によって，外壁の断熱等の工事，軒・庇等の取り付け工事，太陽光パネル取り付け工事等が指定されている。

例題

例題05-7

　図のような敷地において，建築基準法上，新築することができる建築物の**延べ面積の最高限度**は，次のうちどれか。ただし，図に記載されているものを除き，地域，地区等及び特定行政庁の指定はないものとし，図に示す範囲に高低差はないものとする。また，特定道路の影響はないものとし，建築物には，共同住宅，自動車車庫等の用途に供する部分，エレベーター及び地階はないものとする。

1．420 m^2
2．510 m^2
3．540 m^2
4．570 m^2
5．600 m^2

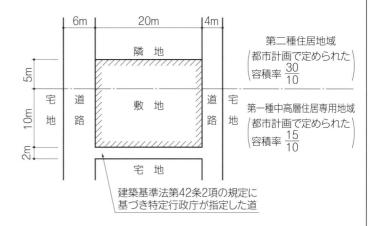

例題05-8

　図のような店舗を併用した一戸建住宅を新築する場合，建築基準法上，容積率の算定の基礎となる**延べ面積**は，次のうちどれか。ただし，自動車車庫等の用途に供する部分，エレベーターはないものとし，地域，地区等及び特定行政庁の指定等は考慮しないものとする。

1．195 m^2
2．200 m^2
3．250 m^2
4．270 m^2
5．300 m^2

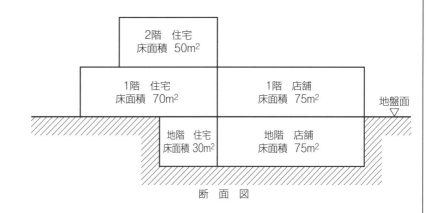

答え　➡ p.262

5・5　高さ制限

5・5・1　絶対高さ

⑴　第一種低層住居専用地域等内における建築物の高さの限度（法第55条）

> **法第55条**　第一種低層住居専用地域内，第二種低層住居専用地域内又は田園住居地域内においては，建築物の高さは，10 m 又は12 m のうち当該地域に関する都市計画において定められた建築物の高さの限度を超えてはならない。
> 2　前項の都市計画において建築物の高さの限度が10 m と定められた第一種低層住居専用地域又は第二種低層住居専用地域内においては，・・・，特定行政庁が低層住宅に係る良好な住居の環境を害するおそれがないと認めるものの高さの限度は，同項の規定にかかわらず，12 m とする。
> 3　再生可能エネルギー源（・・・）の利用に資する設備の設置のため必要な屋根に関する工事その他の屋外に面する建築物の部分に関する工事を行う建築物で構造上やむを得ないものとして国土交通省令で定めるものであつて，特定行政庁が低層住宅に係る良好な住居の環境を害するおそれがないと認めて許可したものの高さは，前2項の規定にかかわらず，その許可の範囲内において，これらの規定による限度を超えるものとすることができる。
> 4　第1項及び第2項の規定は，次の各号の一に該当する建築物については，適用しない。
> 　一　その敷地の周囲に広い公園，広場，道路その他の空地を有する建築物であつて，低層住宅に係る良好な住居の環境を害するおそれがないと認めて特定行政庁が許可したもの
> 　二　学校その他の建築物であつて，その用途によつてやむを得ないと認めて特定行政庁が許可したもの
> 5　第44条第2項の規定は，第3項又は前項各号の規定による許可をする場合に準用する。

1）　1項　**第一種低層住居専用地域，第二種低層住居専用地域又は田園住居地域**内においては，建築物の高さは，**10 m 又は 12 m** のうちいずれか都市計画で定められている。

2）　3項，4項，5項　10 m 又は 12 m の制限は，特定行政庁が建築審査会の同意を得て許可した場合は，これらの制限を超えることができる。

3）　3項の再生可能エネルギー導入等のために行う国交省令で定める工事は，規則10条の4の9によって太陽光パネル等の設置工事，断熱材を屋根に設ける工事，建築物の屋上に省エネ設備を設置する工事等が指定されている。

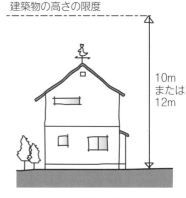

建築物の高さの限度

10m または 12m

図5・39

5・5・2　道路高さ制限

⑴　道路高さ制限（法第56条第1項第一号）

> **法第56条**　建築物の各部分の高さは，次に掲げるもの以下としなければならない。
> 　一　別表第3（い）欄及び（ろ）欄に掲げる地域，地区又は区域及び容積率の限度の区分に応じ，前面道路の反対側の境界線からの水平距離が同表（は）欄に掲げる距離以下の範囲内においては，当該部分から前面道路の反対側の境界線までの水平距離に，同表（に）欄に掲げる数値を乗じて得たもの

1）道路幅員による高さ制限（道路の反対側から
　の水平距離 l によって制限される）

①　**住居系**の用途地域　：高さの限度＝**1.25×**
　　l

②　**非住居系**の用途地域：高さの限度＝**1.5×** l

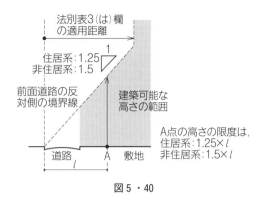

図5・40

［法別表第3］

	（い）	（ろ）	（は）	（に）
1	第一種低層住居専用地域 第二種低層住居専用地域 第一種中高層住居専用地域 第二種中高層住居専用地域 第一種住居地域 第二種住居地域 準住居地域 田園住居地域	20/10以下の場合	20 m	
		20/10を超え，30/10以下の場合	25 m	1.25
		30/10を超え，40/10以下の場合	30 m	
		40/10を超える場合	35 m	
2	近隣商業地域 商業地域	40/10以下の場合	20 m	
		40/10を超え，60/10以下の場合	25 m	
		60/10を超え，80/10以下の場合	30 m	
		80/10を超え，100/10以下の場合	35 m	1.5
		100/10を超え，110/10以下の場合	40 m	
		110/10を超え，120/10以下の場合	45 m	
		120/10を超える場合	50 m	
3	準工業地域 工業地域 工業専用地域	20/10以下の場合	20 m	
		20/10を超え，30/10以下の場合	25 m	1.5
		30/10を超え，40/10以下の場合	30 m	
		40/10を超える場合	35 m	

(2)　建築物の後退距離（法第56条第2項）

法第56条
2　前面道路の境界線から後退した建築物に対する前項第一号の規定の適用については，同号中「前面道路の反対側の境界線」とあるのは，「前面道路の反対側の境界線から当該建築物の後退距離（当該建築物（地盤面下の部分その他政令【令第130条の12】で定める部分を除く。）から前面道路の境界線までの水平距離のうち最小のものをいう。）に相当する距離だけ外側の線」とする。

1）前面道路の境界線から後退している建築物の道路高さ制限は，**道路の反対側の境界線**は，**建築物の後退距離の最小値**だけ**外側**となる。

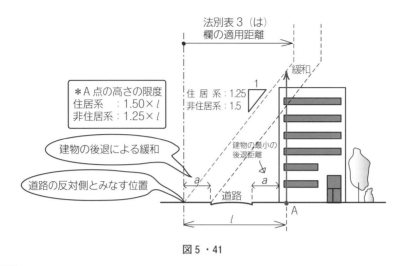

図 5・41

確認問題

法令上正しいものに〇を，正しくないものに✕を付けなさい。

1．前面道路の境界線から後退した建築物に対する道路高さ制限において，後退距離は，原則として，当該建築物から前面道路の境界線までの水平距離のうち最小のものをいう。　　　　　　　　　（　〇　）

設問5　第一種住居地域に図のような建築物を建築する場合，建築基準法上，前面道路による高さ制限によるA点の**建築物の高さの限度**を求めよ。

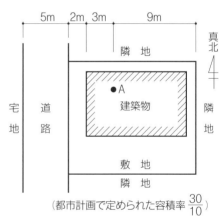

（都市計画で定められた容積率 $\frac{30}{10}$）

解答　l を求める。

・2m（後退距離）＋5m（道路幅員）＋2m（後退距離）＋3m＝12m

法別表第3による適用距離は，前面道路幅員による容積率が5m×$\frac{4}{10}$＝$\frac{20}{10}$となるので20mとなり，A点は道路高さの制限を受ける。

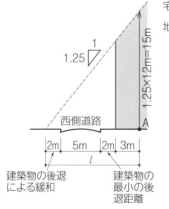

l に用途地域による係数をかけて高さを求める。

・12m×1.25 = **15m**

⑶　**前面道路との関係についての建築物の各部分の高さの制限に係る建築物の後退距離の算定の特例（令第130条の12）**

令第130条の12　法第56条第2項及び第4項の政令で定める建築物の部分は，次に掲げるものとする。

一　物置その他これに類する用途に供する建築物の部分で次に掲げる要件に該当するもの

イ　軒の高さが2.3m以下で，かつ，床面積の合計が5㎡以内であること。

ロ　当該部分の水平投影の前面道路に面する長さを敷地の前面道路に接する部分の水平投影の長さで除した数値が 1/5以下 であること。

ハ　当該部分から前面道路の境界線までの水平距離のうち最小のものが 1m以上 であること。

二　 ポーチ その他これに類する建築物の部分で，前号ロ及びハに掲げる要件に該当し，かつ，高さが5m以下であるもの

三　道路に沿つて設けられる高さが2m以下の 門又は塀 （高さが1.2mを超えるものにあつては，当該1.2mを超える部分が網状その他これに類する形状であるものに限る。）

四　隣地境界線に沿つて設けられる門又は塀

五　歩廊，渡り廊下その他これらに類する建築物の部分で，特定行政庁がその地方の気候若しくは風土の特殊性又は土地の状況を考慮して規則で定めたもの

六　前各号に掲げるもののほか，建築物の部分で高さが1.2m以下のもの

1）道路高さ制限において，前面道路からの建築物の後退距離の算定について，第一号から第六号に該当する建築物等は　存在しないものとして算定する。なお，道路高さ制限による建築物の高さについては，地盤面からの高さではなく前面道路の中心からの高さとする。（令第2条第1項第六号イ，1・3・2（2）参照）

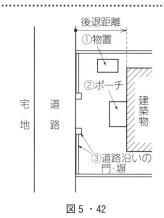

図5・42

確認問題

法令上正しいものに〇を，正しくないものに×を付けなさい。

1．建築物の敷地の前面道路に沿って塀（前面道路の路面の中心からの高さが1.2mのもの）が設けられている場合においては，前面道路の境界線から後退した建築物に対する道路高さ制限の緩和を適用することができる。

（　〇　）

---

① **物置**（第一号）

ア．軒の高さ **2.3m以下**，かつ，床面積 **5m²以内**

イ．物置の幅が敷地の接道長さの **1/5以下**

ウ．前面道路からの後退距離 **1m以上**

② **ポーチ**（第二号）

ア．ポーチの幅が敷地の接道長さの **1/5以下**

イ．前面道路からの後退距離 **1m以上**

ウ．高さ **5m以下**

③ **道路沿いのへい等**（第三号）

ア．高さ **2m以下**

イ．高さ **1.2m** を超える部分が **網状**等の形状

設問6　図のような敷地（補強コンクリートブロック造, 高さ1.5 mで透かしのないへいが, 出入口を除き, 周囲にある。）において, 建築物を新築する場合, 建築基準法上, A点における道路高さ制限による**地盤面からの建築物の高さの最高限度**はどれだけか。

　　ただし, 敷地は平坦で敷地と周囲との高低差は無く, 図に記載されているものを除き, 地域, 地区等及び特定行政庁の指定はないものとする。また, 物置の軒の高さは2.3 mとする。

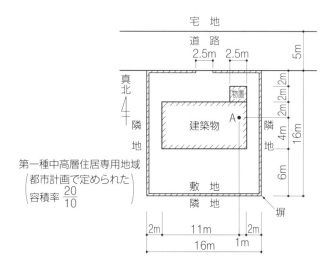

第一種中高層住居専用地域
$\left(\begin{array}{l}\text{都市計画で定められた}\\ \text{容積率}\dfrac{20}{10}\end{array}\right)$

解答　①　道路高さ制限による後退距離の確認

　　　　・物置：軒の高さ2.3 m以下, 床面積（2.5 m×2 m）5 m²以下, 敷地の接道長さ16 mに対し物置の

　　　　　　幅2.5 m　　　2.5/16≒0.16（1/5以下）,

　　　　　　前面道路からの後退距離2 m（1 m以上）

　　　　物置は条件をクリアーしている。

　　　　・へい：高さ2 m以下（1.5 m）, 高さ1.2 m超の部分が網状・・・高さ1.5 mで透かしがないへいなので条件を満たしていない。

　　　　したがって, 後退距離＝0となる。

　　　②　道路高さ制限による計算

　　　　・l＝5 m＋2 m＋2 m＋2 m＝11 m

　　　　・A点の前面道路による高さ

　　　　　11 m×1.25＝**13.75 m**

　　　∴ A点における地盤からの建築物の高さの最高限度は **13.75 m**

(4)　**緩和措置（法第56条第6項）**

法第56条
6　建築物の敷地が2以上の道路に接し, 又は公園, 広場, 川若しくは海その他これらに類するものに接する場合, 建築物の敷地とこれに接する道路若しくは隣地との高低の差が著しい場合その他特別の事情がある場合における前各項の規定の適用の緩和に関する措置は, 政令【令第132条〜令第135条の4】で定める。

1 ）高さ制限の緩和規定は, 令第132条〜令第135条の4で定める。

(5)　**2以上の前面道路**がある場合（令第132条）

令第132条　建築物の前面道路が2以上ある場合においては, 幅員の最大な前面道路の境界線からの水平距離がその前面道路の幅員の2倍以内で, かつ, 35 m以内の区域及びその他の前面道路の中心線からの水平距離が10 mをこえる区域については, すべての前面道路が幅員の最大な前面道路と同じ幅員を有するものとみなす。

1）前面道路が2以上ある場合は，一定の敷地の範囲内では，**狭い道路幅員の道路でも，最大幅員と同じ幅員を有するものとみなして道路高さ制限が適用される。**

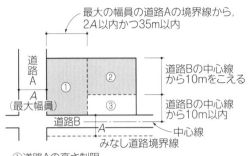

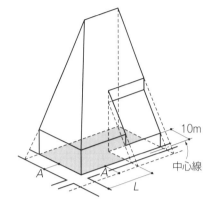

①道路Aの高さ制限
②道路Bを道路Aとみなした高さ制限
③道路Bの高さ制限

図5・43

設問7　図のような敷地において，建築物を新築する場合，建築基準法上，A点における地盤面からの道路高さ制限による建築物の高さの最高限度は，どれだけか。ただし，敷地は平坦で，敷地と周囲との高低差はないものとし，図に記載されているものを除き，地域，地区等及び特定行政庁の指定等はないものとする。

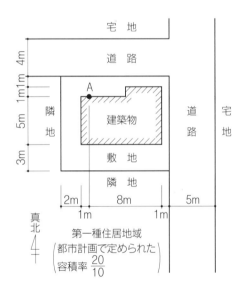

解答　①　2以上の道路がある場合の緩和が受けられるかの検討
　　・5m道路境界線より5mの2倍のライン（10m）を引いて，その中にA点があるかを調べると，その中に入っているので，4m道路は5m道路とみなして道路高さ制限を受ける。

②　*l*の検討
　　・東側道路　*l* = 8m + 1m + 5m + 1m = 15m
　　・北側道路　*l* = 1m + 1m + 5m + 1m = 8m

③　道路高さ制限の検討
　　・*l*の短い道路の方が道路高さ制限は厳しい。
　　A点の最高限度は 8m × 1.25 = **10m**

(6)　**前面道路の反対側**に公園，広場，水面その他これらに類するものがある場合（令第134条）

令第134条　**前面道路の反対側**に公園，広場，水面その他これらに類するものがある場合においては，当該前面道路の反対側の境界線は，当該公園，広場，水面その他これらに類するものの反対側の境界線にあるものとみなす。

1) 道路高さ制限において，道路の反対側に川，公園，線路等がある場合は，**その部分も含めて道路幅員とする。**

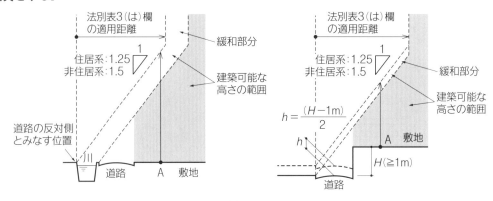

図 5・44

(7) （**道路面と敷地の地盤面に 高低差 がある場合**（令第135条の2）

> **令第135条の2** 建築物の敷地の地盤面が前面道路より1m以上高い場合においては，その前面道路は，敷地の地盤面と前面道路との高低差から1mを減じたものの1/2だけ高い位置にあるものとみなす。

1) 地盤面が前面道路より1m以上高い場合は，**高低差から1mを減じたものの1/2だけ緩和を受ける。**

設問8 図のように，前面道路の路面の中心から1.2m高い平坦な敷地（門はなく，出入口を除き，周囲に高さ0.8mの網状のフェンスがある。）において，建築物を新築する場合，建築基準法上，A点における**地盤面からの建築物の高さの最高限度**は，次のうちどれか。ただし，道路側を除き，隣地との高低差はなく，また，図に記載されているものを除き，地域，地区等及び特定行政庁の指定等はないものとし，日影による中高層の建築物の高さの制限及び天空率は考慮しないものとする。なお，建築物は，すべての部分において，高さの最高限度まで建築されるものとする。

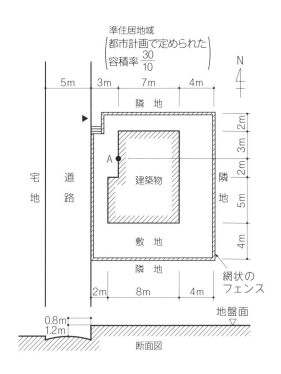

解答

① 道路斜線の検討

$l = 3\,\text{m} + 5\,\text{m} + 2\,\text{m} = 10\,\text{m}$（0.8m網状のフェンスなので，後退距離を活用できる）

$10\,\text{m} \times 1.25 = 12.5\,\text{m}$

② 高低差による緩和

h＝（1.2 m－1 m）/2＝0.1 m （0.1 m だけ緩和される）

③ A 点の地盤面からの高さ

12.5 m－（1.2 m－0.1 m）＝**11.4 m** （元の高低差 1.2 m が 0.1 m のみ緩和されている）

5・5・3　北側高さ制限

(1)　北側高さ制限（法第56条第 1 項第三号）

> **法第56条**　建築物の各部分の高さは，次に掲げるもの以下としなければならない。
> 三　第一種低層住居専用地域，第二種低層住居専用地域若しくは田園住居地域内又は第一種中高層住居専用地域若しくは第二種中高層住居専用地域（次条第 1 項の規定に基づく条例で別表第 4 の 2 の項に規定する(1)，(2)又は(3)の号が指定されているものを除く。以下この号及び第 7 項第三号において同じ。）内においては，当該部分から前面道路の反対側の境界線又は隣地境界線までの真北方向の水平距離に1.25を乗じて得たものに，第一種低層住居専用地域，第二種低層住居専用地域又は田園住居地域内の建築物にあつては5 mを，第一種中高層住居専用地域又は第二種中高層住居専用地域内の建築物にあつては10 mを加えたもの

1）北側の真北方向の距離（l）による高さ制限（北側高さ制限）

① 第一種・第二種低層住居専用地域，田園住居地域：高さの限度＝**5 m＋1.25×l**

② 第一種・第二種中高層住居専用地域：高さの限度＝**10 m＋1.25×l**

③ l は真北方向の水平距離

ア．真北方向が隣地の場合は，**隣地境界線までの水平距離**

イ．真北方向が道路の場合は，**道路の反対側の境界線までの水平距離**

④ 北側高さ制限には，後退距離による緩和はない

⑤ 日影規制の指定されている地域においては，北側高さ制限は適用されない。

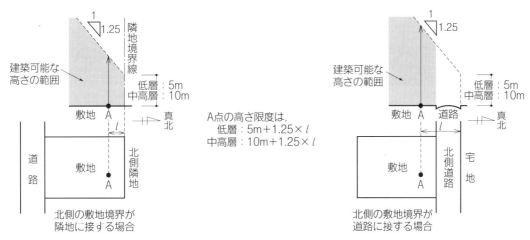

図 5・45

⑵ 北側の前面道路又は隣地との関係についての建築物の各部分の高さの制限の緩和（令第135条の4）

> 令第135条の4　法第56条第6項の規定による同条第1項及び第5項の規定の適用の緩和に関する措置で同条第1項第三号に係るものは，次に定めるところによる。
> 一　北側の前面道路の反対側に水面，線路敷その他これらに類するものがある場合又は建築物の敷地が北側で水面，線路敷その他これらに類するものに接する場合においては，当該前面道路の反対側の境界線又は当該水面，線路敷その他これらに類するものに接する隣地境界線は，当該水面，線路敷その他これらに類するものの幅の 1/2だけ外側 にあるものとみなす。
> 二　建築物の敷地の地盤面が北側の隣地（・・・）の地盤面（・・・）より1m以上低い場合においては，その建築物の敷地の地盤面は，当該高低差から1mを減じたものの 1/2だけ高い位置 にあるものとみなす。

1）北側高さ制限の緩和規定

① 北側に川，線路等がある場合は，その幅の1/2だけ緩和を受ける。（道路斜線制限は川等の幅全て緩和を受けるが，北側高さ制限は，1/2のみ。）**公園に対する緩和**はない。

② 北側の隣地より1m以上地盤面が低い場合は，道路高さ制限の高低差の緩和と同じく，**高低差から1mを引いたものの1/2だけ緩和**を受ける。

確認問題

法令上正しいものに○を，正しくないものに×を付けなさい。
1．第二種中高層住居専用地域のうち，日影規制の対象区域においては，北側高さ制限は適用されない。（　○　）

5・5・4　隣地高さ制限

⑴ 隣地高さ制限（法第56条第1項第二号）

> 法第56条　建築物の 各部分の高さ は，次に掲げるもの以下としなければならない。
> 二　当該部分から隣地境界線までの水平距離に，次に掲げる区分に従い，イ若しくはニに定める数値が1.25とされている建築物で高さが20mを超える部分を有するもの又はイからニまでに定める数値が2.5とされている建築物（・・・）で高さが31mを超える部分を有するものにあつては，それぞれその部分から隣地境界線までの水平距離のうち最小のものに相当する距離を加えたものに，イからニまでに定める数値を乗じて得たものに，イ又はニ に定める数値が 1.25 とされている建築物にあつては 20m を，イからニまでに定める数値が 2.5 とされている建築物にあつては 31m を加えたもの
> イ　第一種中高層住居専用地域・・・　　　1.25（・・・2.5）
> ロ　近隣商業地域・・・　　　　　　　　　2.5
> ハ　高層住宅誘導地区内・・・　　　　　　2.5
> ニ　用途地域の指定のない区域・・・　　　1.25又は2.5のうち・・・

1）隣地境界線までの距離 l（後退距離あり）による高さ

① 第一種低層住居専用地域，第二種低層住居専用地域又は田園住居地域については，10m又は12mの絶対高さの制限があるので，隣地高さ制限はかからない。

② 住居系の用途地域：高さの限度＝**20m＋1.25×l**

　　その他の用途地域：高さの限度＝**31m＋2.5×l**

③ 隣地高さ制限には，後退距離の緩和がある。

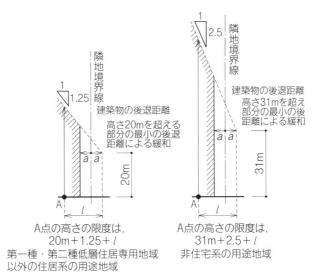

図 5 ・46

---

(2)　隣地との関係についての建築物の各部分の高さの制限の緩和（令第135条の3）

令第135条の3　法第56条第6項の規定による同条第1項及び第5項の規定の適用の緩和に関する措置で同条第1項第二号に係るものは，次に定めるところによる。
　一　建築物の敷地が公園（・・・），広場，水面その他これらに類するものに接する場合においては，その公園，広場，水面その他これらに類するものに接する隣地境界線は，その公園，広場，水面その他これらに類するものの幅の1/2だけ外側にあるものとみなす。
　二　建築物の敷地の地盤面が隣地の地盤面（・・・）より1m以上低い場合においては，その建築物の敷地の地盤面は，当該高低差から1mを減じたものの1/2だけ高い位置にあるものとみなす。

1）隣地高さ制限の緩和規定

　①　一号　敷地が，公園，川等に接する場合は，**その幅の1/2だけ緩和**を受ける。

　②　二号　隣地の地盤面より1m以上低い場合は，道路高さ制限の高低差の緩和と同じく，**高低差から1mを引いたものの1/2だけ緩和**を受ける。

表5・6　高さ制限のまとめ

	住居系			商業系・工業系 その他
	第一種・第二種低層住居専用, 田園住居	第一種・第二種中高層住居専用	その他	
絶対高さ	10 m 又は 12 m	—	—	—
北側高さ	5 m＋1.25 l	10 m＋1.25 l	—	—
道路高さ	1.25 l	1.25 l	1.25 l	1.5 l
隣地高さ	—	20 m＋1.25 l	20 m＋1.25 l	31 m＋2.5 l

5・5・5　天空率

(1)　隣地高さ制限 (法第56条第7項)

> **法第56条**
> 7　次の各号のいずれかに掲げる規定によりその高さが制限された場合にそれぞれ当該各号に定める位置において確保される採光，通風等と同程度以上の採光，通風等が当該位置において確保されるものとして政令【令第135条の5】で定める基準に適合する建築物については，それぞれ当該各号に掲げる規定は，適用しない。
> 　一　第1項第一号・・・
> 　二　第1項第二号・・・
> 　三　第1項第三号・・・

1)　計画建築物により確保される採光・通風等を天空率により表し，斜線制限により確保される天空率以上である場合，高さ制限（道路高さ制限（第1項第一号），隣地高さ制限（第1項第二号），北側高さ制限（第1項第三号））を適用しない。

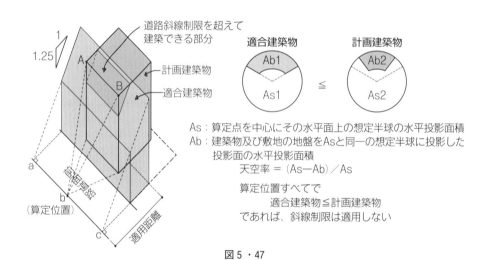

図5・47

> **確認問題**
>
> 法令上正しいものに〇を，正しくないものに×を付けなさい。
> 1．第一種低層住居専用地域内における10m又は12mの建築物の高さの制限については，天空率の計算を行うことにより，特定行政庁の許可又は設定を受けなくても，その高さの限度を超えることができる。　　　　（　×　）

例題

例題05-9

　図のような敷地において，建築物を新設する場合，建築基準法上，A点における**地盤面からの建築物の高さの最高限度**は，次のうちどれか。ただし，敷地は平坦で，敷地，公園及び道路の相互間の高低差並びに門及び塀はなく，また，図に記載されているものを除き，地域，地区等及び特定行政庁の指定等はないものとし，日影規制（日影による中高層の建築物の高さ制限）及び天空率は考慮しないものとする。なお，建築物は，すべての部分において，高さの最高限度まで建築されるものとする。

1．16.25 m
2．18.75 m
3．20.00 m
4．21.25 m
5．23.75 m

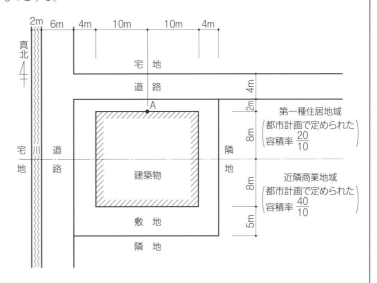

例題05-10

　図のような敷地において，建築物を新設する場合，建築基準法上，A点における**地盤面からの建築物の高さの最高限度**は，次のうちどれか。ただし，敷地は平坦で，敷地，隣地及び道路の相互間の高低差並びに門及び塀はなく，また，図に記載されているものを除き，地域，地区等及び特定行政庁の指定等はないものとし，日影規制（日影による中高層の建築物の高さ制限）及び天空率は考慮しないものとする。なお，建築物は，すべての部分において，高さの最高限度まで建築されるものとする。

1．7.5 m
2．10.0 m
3．12.5 m
4．15.0 m
5．18.0 m

答え　➡ p.262，263

5・6 日影規制

5・6・1 日影規制

(1) 日影による中高層の建築物の高さの制限（法第56条の2）

> **法第56条の2** 別表第4 (い) 欄の各項に掲げる地域又は区域の全部又は一部で地方公共団体の 条例 で指定する区域 (以下この条において「対象区域」という。) 内にある同表 (ろ) 欄の当該各項 (・・・) に掲げる建築物は、冬至日の真太陽時による午前8時から午後4時まで（道の区域内にあつては、午前9時から午後3時まで）の間において、それぞれ、同表 (は) 欄の各項 (・・・) に掲げる平均地盤面からの高さ (・・・) の水平面 (・・・) に、敷地境界線からの水平距離が5mを超える範囲において、同表 (に) 欄の(1)、(2)又は(3)の号 (・・・) のうちから地方公共団体がその地方の気候及び風土、土地利用の状況等を勘案して 条例 で指定する号に掲げる時間以上日影となる部分を生じさせることのないものとしなければならない。ただし、特定行政庁が土地の状況等により周囲の居住環境を害するおそれがないと認めて建築審査会の同意を得て許可した場合又は当該許可を受けた建築物を周囲の居住環境を害するおそれがないものとして政令で定める位置及び規模の範囲内において増築し、改築し、若しくは移転する場合においては、この限りでない。
> 2 同一の敷地内に2以上の建築物がある場合においては、これらの建築物を1の建築物とみなして、前項の規定を適用する。
> 3 建築物の敷地が道路、川又は海その他これらに類するものに接する場合、建築物の敷地とこれに接する隣地との高低差が著しい場合その他これらに類する特別の事情がある場合における第1項本文の規定の適用の緩和に関する措置は、政令【令第135条の12】で定める。
> 4 対象区域外にある 高さが10mを超える建築物 で、冬至日において、対象区域内の土地に日影を生じさせるものは、当該対象区域内にある建築物とみなして、第1項の規定を適用する。
> 5 建築物が第1の規定による日影時間の制限の異なる区域の内外にわたる場合又は建築物が、冬至日において、対象区域のうち当該建築物がある区域外の土地に日影を生じさせる場合における同項の規定の適用に関し必要な事項は、政令【令第135条の13】で定める。

1) 1項 日影規制は、**地方公共団体が条例**により指定された区域のみ規制される（法別表第4による）。

　① 規制される時間は、午前8時から午後4時まで。（北海道は、午前9時から午後3時まで。）

　② 規制される日影の部分は、隣地境界線から水平距離が**5mを超える範囲**。

2) 2項 同一敷地内に、建築物が2以上ある場合はこれらを1の建物として日影規制が適用される。

3) 3項 敷地が道路等に接する場合、又は隣地との高低差がある場合の緩和は令第135条の12に定める。

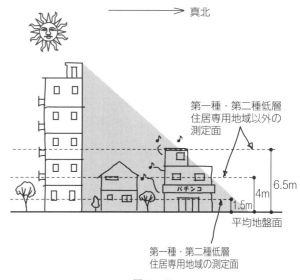

図5・48

4) 4項 日影規制のない地域内（商業地域等）の建築物でも、高さ10mを超える建築物で、冬至日にその日影が日影規制のある地域に影響を及ぼす場合、日影規制の対象地域内にあるものとみなされる。

5）高層住居誘導地区内の建築物は，対象区域外にあるものとみなして，日影規制は適用されない。
（法第57条の5第4項）

6）特定街区内の建築物は，日影規制は適用しない。（法第60条第3項）

［法別表第4］

	（い） 地域又は区域		（ろ） 制限を受ける建築物	（は） 平均地盤面 からの高さ	（に） 敷地境界線か ら10m以内…	（に） 敷地境界線から 10mを超える…
1	**第一種低層**住居専用地域 **第二種低層**住宅専用地域 田園住居地域		**軒高7mを超える又は階数3 以上**（地階を除く）	1.5m	…	…
2	**第一種中高層**住居専用地域 **第二種中高層**住居専用地域		**高さ10mを超える**	4m 又は 6.5m	…	…
3	第一種住居地域 第二種住居地域 準住居地域 近隣商業地域 準工業地域		**高さ10mを超える**	4m 又は 6.5m	…	…
4	用途地域の指定のない区域	イ	軒高7mを超える又は階 数3以上（地階を除く）	1.5m	…	…
		ロ	高さ10mを超える	4m	…	…

この表において，平均地盤面からの高さとは，当該建築物が周囲の地面と接する位置の平均の高さにおける水平面からの高さをいうものとする。

1）商業地域，工業地域，工業専用地域は，日影規制は指定されない。

2）（ろ）欄の制限を受ける建築物の軒高，高さは，令第2条第2項で規定する地盤面（3m毎の平均地盤面）から測る。

3）（は）欄の測定面は，平均地盤面（建築物が地盤と接する位置平均の高さ（全体の平均面））から測る。

確認問題

法令上正しいものに○を，正しくないものに×を付けなさい。

1．日影規制（日影による中高層の建築物の高さの制限）において，「平均地盤面からの高さ」とは，当該建築物が周囲の地面と接する位置の平均の高さにおける水平面からの高さをいう。
（　○　法別表第4　測定面の定義　）

2．日影規制が適用されるか否かの建築物の高さの算定は，平均地盤面からの高さではなく，地盤面からの高さによる。
（　○　対象建物の高さ　）

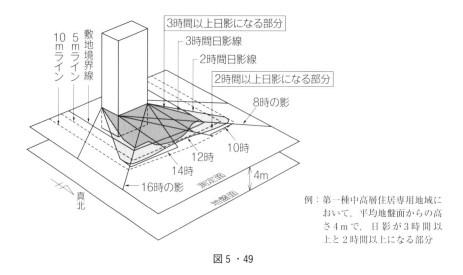

例：第一種中高層住居専用地域において，平均地盤面からの高さ4mで，日影が3時間以上と2時間以上になる部分

図5・49

(2)　日影による中高層の建築物の高さの制限の適用除外等（令第135条の12）

第135条の12　法第56条の2第1項ただし書の政令で定める位置は，同項ただし書の規定による許可を受けた際における敷地の区域とする。

2　法第56条の2第1項ただし書の政令で定める規模は，同項に規定する平均地盤面からの高さの水平面に，敷地境界線からの水平距離が5mを超える範囲において新たに日影となる部分を生じさせることのない規模とする。

3　法第56条の2第3項の規定による同条第1項本文の規定の適用の緩和に関する措置は，次の各号に定めるところによる。

　一　建築物の敷地が道路，水面，線路敷その他これらに類するものに接する場合においては，当該道路，水面，線路敷その他これらに類するものに接する敷地境界線は，当該道路，水面，線路敷その他これらに類するものの幅の1/2だけ外側にあるものとみなす。ただし，当該道路，水面，線路敷その他これらに類するものの幅が10mを超えるときは，当該道路，水面，線路敷その他これらに類するものの反対側の境界線から当該敷地の側に水平距離5mの線を敷地境界線とみなす。

　二　建築物の敷地の平均地盤面が隣地又はこれに連接する土地で日影の生ずるものの地盤面（・・・）より1m以上低い場合においては，その建築物の敷地の平均地盤面は，当該高低差から1mを減じたものの1/2だけ高い位置にあるものとみなす。

１）道路等及び高低差による日影規制の緩和

①　一号　**敷地が道路，水面，線路敷に接する場合，建築物の敷地境界線は，その幅の1/2の位置にあるものとみなす。**ただし，その幅が10mを超える場合は，反対側から5mの位置に敷地境界線があるものとみなす。

②　二号　隣地等の地盤面が敷地の平均地盤面より1m以上高い場合には，**当該敷地の地盤面は，当該高低差から1mを減じたものの1/2だけ高い位置にあるものとみなす。**

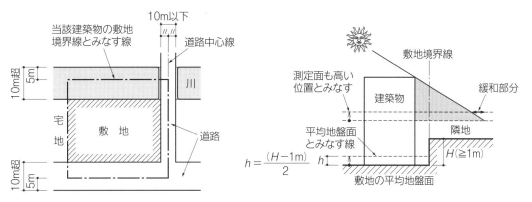

図 5 ・50

│ **確認問題**

法令上正しいものに○を，正しくないものに×を付けなさい。

1．建築物の敷地が幅員 12 m の道路に接する場合においては，原則として，当該道路の反対側の境界線から当該
　敷地の側に水平距離 5 m の線を敷地境界線とみなして，日影規制を適用する。　　　　　　　　　　（　×　）

例題

例題05-11

　建築物の高さの制限又は日影規制（日影による中高層の建築物の高さ制限）に関する次の記述のうち，建築基準法上，**誤っている**ものはどれか。ただし，用途地域以外の地域，地区等及び地形の特殊性に関する特定行政庁の定め等は考慮しないものとする。

1．一種低層住居専用地域内のうち，日影規制の対象区域においては，北側高さ制限は適用されない。
2．第二種低層住居専用地域内においては，隣地高さ制限は適用されない。
3．第二種低層住居専用地域内において，軒の高さが7mで地階を含む階数が3の建築物は，日影規制は適用されない。
4．商業地域内においては，原則として，日影規制は適用されない。
5．準工業地域内において，高さが31m以下の建築物については，隣地高さ制限は適用されない。

例題05-12

　建築物の高さの制限又は日影規制（日影による中高層の建築物の高さ制限）に関する次の記述のうち，建築基準法上，**誤っている**ものはどれか。ただし，用途地域以外の地域，地区等及び地形の特殊性に関する特定行政庁の定め等は考慮しないものとする。

1．北側高さ制限において，建築物の敷地が北側で線路敷に接する場合においては，当該線路に接する隣地境界線は，当該線路敷きの幅の1/2だけ外側にあるものとみなす。
2．道路高さ制限において，建築物の敷地の地盤面が前面道路より1m以上高い場合においては，その前面道路は，敷地の地盤面と前面道路との高低差から1mを減じたものの1/2だけ高い位置にあるものとみなす。
3．日影規制の対象区域外にある高さ10mを超える建築物で，冬至日において，対象区域内の土地に日影を生じさせるものは，原則として，当該対象区域内にある建築物とみなして，日影規制を適用する。
4．日影規制において，地方公共団体が条例で，用途地域の指定のない区域を対象区域として，軒の高さが7mを超える建築物又は地階を除く階数が3以上の建築物を指定した場合においては，平均地盤面からの高さが4mの水平面に生じる日影について，日影規制を適用する。
5．日影規制において，建築物の敷地の平均地盤面が隣地またはこれに連接する土地で日影の生ずるものの地盤面（隣地又はこれに連接する土地に建築物がない場合においては，当該隣地又はこれに連接する土地の平均地表面）より1m以上低い場合においては，その建築物の敷地の平均地盤面は，当該高低差から1mを減じたものの1/2だけ高い位置にあるものとみなす。

答え　➡ p.263

第**6**章

確認申請・手続き等

6・1 確認申請・手続き－1

6・1・1 建築物の建築等に関する申請及び確認（法第6条）（令和7年4月施行予定）

法6条 建築主は，第一号若しくは第二号に掲げる建築物を建築しようとする場合（増築しようとする場合においては，建築物が増築後において第一号又は第二号に規定する規模のものとなる場合を含む。），これらの建築物の大規模の修繕若しくは大規模の模様替をしようとする場合又は第三号に掲げる建築物を建築しようとする場合においては，当該工事に着手する前に，その計画が建築基準関係規定（この法律並びにこれに基づく命令及び条例の規定（以下「建築基準法令の規定」という。）その他建築物の敷地，構造又は建築設備に関する法律並びにこれに基づく命令及び条例の規定で政令で定めるものをいう。以下同じ。）に適合するものであることについて，確認の申請書を提出して建築主事の確認を受け，確認済証の交付を受けなければならない。当該確認を受けた建築物の計画の変更（国土交通省令で定める軽微な変更を除く。）をして，第一号若しくは第二号に掲げる建築物を建築しようとする場合（増築しようとする場合においては，建築物が増築後において第一号又は第二号に規定する規模のものとなる場合を含む。），これらの建築物の大規模の修繕若しくは大規模の模様替をしようとする場合又は第三号に掲げる建築物を建築しようとする場合も，同様とする。

一　別表第1（い）欄に掲げる用途に供する特殊建築物で，その用途に供する部分の床面積の合計が200 m²を越えるもの

二　前号に掲げる建築物を除くほか，2以上の階数を有し，又は延べ面積が200 m²を超える建築物

三　前2号に掲げる建築物を除くほか，都市計画区域若しくは準都市計画区域（いずれも都道府県知事が都道府県都市計画審議会の意見を聴いて指定する区域を除く。）若しくは景観法（平成16年法律第110号）第74条第1項の準景観地区（市町村長が指定する区域を除く。）内又は都道府県知事が関係市町村の意見を聴いてその区域の全部若しくは一部について指定する区域内における建築物

2　前項の規定は，防火地域及び準防火地域外において建築物を増築し，改築し，又は移転しようとする場合で，その増築，改築又は移転に係る部分の床面積の合計が10 m²以内であるときについては，適用しない。

4　建築主事は，第一項の申請書を受理した場合においては，同項第一号又は第二号までに係るものにあつてはその受理した日から35日以内に，同項三号に係るものにあつてはその受理した日から7日以内に，申請に係る建築物の計画が建築基準関係規定に適合するかどうかを審査し，審査の結果に基づいて建築基準関係規定に適合することを確認したときは，当該申請者に確認済証を交付しなければならない。

5　建築主事は，前項の場合において，申請に係る建築物の計画が第6条の3第1項の構造計算適合性判定を要するものであるときは，建築主から同条7項の適合判定通知書又はその写しの提出を受けた場合に限り，第1項の規定による確認をすることができる。

6　建築主事は，第4項の場合（・・・特定構造計算基準（第20条第1項第二号イ・・・）に適合するかどうかを審査する場合その他国土交通省令で定める場合に限る。）において，第4項の期間内に当該申請者に第1項の確認済証を交付することができない合理的な理由があるときは，35日の範囲内において，第4項の期間を延長することができる。この場合においては・・・

8　第1項の確認済証の交付を受けた後でなければ，同項の建築物の建築，大規模の修繕又は大規模の模様替えの工事は，することができない。

9　第1項の規定による確認の申請書，同項の確認済証並びに第6項及び第7項の通知書の様式は，国土交通省令で定める。

（注1）　法第6条関連政令に関しては，現時点（令和5年12月）では未公布のため，法の施行に伴い変更の可能性がある。

1）　1項　建築主は，

①　第一号，第二号の建築物を**建築**，**大規模の修繕・大規模の模様替え**

②　第三号の建築物を**建築**をする場合は，建築基準関係規定（建築基準法令の規定及び令第9条に

定める関係規定）に適応しているかを確認の申請書を提出して建築主事の確認を受け，**確認済証の交付を受けなければならない。**

③　確認を受けた建築物の計画の変更は，再度確認申請を出し直さなければならない。ただし，軽微な変更（規則第３条の２）の場合はその必要はない。

規則第３条の２　法第６条第１項（・・・）の国土交通省令で定める軽微な変更は，次に掲げるものであって，変更後も建築物の計画が建築基準関係規定に適合することが明らかなものとする。
一　敷地に接する道路の幅員及び敷地が道路に接する部分の長さの変更（・・・）
二　敷地面積が増加する場合の敷地面積及び敷地境界線の変更（・・・）
三　建築物の高さが減少する場合における建築物の高さの変更（・・・）
四　建築物の高さが減少す場合における建築物の階数の変更
五　建築面積が減少する場合における建築面積の変更（・・・）
六　床面積の合計が減少する場合における床面積の変更（・・・）

２）第１項以外で確認済証の交付が必要なもの

①　**用途変更**（法第87条（用途変更による確認申請）→　令第137条の17（類似の用途））

②　**工作物の築造**（法第88条（工作物への準用）→　令第138条（工作物の指定））

③　**仮設建築物の建築**（法第85条（仮設建築物に対する制限の緩和））

図6・1

３）１項一号　法別表第１　→　令第115条の３，令19条１項に掲げる**床面積200 m² 超の特殊建築物**は，建築・大規模の修繕・大規模の模様替えを行う際には確認済証の交付を受けなければならない。

※　**専用住宅，庁舎，事務所，寺社仏閣，機械製作工場**は法別表第１に掲げる**特殊建築物ではない。**

４）１項二号　構造に関係なく①，②のいずれかに該当する建築物

①　**２階建以上**

②　**延べ面積200 m² 超**

５）１項三号　第一号，第二号より**規模の小さい建築物**（平家で延べ面積200 m² 以下）で，**都市計画区域内**，準都市計画区域内，又は準景観地区内で**建築**（新築，増築，改築，移転）をする場合は，確認済証の交付を受けなければならない。

①　大規模の修繕・大規模の模様替について

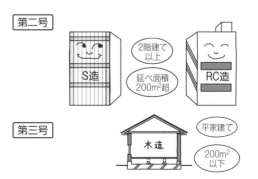

図6・2

は，確認済証の交付を受ける必要はない。

② 第一号，第二号以外の建築物で，都市計画区域等の区域外で建築する場合は，確認済証の交付を受ける必要はない。

6）2項 次の①，②の両方に該当する場合は，**確認済証の交付を受ける必要はない。**

① **防火地域及び準防火地域外の区域**

② **10 m²以内の増築，改築，移転**

※防火地域，準防火地域内では10 m²以内であっても確認済証の交付が必要となる。

※新築は含まれていないので，10 m²以内であっても確認済証の交付が必要となる。

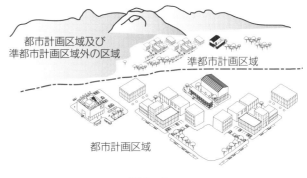

図6・3

7）4項 **建築主事は，確認申請を受理した日から**

① **第一号，第二号の建物物は35日以内**

② **第三号の建物物は7日以内に確認済証を交付しなければならない。**

8）5項 **建築主事は，計画建物が構造計算適合性判定を要するものであるときは，建築主から適合判定通知書又はその写しの提出を受けなければ確認をすることができない。**

9）6項 建築主事は，第20条第1項第二号イの**構造計算適合性判定がある場合は，第4項の35日に加えてさらに35日の範囲内において期間を延長**することができる。

10）8項 確認済証の交付を受けた後でなければ，工事をすることができない。

11）9項 確認申請書の様式は規則第1条の3に記載されている。

表6・1 法第6条第1項の区域区分と確認申請の有無

区分	区域	対象	新築／増築改築／移転	大規模修繕／大規模模様替
［第一号］ 法別表第1（い）欄の**特殊建築物**	全国どこでも	用途部分の床面積の合計＞200m²	○	○
［第二号］		①階数≧2 ②延べ面積＞200 m²	○	○
［第三号］	［第四号］・都市計画区域内 ・準都市計画区域内 ・準景観地区内等		○	×
	上記区以外		×	×

※○ 確認申請必要　× 確認申請不要

※**防火地域及び準防火地域外**で**10 m²以内の増築，改築，移転**の場合は，確認申請不要（法第6条第2項）

┌─ 確認問題 ─

法令上正しいものに〇を，正しくないものに✕を付けなさい。
1．木造平屋建て，延べ面積180 m²の一戸建て住宅の新築は，全国どの場所においても，確認済証の交付を受ける
　必要がある。 　　　　　　　　　　　　　　　　　　　　　　　　　　　　　　　　　　　　　　（　✕　）
2．木造平屋建て，延べ面積180 m²の一戸建て住宅の新築は，都市計画区域内においては，確認済証の交付を受け
　る必要がある。 　　　　　　　　　　　　　　　　　　　　　　　　　　　　　　　　　　　　　（　〇　）
3．木造平屋建て，延べ面積180 m²の一戸建て住宅の大規模の修繕は，全国どの場所においても，確認済証の交付
　を受ける必要がある。 　　　　　　　　　　　　　　　　　　　　　　　　　　　　　　　　　　（　✕　）
4．鉄筋コンクリート造3階建ての事務所の新築において，確認済証の交付を受けた後に，当該建築物の計画にお
　いて，建築物の階数を減少する変更を行う場合，変更後も建築基準関係規定に適合することが明らかであって
　も，建築主は，改めて，確認済証の交付を受ける必要がある。 　　　　　　　　　　　　　　　　（　✕　）

└─────

6・1・2　国土交通大臣の指定を受けた者による確認（法第6条の2）

法第6条の2　前条第1項各号に掲げる建築物の計画（・・・）が建築基準関係規定に適合するものであることにつ
いて，第77条の18から第77条の21までの規定の定めることにより<u>国土交通大臣又は都道府県知事が指定した者の確
認</u>を受け，国土交通省令で定めるところにより<u>確認済証の交付を受けたとき</u>は，当該確認は前条第1項の規定によ
る確認と，<u>当該確認済証は同項の確認済証とみなす。</u>
5　第1項の規定による<u>指定を受けた者</u>は，同項の確認済証又は前項の通知書の交付をしたときは，国土交通省令で
定める期間内に，国土交通省令で定めるところにより，[確認審査報告書]を作成し，当該確認済証又は当該通知書の
交付に係る建築物の計画に関する国土交通省令で定める書類を添えて，これを<u>特定行政庁に提出</u>しなければならな
い。
6　特定行政庁は，前項の規定による確認審査報告書の提出を受けた場合において，第1項の確認済証の交付を受け
た建築物の計画が建築基準関係規定に<u>適合しないと認めるとき</u>は，当該建築物の建築主及び当該確認済証を交付し
た同項の規定による指定を受けた者にその旨を<u>通知</u>しなければならない。この場合において，当該確認済証は，そ
の[効力を失う]。

1）1項　国土交通大臣又は都道府県知事が指定
した者は，「**指定確認検査機関**」（民間）とい
い，指定確認検査機関が行った確認は，建築主
事（役所）が行ったものとみなす。

2）5項　指定確認検査機関は，確認済証の交付
をした場合は，**確認審査報告書**を作成し，**特定
行政庁に提出**しなければならない。

3）6項　**特定行政庁**は，確認審査報告書の提出
を受けその計画が建築基準関係規定に**適合しな
いと判断する**場合は，その旨を**建築主と指定確
認検査機関に通知**しなければならない。

この場合，当該確認済証はその**効力を失う**。

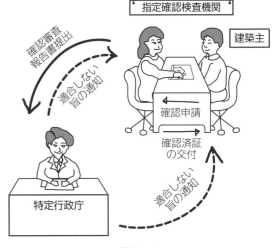

図6・4

6・1・3　用途の変更に対するこの法律の準用（法第87条）→類似の用途（令第137条の18）

> **法第87条**　建築物の<u>用途を変更</u>して第6条第1項第一号の特殊建築物のいずれかとする場合（当該用途の変更が政令
> で指定する<u>類似の用途相互間</u>におけるものである場合を除く。）においては，同条，・・・までの規定を準用する。
> この場合において，第7条第1項中「建築主事の<u>検査を申請しなければならない</u>」とあるのは，「<u>建築主事に届出</u>
> <u>なければならない</u>」と読み替えるものとする。

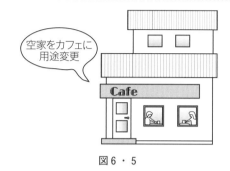

1）　1項　用途変更後，法第6条第1項第一号
（**特殊建築物200 m²超**）になる場合は，確認済
証の交付を受けなければならない。ただし，**類
似の用途間での用途変更の場合は必要ない。**
（令第137条の18の同じ号の中での用途変更に限
る。）

2）　用途変更完了後は，完了検査ではなく建築
主事への届出となる。

吹き出し：空家をカフェに用途変更

図6・5

> **令第137条の18**　法第87条第1項の規定により政令で指定する類似の用途は，当該建築物が次の各号のいずれかに掲
> げる用途である場合において，それぞれ当該各号に掲げる他の用途とする。ただし，・・・この限りでない。
> 　一　<u>劇場，映画館，演芸場</u>
> 　二　公会堂，集会場
> 　三　<u>診療所</u>（患者の収容施設があるものに限る。），児童福祉施設等
> 　四　ホテル，旅館
> 　五　<u>下宿，寄宿舎</u>
> 　六　<u>博物館，美術館，図書館</u>
> 　七　<u>体育館，ボーリング場，・・・バッティング練習場</u>
> 　八　百貨店，マーケット，その他の物品販売業
> 　九　キャバレー，カフェー，ナイトクラブ，バー
> 　十　待合，料理店
> 　十一　映画スタジオ，テレビスタジオ

> ※同じ号の中での建築物相互の用途変更
> は，類似の用途に該当し，床面積に関係
> なく確認済証の交付を受ける必要がな
> い。（例えば，劇場を映画館に用途変更
> しても確認済証の交付を受ける必要はな
> い。）

確認問題

法令上正しいものに〇を，正しくないものに×を付けなさい。
1．建築主は，建築物の用途変更に係る確認済証の交付を受けた場合において，当該工事を完了したときは，建築
　主事又は指定確認検査機関に届け出なければならない。　　　　　　　　　　　　　　　　　　　　　（　×　）

6・1・4　工作物への準用（法第88条）

> **法第88条**　煙突，広告塔，高架水槽，擁壁その他これらに類する工作物で政令で指定するもの及び昇降機，ウォータ
> ーシュート，飛行塔その他これらに類する工作物で政令で指定するもの（以下この項において「昇降機等」とい
> う。）については，<u>第3条，第6条，・・・第20条・・・</u>の規定を準用する。
> 4　第1項中<u>第6条から第7条の5まで</u>，第18条（・・・）及び次条に係る部分は，<u>宅地造成等規制法</u>（・・・）第
> 8条1項本文若しくは第12条第1項，都市計画法第29条第1項・・・又は津波防災地域づくりに関する法律
> （・・・）第73条第1項・・・の規定による許可を受けなければならない場合の擁壁については，適用しない。

1）　1項　政令（令第138条）で指定する**工作物を築造**しようとする場合は，**確認済証の交付を受けな
ければならない**。また構造計算（法第20条）等の規定も適用される。

2）　4項　原則高さ2mを超える擁壁は確認済証の交付が必要だが，宅地造成法等規制法等による許

可を受けなければならない場合は，準用が適用されないので，法第6条の確認申請は不要となる。

> **令第138条**　煙突，広告塔，高架水槽，擁壁その他これらに類する工作物で法第88条第1項の規定により政令で指定するものは，次に掲げるもの（鉄道及び軌道の線路敷地内の運転保安に関するもの・・・を除く。）とする。
> 　一　高さが6mを超える煙突（・・・）
> 　二　高さが15mを超える鉄筋コンクリート造の柱，鉄柱，木柱，その他これらに類するもの（・・・）
> 　三　高さが4mを超える広告塔，広告板，装飾塔，記念塔その他これらに類するもの
> 　四　高さが8mを超える高架水槽，サイロ，物見塔その他これらに類するもの
> 　五　高さが2mを超える擁壁
> 2　昇降機，ウオーターシュート，飛行塔その他これらに類する工作物で法第88条第1項の規定により政令で指定するものは，次の各号に掲げるものとする。
> 　一　乗用エレベーター又はエスカレーターで観光のためのもの（一般交通の用に供するものを除く）

1）1項　第一号から第五号まで工作物の種類において一定の規模が定められている。いずれも「・・・超える」としているので，**起算点に注意する。**

2）2項　指定の工作物としてエレベーターとエスカレーターは観光のためのものに限定されている。このほか，一定の遊戯施設が工作物として指定されている。

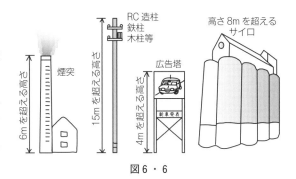

図6・6

┌─ **確認問題** ──────────────────────────
│ 法令上正しいものに〇を，正しくないものに×を付けなさい。
│ 1．ゴルフ練習場に設ける工作物で，ネットを支える高さ20mの鉄柱の築造は，全国どの場所においても確認済証の交付を受ける必要がある。　　　　　　　（　〇　）
└────────────────────────────────────

6・1・5　仮設建築物に対する制限の緩和（法第85条）

> **法第85条**　非常災害があつた場合において，・・・次の各号のいずれかに該当する応急仮設建築物の建築でその災害が発生した日から1月以内にその工事に着手するものについては，建築基準法令の規定は，適用しない。ただし，防火地域内に建築する場合については，この限りでない。
> 　一　国，地方公共団体又は日本赤十字社が災害救助のために建築するもの。
> 　二　被災者が自ら使用するために建築するもので延べ面積が30 m²以内のもの。
> 2　災害があつた場合において建築する停車場，官公署その他これらに類する公益上必要な用途に供する応急仮設建築物又は工事を施工するために現場に設ける事務所，下小屋，材料置場その他これらに類する仮設建築物については，第6条から・・・第3章の規定は適用しない。ただし，防火地域又は準防火地域内にある延べ面積が50 m²を超えるものについては，第62条の規定の適用があるものとする。
> 5　特定行政庁は，仮設興行場，博覧会建築物，仮設店舗その他これらに類する仮設建築物について・・・1年以内の期間（・・・）を定めてその建築を許可することができる。この場合においては，第12条第1項から・・・第3章の規定は，適用しない。

1）1項　非常災害があった場合の応急仮設建築物で，国等が災害救助のために建築するものと被災者が自ら使用するために建築する延べ面積30 m²以内のものについては法の規定を適用しない。（**確認済証の交付を受ける必要がない。**）

2）2項　災害があった場合の公益上必要な**応急仮設建築物**と**工事現場の現場事務所**は，第6条の規定を適用しない。（**確認済証の交付を受ける必要がない。**また，第3章（集団規定）の適用も適用さ

れない。）

3）5項　サーカスなどの仮設興行場や博覧会建築物などは，第3章（集団規定）の規定は適用されないが，第6条は除外されていないので，**確認済証の交付を受ける必要がある。**

非常災害時の応急仮設建築物

図6・7

┌─ 確認問題 ─┐

法令上**正しいものに○を，正しくないものに✕を**付けなさい。

1．共同住宅の新築工事を施工するために現場の隣の敷地に設ける延べ面積 50 m²，平家建ての工事管理事務所の新築は，確認済証の交付を受ける必要がない。　　　　　　　　　　　　　　　　（　✕　）

┌─ 例題 ─┐

例題06-1（令和7年4月施行予定の法に基づき解答）
　次の行為のうち，建築基準法上，全国どの場所においても，**確認済証の交付を受ける必要がある**ものはどれか。

1．鉄筋コンクリート造2階建，延べ面積 300 m²の下宿から寄宿舎への用途の変更
2．鉄筋コンクリート造平屋建，延べ面積 200 m²の事務所の大規模の模様替
3．鉄骨造3階建，延べ面積 300 m²の倉庫における床面積 10 m²の増築
4．鉄骨造平屋建，延べ面積 220 m²の自動車車庫の改築
5．鉄骨造平屋建，延べ面積 100 m²の物品販売業を営む店舗の新築

例題06-2（令和7年4月施行予定の法に基づいて解答）
　次の行為のうち，建築基準法上，全国どの場所においても，**確認済証の交付を受ける必要がある**ものはどれか。

1．木造平屋建，延べ面積 150 m²，高さ8mの一戸建て住宅の新築
2．鉄骨造平屋建，延べ面積 150 m²の集会場の新築
3．工事を施工するために現場に設ける鉄骨造2階建，延べ面積 200 m²の仮設事務所の新築
4．鉄骨造2階建，延べ面積 200 m²の屋根を帆布としたスポーツの練習場の移転
5．鉄筋コンクリート造2階建，延べ面積 300 m²の共同住宅から事務所への用途変更

答え　➡ p.263，264

6・2　確認申請・手続き－2

6・2・1　構造計算適合性判定（法第6条の3）（令和7年4月施行予定）

法第6条の3　建築主は，第6条1項の場合において，申請に係る建築物の計画が第20条第1項第二号若しくは第三号に定める基準（同項第二号イ又は第三号の政令で定める基準に従つた構造計算で，同項第二号に規定する方法若しくはプログラムによるもの又は同項第三号に規定するプログラムによるものによって確かめられる安全性を有することに係る部分に限る。以下 「特定構造計算基準」 という。）又は第3条2項（・・・）の規定により第20条の規定の適用を受けない建築物について第86条の7第1項の政令で定める範囲内において増築若しくは改築する場合における同項の政令で定める基準（・・・「特定増改築構造計算基準」・・・）に適合するかどうかの確認審査（・・・）を要するものであるときは，構造計算適合性判定（当該建築物の計画が特定構造計算基準又は特定増改築構造計算基準に適合するかどうかの判定をいう。以下同じ。）の申請書を提出して都道府県知事の構造計算適合性判定を受けなければならない。ただし・・・

　一号　（略）

　二号　（略）

4　都道府県知事は，第1項の申請を受理した場合においては，その受理した日から14日以内に，当該申請に係る構造計算適合性判定の結果を記載した通知書を当該申請者に交付しなければならない。

5　都道府県知事は，前項の場合（申請に係る建築物の計画が特定構造計算基準（・・・）に適合するかどうかの判定の申請を受けた場合その他国土交通省令で定める場合に限る。）において，前項の期間内に当該申請者に同項の通知書を交付することができない合理的な理由があるときは，35日の範囲内において，同項の期間を延長することができる。この場合においては，その旨及びその延長する期間並びにその期間を延長する理由を記載した通知書を同項の期間内に当該申請者に交付しなければならない。

7　建築主は，第4項の規定により同項の通知書の交付を受けた場合において，当該通知書が適合判定通知書（当該建築物の計画が特定構造計算基準又は特定増改築構造計算基準に適合するものであると判定された旨が記載された通知書をいう。以下同じ。）であるときは，第6条第1項又は前条第1項の規定による確認をする建築主事又は同項の規定による指定を受けた者に，当該適合判定通知書又はその写しを提出しなければならない。ただし・・・

1）　**1項**　建築主は，確認申請時に申請建物の計画が「**特定構造計算基準**」又は「**特定増改築構造計算基準**」に適合するかどうかの**確認審査を要する場合**は，構造計算適合性判定の申請書を提出して**都道府県知事の構造計算適合性判定を受けなければならない。**

2）　**4項，5項**　都道府県知事は，構造計算適合性判定の申請を受理したときは，受理した日から**14日以内**に結果を記載した通知書を当該申請者に交付しなければならない。14日以内に通知書を交付することができない合理的な理由があるときは**35日の範囲内で期間を延長**することができる。

3）　**7項**　建築主は，適合判定通知書の交付を受けた場合は，確認を申請する建築主事又は指定確認検査機関に，**適合判定通知書又はその写しを提出**しなければならない。

4）　構造計算適合判定が必要な建築物

①　法20条第1項第二号イ　**方法とプログラム**

②　法20条第1項第三号イ　**プログラム**　によって確めた建築物

　※方法とは，①保有水平耐力計算，②限界耐力計算，③許容応力度等計算（令81条第2項，第3項）

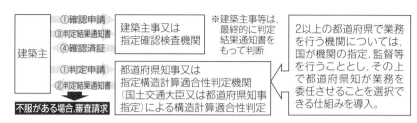

図6・8

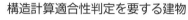

構造計算適合性判定を要する建物

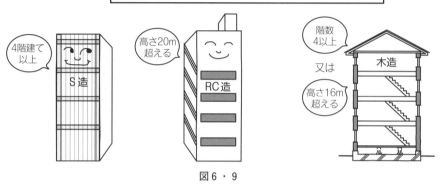

図6・9

確認問題

法令上正しいものに○を，正しくないものに×を付けなさい。

1．高さ60mを超える建築物で，荷重及び外力によって建築物の各部分に連続的に生ずる力及び変形を把握すること等の所定の基準に従った構造計算を行ったものは，構造計算適合性判定の対象となる。　　　　　　　　（　×　）

6・2・2　建築物に関する完了検査（法第7条）

法第7条　建築主は，第6条1項の規定による工事を完了したときは，国土交通省令で定めるところにより，建築主事の検査を申請しなければならない。
2　前項の規定による申請は，第6条第1項の規定による工事が完了した日から4日以内に建築主事に到達するように，しなければならない。・・・
4　建築主事が第1項の規定による申請を受理した場合においては，建築主事又はその委任を受けた当該市町村若しくは都道府県の職員（以下この章において「建築主事等」という。）は，その申請を受理した日から7日以内に，当該工事に係る建築物及びその敷地が建築基準関係規定に適合しているかどうかを検査しなければならない。
5　建築主事等は，・・・当該建築物の建築主に対して検査済証を交付しなければならない。

1）1項，2項　**建築主**は，確認済証の交付を受けた工事が完了した場合は，**工事が完了した日から4日以内に建築主事に検査申請をしなければならない。**

2）4項　建築主事等は完了検査申請を受理した日から**7日以内に検査**しなければならない。

3）5項　建築主事等は，建築基準関係規定に適合していることを認めたときは，**検査済証**を交付しなければならない。

図6・10

6・2・3　国土交通大臣の指定を受けた者による完了検査（法第7条の2）

法第7条の2　・・・国土交通大臣又は都道府県知事が指定した者が，第6条第1項の規定による工事の完了の日から4日が経過する日までに，当該工事に係る建築物及びその敷地が建築基準関係規定に適合しているかどうかの検査を引受けた場合において，当該検査の引受けに係る工事が完了したときについては，前条第1項から第3項までの規定は，適用しない。

3　第1項の規定による指定を受けた者は，同項の規定による検査の引受けを行ったときは，・・・，その旨を証する書面を建築主に交付するとともに，その旨を建築主事に通知しなければならない。

4　第1項の規定による指定を受けた者は，同項の規定による検査の引受を行ったときは，当該検査の引受けを行った第6条第1項の規定による工事が完了した日又は当該検査の引受けを行った日のいずれか遅い日から7日以内に，第1項の検査をしなければならない。

6　第1項の規定による指定を受けたものは，同項の検査をしたときは，国土交通省令で定める期間内に，国土交通省令で定めるところにより，完了検査報告書を作成し，同項の検査をした建築物及びその敷地に関する国土交通省令で定める書類を添えて，これを特定行政庁に提出しなければならない。

1）**1項**　**指定確認検査機関**が，工事の完了した日から**4日以内**に完了検査を引き受けた場合は，建築主は，建築主事に完了検査申請をする必要がなくなる。

2）**3項**　指定確認検査機関は，完了検査を引き受けたときは，**建築主にその旨を証する書面を交付**し，**建築主事にその旨を通知**しなければならない。

3）**5項**　指定確認検査機関は，工事が完了した日又は完了検査を引き受けた日のいずれか遅い方から**7日以内**に完了検査を行い（第4項），建築基準関係規定に適合していれば検査済証を交付する。

4）**6項**　指定確認検査機関は，完了検査を行ったときは，**完了検査報告書**を作成し，**特定行政庁**に提出しなければならない。

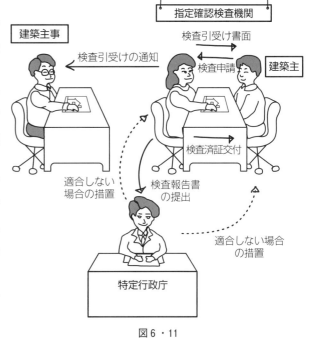

図6・11

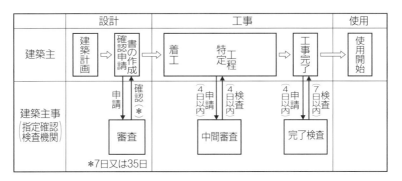

図6・12

┌─ 確認問題 ─┐

法令上正しいものに〇を，正しくないものに✕を付けなさい。
1．指定確認検査機関は，建築物に関する完了検査の引き受けを工事完了日の前に行ったときは，当該検査の引き
受けを行った日から7日以内に，当該検査をしなければならない。　　　　　　　　　　　　（　✕　）

6・2・4　建築物に関する中間検査（法第7条の3）

法第7条の3　建築主は，第6条第1項の規定による工事が次の各号のいずれかに該当する工程（以下「特定工程」という。）を含む場合において。当該特定工程に係る工事を終えたときは，その都度，国土交通省令で定めるところにより，建築主事の検査を申請しなければならない。
　一　階数が3以上である共同住宅の床及びはりに鉄筋を配置する工事の工程のうち政令で定める工程。
　二　前項に掲げるもののほか，特定行政庁が，その地方の建築物の建築の動向又は工事に関する状況その他の事情を勘案して，区域，期間又は建築物の構造，用途若しくは規模を限って指定する工程。
2　前項の規定による申請は，特定工程に係る工事を終えた日から4日以内に建築主事に到達するように，しなければならない。・・・
4　建築主事が第1項の規定による申請を受理した場合においては，建築主事等は，その申請を受理した日から4日以内に，当該申請に係る工事中の建築物（・・・）について，検査前に施工された工事に係る建築物の部分及びその敷地が建築基準関係規定に適合するかどうかを検査しなければならない。
6　第1項第一号の政令で定める特定工程ごとに政令で定める当該特定工程後の工程及び特定行政庁が同項二号の指定と併せて指定する特定工程後の工程（第18条第22項において「特定工程後の工程」と総称する。）に係る工事は，前項の規定による当該特定工程に係る中間検査合格証の交付を受けた後でなければ，これを施工してはならない。

1）1項，2項　建築主は，「特定工程」に係る工事を終えた日から**4日以内**に建築主事に到達するように中間検査申請をしなければならない。

2）1項　「**特定工程**」とは
　①　第一号　階数が**3以上**の共同住宅の**2階**の**床及びはり**に鉄筋を配置する工事（令第11条）
　②　第二号　特定行政庁が，その地方の事情を勘案して指定する工程

3）4項　建築主事は，中間検査申請を受理した日から**4日以内**に中間検査をしなければならない。

4）6項　中間検査合格証の交付を受けた後でなければ，特定工程後の工事は行うことができない。

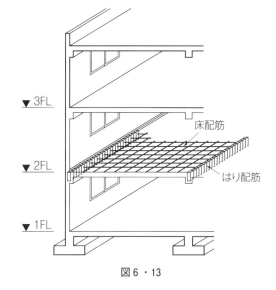

図6・13

6・2・5　国土交通大臣の指定を受けたものによる中間検査（法第7条の4）

法第7条の4　第6条1項の規定による工事が特定工程を含む場合において，第7条の2第1項の規定による指定を受けた者が当該特定工程に係る工事を終えた後の工事中の建築物について，検査前に施工された工事に係る建築物の部分及びその敷地が建築基準関係規定に適合するかどうかの検査を当該工事を終えた日から4日が経過する日までに引き受けたときについては，前条第1項から第3項までの規定は適用しない。

2　第7条の2第1項の規定による指定を受けた者は，前項の規定による検査の引受けを行ったときは，国土交通省令で定めるところにより，その旨を証する書面を建築主に交付するとともに，その旨を建築主事に通知しなければならない。

6　第7条第1項の規定による指定を受けた者は，第1項の検査をしたときは，国土交通省令で定める期間内に，国土交通省令で定めるところにより，中間検査報告書を作成し，同項の検査をした工事中の建築物等に関する国土交通省令で定める書類を添えて，これを特定行政庁に提出しなければならない。

1）1項　**指定確認検査機関**が，特定工程に係る工事を終えた日から**4日以内**に中間検査を引き受けた場合は，建築主は，建築主事に中間検査申請をする必要がなくなる。

2）2項　指定確認検査機関は，中間検査を引き受けたときは，**建築主にその旨を証する書面**を交付し，**建築主事にその旨を通知**しなければならない。

3）6項　指定確認検査機関は，中間検査を行ったときは，**中間検査報告書**を作成し，**特定行政庁**に提出しなければならない。

確認問題

法令上正しいものに○を，正しくないものに×を付けなさい。
1．建築主は，階数が3以上である鉄筋コンクリート造の共同住宅を新築する場合，2階の床及びこれを支持する梁に鉄筋を配置する工程に係る工事を終えたときは，特定行政庁の中間検査を申請しなければならない。

（　×　）

6・2・6　検査済証の交付を受けるまでの建築物の使用制限（法第7条の6）

（令和7年4月施行予定）

法第7条の6　第6条一項第一号若しくは第二号に掲げる建築物を新築する場合又はこれらの建築物（・・・）の増築，改築，移転，大規模の修繕若しくは大規模の模様替の工事で，・・・（・・・「避難施設等に関する工事」・・・）を含むものをする場合においては，当該建築物の建築主は，第7条第5項の検査済証の交付を受けた後でなければ，当該新築に係る建築物又は当該避難施設等に関する工事に係る建築物若しくは建築物の部分を使用し，又は使用させてはならない。ただし，次の各号のいずれかに該当する場合には，検査済証の交付を受ける前においても，仮に当該建築物又は建築物の部分を使用し，又は使用させることができる。
一　特定行政庁が，安全上，防火上及び避難上支障がないと認めたとき。
二　建築主事又は第7条の2第1項の規定による指定を受けた者が，・・・認めたとき。
三　第7条1項の規定による申請が受理された日（・・・）から7日を経過したとき。

3　第7条の2第1項の規定による指定を受けた者は，第1項第二号の規定による認定をしたときは，・・・仮使用認定報告書を作成し，・・・，これを特定行政庁に提出しなければならない。

4　特定行政庁は，前項の規定による仮使用認定報告書の提出を受けた場合において，・・・基準に適合しないと認めるときは，・・・指定を受けた者にその旨を通知しなければならない。この場合において，当該認定は，その効力を失う。

1）1項　建築主は，第6条第1項第一号〜第三号までの建築物を新築する場合，完了検査済証の交付を受けた後でなければ，使用させてはならない。ただし，次の場合は仮に使用させることができる。

①　第一号，第二号　**特定行政庁，建築主事，指定確認検査機関**が認めたとき。

②　第三号　完了検査申請が受理された日から**7日**が経過したとき。

2）3項　指定確認検査機関は，仮使用の認定を

したときは，**仮使用認定報告書**を作成し，**特定**

行政庁に提出。

3）4項　特定行政庁は，仮使用認定報告書が基

準に適合しないと認めるときは，その旨を**指定**

確認検査機関に通知し，その**認定は効力を失**

う。

工事部分と仮使用部分が防火上，有効に区画

仮使用部分の入口

工事部分の入口

経路が分かれている

図6・14

確認問題

法令上正しいものに〇を，正しくないものに×を付けなさい。

1．建築主は，鉄骨造，延べ面積200 m²，平家建ての飲食店を新築する場合においては，検査済証の交付を受けた後でなければ，建築物を使用してはならない。　　　　　　　　　　　　　　　　　　　　　　　（　×　）

6・2・7　維持保全（法第8条）

(1)　維持保全（法第8条）

法第8条　建築物の所有者，管理者又は占有者は，その建築物の敷地，構造及び建築設備を常時適法な状態に維持するように努めなければならない。

2　次の各号のいずれかに該当する建築物の所有者又は管理者は，その建築物の敷地，構造及び建築設備を常時適法な状態に維持するため，必要に応じ，その建築物の維持保全に関する準則又は計画を作成し，その他適切な措置を講じなければならない。ただし，国，都道府県又は建築主事を置く市町村が所有し，又は管理する建築物については，この限りでない。

一　特殊建築物で安全上，防火上又は衛生上特に重要であるものとして政令で定めるもの

二　前号の特殊建築物以外の特殊建築物その他政令で定める建築物で，特定行政庁が指定するもの

3　国土交通大臣は，前項各号のいずれかに該当する建築物の所有者又は管理者による同項の準則又は計画の適確な作成に資するため，必要な指針を定めることができる。

(2)　維持保全に関する準則の作成等を要する建築物（令第13条の3）

令第13条の3　法第8条第2項第一号の政令で定める特殊建築物は，次に掲げるものとする。

一　法別表第1（い）欄（1）項から（4）項までに掲げる用途に供する特殊建築物でその用途に供する部分の床面積の合計が100 m²を超えるもの（当該床面積の合計が200 m²以下のものにあっては，階数が3以上のものに限る。）

二　法別表第1（い）欄（5）項又は（6）項に掲げる用途に供する特殊建築物でその用途に供する部分の床面積の合計が3,000 m²を超えるもの

2　法第8条第2項第二号の政令で定める建築物は，事務所その他これに類する用途に供する建築物（特殊建築物を除く。）のうち階数が3以上で延べ面積が200 m²を超えるものとする。

1）1項　建築物の所有者，管理者等は，その建物の維持保全に努めなければならない。

2）2項　令第13条の3第1項，第2項に該当する建物の所有者又は管理者は，その建物の維持保全に関する準則又は計画書を作成し，その他適切な措置をしなければならない。

6・2・8　法第9条（違反建築物に対する措置）

> **法第9条**　特定行政庁は，建築基準法令の規定又はこの法律の規定に基づく許可に付した条件に違反した建築物又は建築物の敷地については，当該建築物の建築主，当該建築物に関する工事の請負人（請負工事の下請人を含む。）若しくは現場管理者又は当該建築物若しくは建築物の敷地の所有者，管理者若しくは占有者に対して，当該工事の施工の停止を命じ，又は，相当の猶予期限を付けて，当該建築物の除却，移転，改築，増築，修繕，模様替，使用禁止，使用制限その他これらの規定又は条件に対する違反を是正するために必要な措置をとることを命ずることができる。
> 7　特定行政庁は，緊急の必要がある場合においては，前5項の規定にかかわらず，これらに定める手続きによらないで，仮に，使用禁止又は使用制限の命令をすることができる。

1）**1項**　特定行政庁は，法の規定に違反した建築物について，**建築主や工事施工者等に対して**，当該工事の**施工停止**を命じる等，違反を是正するための必要な措置をとることを命ずることができる。

2）**7項**　特定行政庁は，緊急の必要性がある場合は，**使用禁止等の命令**をすることができる。

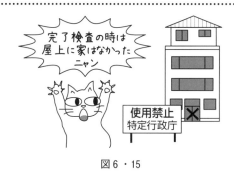

図6・15

> **確認問題**
>
> 法令上正しいものに○を，正しくないものに×を付けなさい。
> 1．建築基準法令の規定に違反した建築物を新築した建築主は，特定行政庁から，相当の猶予期間を付けて，当該建築物の改築を命ぜられることがある。　　　　　　　　（　○　）

6・2・9　建築監視員（法第9条の2）

> **法第9条の2**　特定行政庁は，政令で定めるところにより，当該市町村又は都道府県の職員のうちから建築監視員を命じ，前条第7項及び第10条に規定する特定行政庁の権限を行わせることができる。

1）特定行政庁は，緊急の必要がある場合は，建築監視員に所定の手続きによらないで，**仮に使用禁止又は使用制限の命令**を行わせることができる。

6・2・10　保安上危険な建築物等の所有者等に対する指導及び助言（法第9条の4）

> **法第9条の4**　特定行政庁は，建築物の敷地，構造又は建築設備（いずれも第3条第2項の規定により次章の規定又はこれに基づく命令若しくは条例の規定の適用を受けないものに限る。）について，損傷，腐食その他の劣化が生じ，そのまま放置すれば保安上危険となり，又は衛生上有害となるおそれがあると認める場合においては，当該建築物又はその敷地の所有者，管理者又は占有者に対して，修繕，防腐措置その他当該建築物又はその敷地の維持保全に関し必要な指導及び助言をすることができる。

1）特定行政庁は，損傷や劣化等が生じ，そのまま放置すれば保安上危険や衛生上有害となるおそれがあると認めた場合は，所有者等に対して維持保全に関する指導又は助言をすることができる。

6・2・11　著しく保安上危険な建築物等の所有者等に対する勧告及び命令（法第10条）

> **法第10条**　特定行政庁は，第6条第1項第一号に掲げる建築物その他政令で定める建築物の敷地，構造又は建築設備（・・・）について，損傷，腐食その他の劣化が進み，そのまま放置すれば著しく保安上危険となり，又は著しく衛生上有害となるおそれがあると認める場合においては，当該建築物又はその敷地の所有者，管理者又は占有者に対して，・・・当該建築物の除却，移転，改築，増築，修繕，模様替，使用中止，使用期限その他保安上又は衛生上必要な措置をとることを勧告することができる。

6・2・12　勧告の対象となる建築物（令第14条の2）

> **令第14条の2**　法第10条第1項の政令で定める建築物は，次に掲げるものとする。
> 一　法別表1（い）欄に掲げる用途に供する特殊建築物のうち階数が3以上でその用途に供する部分の床面積の合計が100 m²を超え200 m²以下のもの
> 二　事務所その他これに類する用途に供する建築物（法第6条第1項第一号に掲げる建築物を除く。）のうち階数が3以上で延べ面積が200 m²を超えるもの

1）保安上危険な建築物等に対して，勧告対象となる建築物

① 　一号　法第6条第1項第一号の建築物，法別表第1（い）欄の用途で階数3以上でその用途に供する部分の床面積が100 m²超〜200 m²以下の建築物

② 　二号　事務所等で3階以上延べ面積200 m²超の建築物

　　　特定行政庁は，①，②の建築物について，損傷や劣化等が進みそのまま放置すれば保安上危険や衛生上有害となるおそれがあると認めた場合は，所有者等に対して除却等の必要は措置を勧告することができる。

6・2・13　報告・検査等（法第12条）

> **法第12条**　第6条第1項第一号に掲げる建築物で安全上，防火上又は衛生上特に重要であるものとして政令で定めるもの（・・・（「国等の建築物」・・・）を除く）及び当該政令で定めるもの以外の特定建築物（・・・）で特定行政庁が指定するもの（・・・）の所有者（所有者と管理者が異なる場合においては，管理者。・・・）は，これらの建築物の敷地，構造及び建築設備について，国土交通省令で定めるところにより，定期に，一級建築士若しくは二級建築士又は建築物調査員資格者証の公布を受けている者（・・・「建築物調査員」・・・）にその状況の調査（・・・）をさせて，その結果を特定行政庁に報告しなければならない。
> 5　特定行政庁，建築主事又は建築監視員は，次に掲げる者に対して，建築物の敷地，構造，建築設備若しくは用途，建築材料若しくは建築設備その他の建築物の部分（以下「建築材料等」という。）の受取若しくは引渡しの状況，建築物に関する工事の計画若しくは施工の状況又は建築物の敷地，構造若しくは建築設備に関する調査（以下「建築物に関する調査」という。）の状況に関する報告を求めることができる。
> 一　建築物若しくは建築物の敷地の所有者，管理者若しくは占有者，建築主，設計者，建築材料等を製造した者，工事監理者，工事施工者又は建築物に関する調査をした者

1）1項　特定行政庁が指定する建築物の所有者等は，定期に，**一級建築士，二級建築士，建築物調査員**のいずれかに**調査**をさせて，**特定行政庁**に**報告**しなければならない。

2）5項　**特定行政庁等**は，建築物の**所有者，設計者**等に建築物の敷地，構造，建築設備等の状況に関する**報告**を求めることができる。

6・2・14　届出及び統計（法第15条）

法第15条　建築主が建築物を建築しようとする場合又は建築物の除却の工事を施工する者が建築物を除却しようとする場合においては，これらの者は，建築主事を経由して，その旨を都道府県知事に届け出なければならない。ただし，当該建築物又は当該工事に係る部分の床面積の合計が10 m²以内である場合においては，この限りではない。

1） 建築工事届け・・・**建築主**が建築主事を経由して**都道府県知事に提出**

2） 建築物除却届け・・・**除却工事施工者**が建築主事を経由して**都道府県知事に提出**

表6・2　手続きのまとめ

条文	手続の種類	提出義務者	提出先
法第6条 法第6条の2	確認申請	建築主	建築主事又は 指定確認検査機関
法第7条の3 法第7条の4	中間検査申請	建築主	
法第7条 法第7条の2	完了検査申請	建築主	
法第7条の6	仮使用認定	建築主	特定行政庁， 建築主事又は指定確認検査機関
法第12条	定期報告	所有者（管理者）	特定行政庁
法第15条	建築工事届	建築主	（建築主事経由） 都道府県知事
法第15条	建築物除却届	工事施工者	
法第42条第1項第五号	道路位置指定申請	築造者	特定行政庁
法第70条	建築協定申請	協定の代表者	特定行政庁

6・2・15　その他の建築手続き（法第42条，法第48条，法第93条）

1） 道路位置指定申請（法第42条第1項第五号）

　　道路位置指定申請は，道を築造しようとする者が，**特定行政庁**に行う。

2） 用途地域内の建築制限の特例（法第48条第14項）

　　用途地域内の建築制限は，原則法別表第2によらなければならないが，特定行政庁が認めた場合は許可される場合もある。この場合，あらかじめ，その**許可に利害関係を有する者の出頭を求めて**

公開による意見の聴取を行い，かつ，建築審査会の同意を得なければならない。

3）消防長等の同意（法93条）

　　特定行政庁，建築主事又は指定確認検査機関は，建築基準法の規定による許可又は確認をする場合は，工事施工地又は所在地を管轄する消防長（消防本部を置かない市町村にあっては，市町村長）又は消防署長の同意を得なければならない。ただし，防火地域及び準防火地域以外の区域内における戸建て住宅は除く。（p.231）

例題

例題06-3

　次の記述のうち，建築基準法上，**誤っている**ものはどれか。

1．建築主は，木造3階建の一戸建住宅を新築する場合，原則として，検査済証の交付を受けた後でなければ，当該住宅を使用することはできない。
2．建築主は，防火地域内において，床面積の合計が10㎡以内の建築物を建築しようとする場合においては，原則として，建築主事を経由して，その旨を都道府県知事に届け出なければならない。
3．消防法に基づく住宅用防災機器の設置の規定については，建築基準関係規定に該当し，建築主事又は指定確認検査機関による確認審査等の対象となる。
4．鉄筋コンクリート造3階建の共同住宅を新築する場合，特定工程後の工程に係る工事は，当該特定工程に係る中間検査合格証の交付を受けた後でなければ，これを施工してはならない。
5．建築主は，都市計画区域内において木造2階建，延べ面積90㎡の一戸建て住宅を新築し，建築主事に完了検査を申請する場合，原則として，当該工事が完了した日から4日以内に建築主事に到達するようにしなければならない。

例題06-4

　次の記述のうち，建築基準法上，**誤っている**ものはどれか。

1．特定行政庁は，建築基準法令の規定に違反した建築物又は建築物の敷地については，当該建築物に関する工事の請負人（請負工事の下請負人を含む。）に対して，当該工事の施工の停止を命じることができる。
2．建築物の除却の工事を施工するものは，延べ面積100㎡の建築物について，当該除却の工事に係る部分の床面積の合計が10㎡である場合，その旨を都道府県知事に届け出る必要はない。
3．建築主事又は指定確認検査機関は，防火地域又は準防火地域における一戸建て住宅の新築に係る確認をする場合においては，当該確認に係る建築物の工事施工地又は所在地を管轄する消防長（消防本部を置かない市町村にあっては，市町村長）又は消防署長の同意を得なければならない。
4．指定確認検査機関は，建築物に関する完了検査の引受けを工事完了の前に行ったときは，当該検査の引受けを行った日から7日以内に，当該検査をしなければならない。
5．特定行政庁は，その地方の建築物の建築の動向又は工事に関する状況その他の事情を勘案して，区域，期間又は建築物の構造，用途若しくは規模を限って特定工程を指定することができる。

答え　➡ p.264

6・3 雑則・その他の規定

6・3・1 建築基準法の適用除外

(1) 適用の除外（法第3条）

> **法第3条** この法律並びにこれに基づく命令及び条例の規定は，次の各号のいずれかに該当する建築物については，適用しない。
> 一 文化財保護法（・・・）の規定によつて国宝，重要文化財，重要有形民俗文化財，特別史跡名勝天然記念物又は史跡名勝天然記念物として指定され，又は仮指定された建築物
> 二 旧重要美術品等の保存に関する法律（・・・）の規定によつて重要美術品等として認定された建築物
> 三 文化財保護法第182条第2項の条例その他の条例の定めるところにより現状変更の規制及び保存のための措置が講じられている建築物（次号において「保存建築物」という。）であつて，特定行政庁が建築審査会の同意を得て指定したもの
> 四 第一号若しくは第二号に掲げる建築物又は保存建築物であつたものの原形を再現する建築物で，特定行政庁が建築審査会の同意を得てその原形の再現がやむを得ないと認めたもの
> 2 この法律又はこれに基づく命令若しくは条例の規定の施行又は適用の際現に存する建築物若しくはその敷地又は現に建築，修繕若しくは模様替の工事中の建築物若しくはその敷地がこれらの規定に適合せず，又はこれらの規定に適合しない部分を有する場合においては，当該建築物，建築物の敷地又は建築物若しくはその敷地の部分に対しては，当該規定は，適用しない。
> 3 前項の規定は，次の各号のいずれかに該当する建築物，建築物の敷地又は建築物若しくはその敷地の部分に対しては，適用しない。
> 一 この法律又はこれに基づく命令若しくは条例を改正する法令による改正（・・・）後のこの法律又はこれに基づく命令若しくは条例の規定の適用の際当該規定に相当する従前の規定に違反している建築物，建築物の敷地又は建築物若しくはその敷地の部分
> 二 ・・・
> 三 工事の着手がこの法律又はこれに基づく命令若しくは条例の規定の施行又は適用の後である増築，改築，移転，大規模の修繕又は大規模の模様替に係る建築物又はその敷地
> 四 前号に該当する建築物又はその敷地の部分

1）1項 **文化財**又は重要美術品等の関係のもの（第一号～第四号）は，**法の規定は適用されない**。

2）2項 新しい法の施行又は適用の際，既存の建築物が新しい規定に適合しない場合，建築物は**既存不適格建築物**として扱い，これらの新しい規定は適用しない。

3）3項一号 第2項が適用され，既存不適格建築物として存続し続けることができるのは，従前の規定に適合していたものだけで，従前違反建築物であったものに対しては第2項は適用せず，違反建築物として扱う。

4）3項三号，四号 既存不適格建築物に対して，新しい規定の施行後に増築する場合は，その建築物又は敷地は，新しい規定に適合しなければならない。

　一定範囲の増築，改築等は**法第86条の7**により，適用を除外し，既存不適格建築物として存続できる。

図6・16

(2)　既存の建築物に対する制限の緩和（法第86条の7）（令和6年4月1日施行予定）

法第86条の7　第3条第2項（・・・）の規定により第20条，第21条，第22条第1項，第23条，第25条から第27条まで，第28条の2（・・・），第30条，第34条第2項，第35条（同条の階段，出入口その他の避難施設及び排煙設備に関する技術的基準のうち政令で定めるもの（・・・「階段等に関する技術的基準」という。）並びに第35条の敷地内の避難上及び消火上必要な通路に関する技術的基準のうち政令で定めるものに係る部分に限る。），第36条（同条の防火壁及び防火区画の設置及び構造に関する技術的基準のうち政令で定めるもの（次項において「防火壁等に関する技術的基準」という。）に係る部分に限る。）第43条第1項，第44条第1項・・・第48条第1項から第14項まで，・・・又は第68条第1項若しくは第2項の規定の適用を受けない建築物について政令で定める範囲内において増築，改築，大規模の修繕又は大規模の模様替（・・・「増築等」という。）をする場合（・・・）においては，第3条第3項（・・・）の規定にかかわらず，これらの規定は，適用しない。

2　第3条第2項の規定により第20条，第21条，第23条，第26条，第27条，第35条（・・・），36条（・・・）又は第61条の規定の適用を受けない建築物であつて，これらの規定に規定する基準の適用上一の建築物であつても別の建築物とみなすことができる部分として政令で定める部分（・・・「独立部分」という。）が二以上あるものについて増築等をする場合においては，第3条第3項の規定にかかわらず，当該増築をする独立部分以外の独立部分に対しては，これらの規定は，適用しない。

3　第3条第2項の規定により第28条，第28条の2（・・・），第29条から第32条まで，第34条第1項，第35条（・・・），第35条の2，第35条の3，第36条（・・・）又は第37条の規定の適用を受けない建築物について増築等をする場合においては，第3条第3項の規定にかかわらず，当該増築をする部分以外の部分に対しては，これらの規定は，適用しない。

4　第3条第2項の規定により建築基準法令の規定の適用を受けない建築物について政令で定める範囲内において移転をする場合においては，同条第3項の規定にかかわらず，建築基準法令の規定は，適用しない。

1）　1項　既存不適格建築物において，政令（令第137条の2～12）で定める範囲内で**増築，改築，大規模の修繕又は模様替えを行う場合**，構造耐力規定（法第20条），防火・避難規定（法第21条，法第27条，法第35条等），接道義務（法第43条第1項），道路内建築制限（法第44条第1項），用途地域制限（第48条）などは，法第3条第3項の規定かかわらず，現行法に不適格な部分を存続させることができる。

2）　2項　1つの建築物であっても別の建築物とみなすことができる**独立部分**（令第137条の13～14）は，これ以外の独立部分に増築等を行っても構造耐力規定（法第20条），防火・避難関係規定（法第21条，法第27条，法第35条等），防火・準防火地域内の建築制限（法第61条）などは，法第3条第3項の規定かかわらず，現行法に不適格な部分を存続させることができる。

3）　3項　**増築等をする部分以外の居室**に対して適用されない規定（令第137条の15）は，採光，換気，石綿規定等（法第28条，法第28条の2），防火・避難規定（法第35条等），建築材料の品質に関する規定（法第37条）などは，居室単位に適用し，法第3条第3項の規定かかわらず，現行法に不適格な部分を存続させることができる。

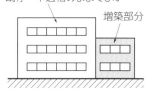

既存不適格建築物
増築部分が令第137条の2～12で定める範囲内であれば，既存　不適格のままでよい

増築部分

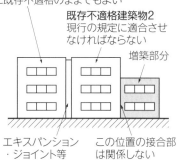

既存不適格建築物1
構造耐力関係規定（法第20条）に既存不適格のままでもよい

既存不適格建築物2
現行の規定に適合させなければならない

増築部分

エキスパンション・ジョイント等

この位置の接合部は関係しない

図6・17

4）4項　政令（令第137条の16）で定める範囲内において**移転**をする場合は，法第3条第3項の規定
かかわらず，建築基準法の規定は適用しない。

> **確認問題**
>
> 法令上正しいものに〇を，正しくないものに×を付けなさい。
> 1．文化財保護法の規定により国宝として指定された建築物であったものの原形を再現する建築物については，文
> 化庁長官の許可を受けた場合に限り，建築基準法及びこれに基づく命令及び条例の規定は，適用しない。
>
> （　×　）

6・3・2　景観地区

(1)　景観地区（法第68条）

法第68条　景観地区内においては，建築物の高さは，景観地区に関する都市計画において建築物の高さの最高限度又
は最低限度が定められたときは，当該最高限度以下又は当該最低限度以上でなければならない。ただし，・・・
2　景観地区内においては，建築物の壁又はこれに代わる柱は，景観地区に関する都市計画において壁面の位置の制
限が定められたときは，・・・
3　景観地区内においては，建築物の敷地面積は，景観地区に関する都市計画において建築物の敷地面積の最低限
度が定められたときは，当該最低限度以上でなければならない。ただし，・・・
5　・・・，当該景観地区に関する都市計画の内容に適合し，かつ，敷地内に有効な空地が確保されていること等に
より，特定行政庁が交通上，安全上，防火上及び衛生上支障がないと認めるものについては，第56条の規定は，適
用しない。

表6・3

法第68条	制限の概要	制限を受けない場合
第1項	建築物の高さの最高限度 又は最低限度	①公衆便所，巡査派出所等（第一号） ②特定行政庁が許可したもの（第二号）
第2項	壁面の位置の制限	①公衆便所，巡査派出所等（第一号） ②学校，駅舎，卸売市場で特定行政庁が許可したもの（第二号）
第3項	敷地面積の最低限度	①公衆便所，巡査派出所等（第一号） ②特定行政庁が許可したもの（第二号）

6・3・3　建築協定

(1)　建築協定の目的（法第69条）

法第69条　市町村は，その区域の一部について，住宅地としての環境又は商店街としての利便を高度に維持増進する
等建築物の利用を増進し，かつ，土地の環境を改善するために必要と認める場合においては，土地の所有者及び借
地権を有する者（・・・以下「土地の所有者等」と総称する。）が当該土地について一定の区域を定め，その区域
内における建築物の敷地，位置，構造，用途，形態，意匠又は建築設備に関する基準についての協定（以下
「建築協定」という。）を締結することができる旨を，条例で，定めることができる。

1）建築協定には，**建築物の敷地，位置，構造，用途，形態，意匠又は建築設備に関する**ものを定め
ることができ，市町村の**条例で定められた区域内**においてのみ締結することができる。

2）土地の所有者等とは，土地の所有者又は借地権を有する者。

(2)　建築協定の認可の申請（法第70条）　建築協定の変更（法74条）　建築協定の廃止（法第76条）

法第70条
3　第1項の建築協定書については，土地の所有者等の全員の合意がなければならない。ただし，当該建築協定区
域内の土地（・・・）に借地権の目的となつている土地がある場合においては，当該借地権の目的となつている土
地の所有者以外の土地の所有者等の全員の合意があれば足りる。

> **法第74条**　・・・を変更しようとする場合においては・・・。
> 2　前4条の規定は，前項の認可の手続に準用する。
> **法第76条**　・・・認可を受けた建築協定を廃止しようとする場合においては，その 過半数の合意 をもってその旨を
> 定め，これを特定行政庁に申請してその認可を受けなければならない。

確認問題

法令上正しいものに〇を，正しくないものに×を付けなさい。
1．建築協定書の作成にあたって，建築協定区域内の土地に借地権の目的となっている土地がある場合においては，借地権を有する者の全員の合意がなければならない。　　　　　　　　　　　（　〇　）

1）法第70条第3項　建築協定は，土地の所有者等の**全員の合意**がなければ締結することができない。

2）法第74条第2項　建築協定の変更は，土地の所有者等の**全員の合意**がなければ変更することができない。

3）法第76条第1項　建築協定の廃止は，土地の所有者等の**過半の合意**がなければ廃止することができない。

6・3・4　簡易な構造の建築物に対する制限の緩和

⑴　簡易な構造の建築物に対する制限の緩和（法第84条の2）

> **法第84条の2**　壁を有しない自動車車庫，屋根を帆布としたスポーツの練習場その他の政令で指定する簡易な構造の
> 建築物又は建築物の部分で，政令で定める基準に適合するものについては，第22条から第26条まで，第27条第1項
> 及び第3項，第35条の2，第61条，第62条並びに第67条第1項の規定は，適用しない。

1）政令（令第136条の9，令第136条の10）で定める簡易な構造の建築物は，一定の防火上の規定を適用しない。

> 第22条（屋根）／第23条（外壁）／第24条（木造建築物等である特殊建築物の外壁）
> 第24条の2（建築物が第22条第1項の市街地の区域の内外にわたる場合の措置）
> 第25条（大規模の木造建築物等の外壁等）／第26条（防火壁）
> 第27条第1項（耐火建築物等としなければならない特殊建築物）
> 第27条第3項（耐火建築物又は準耐火建築物としなければならない特殊建築物）
> 第35条の2（特殊建築物等の内装）／第61条（防火地域及び準防火地域）
> 第62条（屋根）／第67条（特定防災街区整備地区）

⑵　簡易な構造の建築物の指定（令第136条の9）

> **令第136条の9**　法第84条の2の規定により政令で指定する簡易な構造の建築物又は建築物の部分は，次に掲げるもの
> （・・・。）とする。
> 一　 壁を有しない建築物 その他の国土交通大臣が高い開放性を有すると認めて指定する構造の建築物又は建築物の
> 部分（間仕切壁を有しないものに限る。）であつて，次のイからニまでのいずれかに該当し，かつ，階数が1で
> 床面積が3,000 m²以内であるもの（次条において「開放的簡易建築物」という。）
> 　イ　自動車車庫の用途に供するもの
> 　ロ　スケート場，水泳場，スポーツの練習場その他これらに類する運動施設
> 　ハ　不燃性の物品の保管その他これと同等以上に火災の発生のおそれの少ない用途に供するもの
> 　ニ　畜舎，堆肥舎並びに水産物の増殖場及び養殖場
> 二　 屋根及び外壁が帆布 その他これに類する材料で造られている建築物又は建築物の部分（間仕切壁を有しないも
> のに限る。）で，前号ロからニまでのいずれかに該当し，かつ，階数が1で床面積が3,000 m²以内であるもの

1）　簡易な構造の建築物は，「開放的簡易建築物」（一号）と「屋根及び外壁が帆布等で造られた建築物」（二号）の2種類あり，いずれも階数が1で，かつ，3,000 m²以内。

2）　二号　自動車車庫は，「屋根及び外壁が帆布等で造られた建築物」とすることはできない。

図6・18

┌─ 確認問題 ─────────────────────────────────

法令上正しいものに○を，正しくないものに×を付けなさい。

1．「簡易な構造の建築物に対する制限の緩和」の規定の適用を受ける建築物は，建築基準法第61条（防火地域及び準防火地域内の建築物）の規定が適用されない。　　　　　　　　　　　　　　　　　　（　○　）

└──

6・3・5　仮設建築物に対する制限の緩和

(1)　仮設建築物に対する制限の緩和（法第85条）

┈┈

法第85条　非常災害があつた場合において，非常災害区域等（非常災害が発生した区域又はこれに隣接する区域で特定行政庁が指定するものをいう。第87条の3第1項において同じ。）内においては，災害により破損した建築物の応急の修繕又は次の各号のいずれかに該当する応急仮設建築物の建築でその災害が発生した日から一月以内にその工事に着手するものについては，建築基準法令の規定は，適用しない。ただし，防火地域内に建築する場合については，この限りでない。
一　国，地方公共団体又は日本赤十字社が災害救助のために建築するもの
二　被災者が自ら使用するために建築するもので延べ面積が30 m²以内のもの

2　災害があつた場合において建築する停車場，官公署その他これらに類する公益上必要な用途に供する応急仮設建築物又は工事を施工するために現場に設ける事務所，下小屋，材料置場その他これらに類する仮設建築物については，第6条から第7条の6まで，・・・，第37条，第39条及び第40条の規定並びに第3章の規定は，適用しない。ただし，防火地域又は準防火地域内にある延べ面積が50 m²を超えるものについては，第62条の規定の適用があるものとする。

3　前2項の応急仮設建築物を建築した者は，その建築工事を完了した後3月を超えて当該建築物を存続させようとする場合においては，その超えることとなる日前に，特定行政庁の許可を受けなければならない。ただし，当該許可の申請をした場合において，その超えることとなる日前に当該申請に対する処分がされないときは，当該処分がされるまでの間は，なお当該建築物を存続させることができる。

4　特定行政庁は，前項の許可の申請があつた場合において，安全上，防火上及び衛生上支障がないと認めるときは，2年以内の期間を限つて，その許可をすることができる。

5　特定行政庁は，被災者の需要に応ずるに足りる適当な建築物が不足することその他の理由により前項に規定する期間を超えて使用する特別の必要がある応急仮設建築物について，安全上，防火上及び衛生上支障がなく，かつ，公益上やむを得ないと認める場合においては，同項の規定にかかわらず，更に1年間を超えない範囲内において同項の規定による許可の期間を延長することができる。・・・。

6　特定行政庁は，仮設興行場，博覧会建築物，仮設店舗その他これらに類する仮設建築物（次項及び第101条第1項第十号において「仮設興行場等」という。）について安全上，防火上及び衛生上支障がないと認める場合においては，1年以内の期間（・・・）を定めてその建築を許可することができる。この場合においては，第12条第1項から第4項まで，第21条から第27条まで，第31条，第34条第2項，第35条の2，第35条の3及び第37条の規定並びに第3章の規定は，適用しない。

7　特定行政庁は，国際的な規模の会議又は競技会の用に供することその他の理由により1年を超えて使用する特別の必要がある仮設興行場等について，安全上，防火上及び衛生上支障がなく，かつ，公益上やむを得ないと認める場合においては，前項の規定にかかわらず，当該仮設興行場等の使用上必要と認める期間を定めてその建築を許可することができる。この場合においては，同項後段の規定を準用する。

8　特定行政庁は，第5項の規定により許可の期間を延長する場合又は前項の規定による許可をする場合においては，あらかじめ，建築審査会の同意を得なければならない。ただし，・・・。

1）1項　非常災害があった場合，非常災害区域等で，災害発生から1か月以内に工事に着手するもの（①国等が災害救助のために建築するもの，②被災者が自ら使用する延べ面積30 m²以内の建築物）は，建築基準法令の規定は適用しない。

2）2項　①災害があった場合の公益上必要な応急仮設建築物，②工事現場に設ける仮設事務所等は，法第6条（確認申請）等の適用が除外される。また，法第3章の規定も適用されないので集団規定（接道義務など）も適用されない。

3）6項　特定行政庁は，仮設興行場等を支障がないと認めたときは，1年以内の期間を定めて許可することができる。なおこの場合は，一定の条文は適用外となるが，法第6条は除外されないので確認申請は必要となる。（法第3章（集団規定）は除外されている。）

図6・19

4）5項，7項の許可には，建築審査会の同意が必要である。

確認問題

法令上正しいものに○を，正しくないものに×を付けなさい。

1．特定行政庁は，国際的な規模の会議の用に供することにより1年を超えて使用する特別の必要がある仮設興行場等について，安全上，防火上及び衛生上支障がなく，かつ，公益上やむを得ないと認める場合においても，1年を超える期間を定めてその建築物を許可することはできない。　　　　　　（　×　）

2．都市計画区域内において，特定行政庁により，安全上，防火上及び衛生上支障がないと認められ，原則として，1年以内の期間を定めて，その建築が許可された仮設店舗は，建ぺい率及び容積率の規定が適用されない。　　　　　　（　○　）

6・3・6　工事現場における制限等

⑴　工事現場における確認の表示等（法第89条）

法第89条　第6条第1項の建築，大規模の修繕又は大規模の模様替の工事の施工者は，当該工事現場の見易い場所に，国土交通省令で定める様式によって，建築主，設計者，工事施工者及び工事の現場管理者の氏名又は名称並びに当該工事に係る同項の確認があつた旨の表示をしなければならない。

2　第6条第1項の建築，大規模の修繕又は大規模の模様替の工事の施工者は，当該工事に係る設計図書を当該工事現場に備えておかなければならない。

1）1項　工事の施工者は，工事現場の見やすい場所に確認があった旨の表示をしければならない。

2）2項　工事施工者は，設計図書を工事現場に備えておかなければならない。

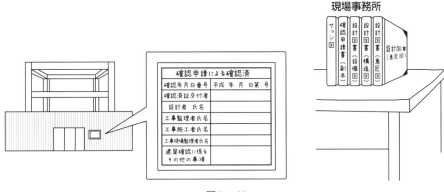

図6・20

(2)　工事現場の危害防止（法第90条）

> **法第90条**　建築物の建築，修繕，模様替又は除却のための工事の施工者は，当該工事の施工に伴う地盤の崩落，建築物又は工事用の工作物の倒壊等による危害を防止するために必要な措置を講じなければならない。
> 2　前項の措置の技術的基準は，政令で定める。

(3)　仮囲い（令第136条の2の20）

> **令第136条の2の20**　木造の建築物で高さが13ｍ若しくは軒の高さが9ｍを超えるもの又は木造以外の建築物で2以上の階数を有するものについて，建築，修繕，模様替又は除却のための工事（以下この章において「建築工事等」という。）を行う場合においては，工事期間中工事現場の周囲にその地盤面（その地盤面が工事現場の周辺の地盤面より低い場合においては，工事現場の周辺の地盤面）からの高さが1.8ｍ以上の板塀その他これに類する仮囲いを設けなければならない。ただし，これらと同等以上の効力を有する他の囲いがある場合又は工事現場の周辺若しくは工事の状況により危害防止上支障がない場合においては，この限りでない。

１）下記①，②の建築物には，工事現場の周囲に仮囲いを設けなければならないのは

　① 木造の建築物で，高さ13ｍ若しくは軒の高さ13ｍを超えるもの

　② 木造以外の建築物で，2以上の階数を有するもの

仮囲い
1.8m以上

図6・21

(4)　根切り工事，山留め工事を行う場合の危害防止（令第136条の3）

> **令第136条の3**
> 4　建築工事等において深さ1.5ｍ以上の根切り工事を行なう場合においては，地盤が崩壊するおそれがないとき，及び周辺の状況により危害防止上支障がないときを除き，山留めを設けなければならない。この場合において，山留めの根入れは，周辺の地盤の安定を保持するために相当な深さとしなければならない。
> 5　前項の規定により設ける山留めの切ばり，矢板，腹起しその他の主要な部分は，土圧に対して，次に定める方法による構造計算によつた場合に安全であることが確かめられる最低の耐力以上の耐力を有する構造としなければならない。
> 一　次に掲げる方法によつて土圧を計算すること。
> 　イ　・・・
> 　ロ　・・・
> 二　前号の規定によつて計算した土圧によつて山留めの主要な部分の断面に生ずる応力度を計算すること。
> 三　前号の規定によつて計算した応力度が，次に定める許容応力度を超えないことを確かめること。

イ　木材の場合にあつては，第89条（第3項を除く。）又は第94条の規定による長期に生ずる力に対する許容応力度と短期に生ずる力に対する許容応力度との平均値。ただし，腹起しに用いる木材の許容応力度については，国土交通大臣が定める許容応力度によることができる。
ロ　鋼材又はコンクリートの場合にあつては，それぞれ第90条若しくは第94条又は第91条の規定による短期に生ずる力に対する許容応力度

1）4項　1.5m以上の根切り工事を行う場合は，山留めを設ける。

2）5項三号　山留めの主要な部分に生ずる応力度を計算し，山留め材が木造の場合は長期と短期の許容応力度の平均を，鋼材又はコンクリートの場合は，短期許容応力度（長期×1.5倍）を超えないこととする。

図6・22

(5)　**基礎工事用機械等の転倒による危害の防止（令第136条の4）**

令第136条の4　建築工事等において次に掲げる基礎工事用機械（動力を用い，かつ，不特定の場所に自走することができるものに限る。）又は移動式クレーン（吊り上げ荷重が0.5t以上のものに限る。）を使用する場合においては，敷板，敷角等の使用等によりその転倒による工事現場の周辺への危害を防止するための措置を講じなければならない。ただし，地盤の状況等により危害防止上支障がない場合においては，この限りでない。

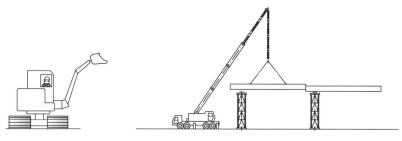

図6・23

(6)　**落下物に対する防護（令第136条の5）**

令第136条の5　建築工事等において工事現場の境界線からの水平距離が5m以内で，かつ，地盤面からの高さが3m以上の場所からくず，ごみその他飛散するおそれのある物を投下する場合においては，ダストシュートを用いる等当該くず，ごみ等が工事現場の周辺に飛散することを防止するための措置を講じなければならない。

2　建築工事等を行なう場合において，建築のための工事をする部分が工事現場の境界線から水平距離が5m以内で，かつ，地盤面から高さが7m以上にあるとき，その他はつり，除却，外壁の修繕等に伴う落下物によつて工事現場の周辺に危害を生ずるおそれがあるときは，国土交通大臣の定める基準に従つて，工事現場の周囲その他危害防止上必要な部分を鉄網又は帆布でおおう等落下物による危害を防止するための措置を講じなければならない。

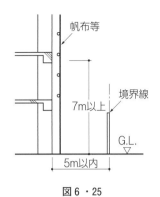

図6・24　　　　　　　　　　　　　図6・25

(7)　建て方（令第136条の6）

> **令第136条の6**　建築物の建て方を行なうに当たつては，仮筋かいを取り付ける等荷重又は外力による倒壊を防止するための措置を講じなければならない。
> 2　鉄骨造の建築物の建て方の仮締は，荷重及び外力に対して安全なものとしなければならない。

┌─ 確認問題 ─────────────────────────

法令上正しいものに〇を，正しくないものに✕を付けなさい。

1．建築物の建て方を行うにあたっては，仮筋かいを取り付ける等荷重又は外力による倒壊を防止するための措置を講じなければならない。　　　　　　　　　　　　　　　　（　〇　）

└───────────────────────────────

6・3・7　許可又は確認に関する消防長の同意等

(1)　許可又は確認に関する消防長の同意等（法第93条）

> **法第93条**　特定行政庁，建築主事又は指定確認検査機関は，この法律の規定による許可又は確認をする場合においては，当該許可又は確認に係る建築物の工事施工地又は所在地を管轄する消防長（消防本部を置かない市町村にあつては，市町村長。以下同じ。）又は消防署長の同意を得なければ，当該許可又は確認をすることができない。ただし，確認に係る建築物が防火地域及び準防火地域以外の区域内における住宅（長屋，共同住宅その他政令で定める住宅を除く。）である場合又は建築主事若しくは指定確認検査機関が第87条の4において準用する第6条第1項若しくは第6条の2第1項の規定による確認をする場合においては，この限りでない。

1）特定行政庁等の許可又は確認にあたっては，消防長等の同意が必要である。ただし，防火・準防火地域以外の一定の住宅については不要である。

(2)　消防長の同意を要する住宅（令第147条の3）

> **令第147条の3**　法第93条第1項ただし書の政令で定める住宅は，一戸建ての住宅で住宅の用途以外の用途に供する部分の床面積の合計が延べ面積の1/2以上であるもの又は50 m²を超えるものとする。

1）兼用住宅で，兼用部分が延べ面積の1/2以上又は50 m²を超えるものは，消防長の同意が必要となる。

6・3・8　罰　則

(1)　法第98条

法第98条　次の各号のいずれかに該当する者は，**3年以下の懲役又は300万円以下の罰金**に処する。
　一　第9条第1項又は第10項前段（・・・）の規定による**特定行政庁**又は**建築監視員の命令**に違反した者
　二　**第20条**（第1項第一号から第三号までに係る部分に限る。），・・・の規定に違反した場合における当該建築物又は建築設備の**設計者**（・・・）
　三　第36条（防火壁，防火床及び防火区画の設置及び構造に係る部分に限る。）の規定に基づく政令の規定に違反した場合における当該建築物の設計者（・・・）
　2　前項第二号又は第三号に規定する違反があつた場合において，その違反が建築主又は建築設備の設置者の**故意**によるものであるときは，当該設計者又は工事施工者を罰するほか，当該**建築主**又は建築設備の設置者に対して同項の刑を科する。

1）　1項　次の場合は，**3年以下の懲役又は300万円以下**の罰金が処せられる。

　①　一号　違反建築物に対して違反を是正する措置を特定行政庁から命じられた場合，その命令に従わない建築主

　②　二号　法第20条（第1項第一号から第三号の部分）の構造計算の規定に違反した場合の設計者

2）　2項　第1項第二号，第三号の規定違反が，建築主の故意によるものの場合は，建築主も罰せられる。

(2)　法第99条

法第99条　次の各号のいずれかに該当する者は，**1年以下の懲役又は100万円以下の罰金**に処する。
　一　第6条第1項（・・・）の規定に違反した者
　二　第6条第8項（・・・）の規定に違反した場合における当該建築物，工作物又は建築設備の**工事施工者**
　八　**第20条**（第1項第四号に係る部分に限る。），・・・の規定に違反した場合における当該建築物，工作物又は建築設備の**設計者**（・・・）
　九　第36条（・・・）の規定に基づく政令の規定に違反した場合における当該建築物，工作物又は建築設備の設計者（・・・）
　2　前項第八号又は第九号に規定する違反があつた場合において，その違反が**建築主**，工作物の築造主又は建築設備の設置者の**故意**によるものであるときは，当該設計者又は工事施工者を罰するほか，当該**建築主**，工作物の築造主又は建築設備の設置者に対して同項の刑を科する。

1）　1項　次の場合は，**1年以下の懲役又は100万円以下の罰金**が処せられる。

　①　二号　確認済証の交付を受けずに建築物の建築等を行った工事施工者

　②　八号　法第20条（第1項第四号）の構造計算の規定に違反した場合の設計者

2）　2項　第1項第八号，第九号の規定違反が，建築主の故意によるものの場合は，建築主も罰せられる。

図6・26

確認問題

法令上正しいものに〇を，正しくないものに×を付けなさい。

1．建築基準法第12条第7項の規定による立ち入り検査を拒んだ者は，50万円以下の罰金に処せられる。

（　×　）

2．建築基準法第27条（耐火建築物ととしなければならない特殊建築物）の規定に違反があった場合において，その違反が建築主の故意によるものであるときは，設計者又は工事施工者を罰するほか，当該建築主も罰則の適用の対象となる。

（　〇　）

例題

例題06-5

　次の記述のうち，建築基準法上，**誤っている**ものはどれか。

1．建築基準法第3条第2項の規定により，建築基準法第48条第1項から第13項の規定の適用を受けない既存の建築物は，政令で定める範囲内であれば改築することが出来る。

2．防火地域及び準防火地域以外の区域内における木造2階建，延べ面積 120 m² の一戸建ての兼用住宅（住宅の用途以外の用途に供する部分の床面積が 50 m²）について，建築主事又は指定確認検査機関が建築基準法第6条第1項又は第6条の2第1項による確認をする場合においては，消防長（消防本部を置かない市町村にあっては，市町村長）又は消防署長の同意が必要である。

3．確認済証の交付を受けた後でなければすることが出来ない建築物の建築の工事を，確認済証の交付を受けないでした工事施工者は，1年以下の懲役又は100万円以下の罰金に処せられる。。

4．都市計画区域内において，特定行政庁により，安全上，防火上及び衛生上支障がないと認められ，原則として，1年以内の期間を定めて，その建築が許可された仮店舗は，建ぺい率及び容積率の規定が適用されない。

5．高さ 4 m の広告塔には，建築基準法第20条の規定が準用されない。

例題06-6

　次の記述のうち，建築基準法上，**誤っている**ものはどれか。

1．建築物の建て方を行なうに当たっては，仮筋かいを取り付ける等荷重又は外力による倒壊を防止するための措置を講じなければならない。

2．建築工事等において深さ 1.5 m 以上の根切り工事を行う場合に設けなければならない山留については，土圧によって山留の主要な部分の断面に生ずる応力度が，鋼材の場合にあっては，長期に生ずる力に対する許容応力度の2倍を超えないことを計算によって確かめなければならない。

3．文化財保護法の規定により，国宝又は重要文化財に指定された建築物については，建築基準法令の規定は適用しない。

4．非常災害区域等内において，被災者が自ら使用するために建築する延べ面積 30 m² 以内の応急仮設建築物で，その災害が発生した日から1月以内にその工事に着手するものについては，防火地域内に建築する場合を除き，建築基準法令の規定は，適用しない。

5．工事を施工するために現場に設ける事務所を建築しようとする場合においては，確認済証の交付を受ける必要がない。

答え　➡ p.264，265

第 7 章

関係法令

7・1　建築士法－1

7・1・1　総則・免許等

(1)　定義（士法第2条）

> **士法第2条**　この法律で「建築士」とは，一級建築士，二級建築士及び木造建築士をいう。
> 2　この法律で「一級建築士」とは，国土交通大臣の免許を受け，一級建築士の名称を用いて，建築物に関し，設計，工事監理その他の業務を行う者をいう。
> 3　この法律で「二級建築士」とは，都道府県知事の免許を受け，二級建築士の名称を用いて，建築物に関し，設計，工事監理その他の業務を行う者をいう。
> 5　この法律で「建築設備士」とは，建築設備に関する知識及び技能につき国土交通大臣が定める資格を有する者をいう。
> 6　この法律で「設計図書」とは建築物の建築工事の実施のために必要な図面（現寸図その他これに類するものを除く。）及び仕様書を，「設計」とはその者の責任において設計図書を作成することをいう。
> 8　この法律で「工事監理」とは，その者の責任において，工事を設計図書と照合し，それが設計図書のとおりに実施されているかいないかを確認することをいう。

※第7章では，建築士法を「士法」という。なお，建築士法施行規則を「規則」という。

1)　**2項**　一級建築士は，**国土交通大臣の免許**を受け設計等の業務を行う者

2)　**3項**　二級建築士は，**都道府県知事の免許**を受け設計等の業務を行う者

3)　**6項**　設計図書とは，建築物の建築工事の実施のために必要な図面（原寸図等は除く）

　　設計とは，その者の責任において設計図書を作成すること

4)　**8項**　**工事監理**とは，設計図書のとおりに工事が実施されているかを設計図と照合し確認すること

> **確認問題**
>
> 法令上正しいものに〇を，正しくないものに×を付けなさい。
> 1．建築士が工事監理を行う場合は，その者の責任において，工事を設計図書と照合し，それが設計図書のとおりに実施されているかいないかを確認するとともに，当該工事の指導監督を行わなければならない。　　（　×　）

(2)　職責（士法第2条の2）

> **士法第2条の2**　建築士は，常に品位を保持し，業務に関する法令及び実務に精通して，建築物の質の向上に寄与するように，公正かつ誠実にその業務を行わなければならない。

(3)　一級建築士でなければできない設計又は工事監理（士法第3条）（令和7年4月施行予定）

> **士法第3条**　次に掲げる建築物（・・・）を新築する場合においては，一級建築士でなければ，その設計又は工事監理をしてはならない。
> 一　学校，病院，劇場，映画館，観覧場，公会堂，集会場（オーデイトリアムを有しないものを除く。）又は百貨店の用途に供する建築物で，延べ面積が$500 \, \text{m}^2$を超えるもの
> 二　木造の建築物又は建築物の部分で，高さが16mを超えるもの又は地階を除く階数が4以上であるもの
> 三　鉄筋コンクリート造，鉄骨造，石造，れん瓦造，コンクリートブロック造又は無筋コンクリート造の建築物又は建築物の部分で，延べ面積が$300 \, \text{m}^2$を超えるもの，高さが16mを超えるもの又は地階を除く階数が4以上であるもの
> 四　延べ面積が$1,000 \, \text{m}^2$を超え，かつ，階数が2以上である建築物
> 2　建築物を増築し，改築し，又は建築物の大規模の修繕若しくは大規模の模様替をする場合においては，当該増築，改築，修繕又は模様替に係る部分を新築するものとみなして前項の規定を適用する。

（注1）　士法第3条関連政令に関しては，現時点（令和5年12月）では未公布のため，法の施行に伴い変更の可能性がある。

設計と**工事監理**に関しては，建築物の規模等により建築士の**資格要件が定められている。**

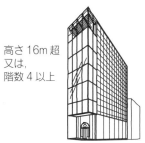

高さ 16 m 超
又は，
階数 4 以上

一級建築士でなければ
設計・監理できない建物

一級・二建築士でなければ
設計・監理できない建物

床面積が 100 m² を超え
300 m² までの二階以下の
木造住宅

木造建築士が
設計・監理できる

図 7・1

表 7・1

必要な資格	条文		対象建築物	
一級建築士	士法第 3 条	第一号	※特殊建築物	延べ面積＞500 m²
		第二号	木造	①高さ＞16 m　又は　②階数≧4
		第三号	木造以外	①延べ面積＞300 m²，②高さ＞16 m　又は　③階数≧4
		第四号	延べ面積＞1,000 m²，かつ，階数≧2	
一級建築士又は二級建築士	士法第 3 条の 2	第一号	木造以外	延べ面積＞30 m²
		第二号	①延べ面積＞100 m²（木造の場合 300 m²）　又は　②階数≧3	
※学校，病院，劇場，映画館，観覧場，公会堂，集会場（オーデイトリアムを有しないものは除く。），百貨店				

【 確認問題 】

法令上正しいものに〇を，正しくないものに×を付けなさい。
1．延べ面積 600 m²，高さ 9 m，木造 2 階建ての病院は，二級建築士が設計することができる。　　　　　（ × ）
2．一級建築士でなければ設計をしてはならない建築物の工事監理については，一級建築士の指導を受けている場合であっても，二級建築士は行うことができない。　　　　　（ 〇 ）

⑷　一級建築士又は二級建築士でなければできない設計又は工事監理（士法第 3 条の 2）

士法第 3 条の 2　前条第 1 項各号に掲げる建築物以外の建築物で，次の各号に掲げるものを新築する場合においては，一級建築士又は二級建築士でなければ，その設計又は工事監理をしてはならない。
一　前条第一項第三号に掲げる構造の建築物又は建築物の部分で，延べ面積が 30 m² を超えるもの
二　延べ面積が 100 m²（木造の建築物にあつては，300 m²）を超え，又は階数が 3 以上の建築物

⑸　建築士の免許（士法第 4 条）

士法第 4 条　一級建築士になろうとする者は，国土交通大臣の免許を受けなければならない。
2　一級建築士の免許は，国土交通大臣の行う一級建築士試験に合格した者であって，次の各号のいずれかに該当する者でなければ，受けることができない。
　一号〜五号　　略
3　二級建築士又は木造建築士になろうとする者は，都道府県知事の免許を受けなければならない。
4　二級建築士又は木造建築士の免許は，それぞれの免許を受けようとする都道府県知事の行う二級建築士試験又は木造建築士試験に合格した者であって，次の各号のいずれかに該当する者でなければ，受けることができない。
　一号〜四号　　略

⑹　住所等の届出（士法第5条の2）

> **士法第5条の2**　一級建築士，二級建築士又は木造建築士は，一級建築士免許証，二級建築士免許証又は木造建築士免許証の交付の日から30日以内に，住所その他の国土交通省令で定める事項を，一級建築士にあつては国土交通大臣に，二級建築士又は木造建築士にあつては免許を受けた都道府県知事及び住所地の都道府県知事に届け出なければならない。
> 2　一級建築士，二級建築士又は木造建築士は，前項の国土交通省令で定める事項に変更があつたときは，その日から30日以内に，その旨を，一級建築士にあつては国土交通大臣に，二級建築士又は木造建築士にあつては免許を受けた都道府県知事及び住所地の都道府県知事（都道府県の区域を異にして住所を変更したときは，変更前の住所地の都道府県知事）に届け出なければならない。

1）　1項　建築士の住所等は，免許の交付の日から**30日以内**に，一級建築士は国土交通大臣に，**二級及び木造建築士は，都道府県知事**に届け出なければならない。

2）　2項　建築士が住所等を変更した場合は，**変更した日から30日以内**に，一級建築士は国土交通大臣に，二級及び木造建築士は，都道府県知事に届け出なければならない。

確認問題

法令上正しいものに〇を，正しくないものに×を付けなさい。
1．二級建築士は，勤務先の名称に変更があったときは，その日から30日以内に，その旨を，免許を受けた都道府県知事及び所在地の都道府県知事に届け出なければならない。　　　　　　　　　　　　　（　〇　）

⑺　名簿（士法第6条）

> **士法第6条**　一級建築士名簿は国土交通省に，二級建築士名簿及び木造建築士名簿は都道府県に，これを備える。
> 2　国土交通大臣は一級建築士名簿を，都道府県知事は二級建築士名簿及び木造建築士名簿を，それぞれ一般の閲覧に供しなければならない。

1）　1項，2項　一級建築士は国土交通省に，**二級及び木造建築士は都道府県に名簿を備え**，一般の閲覧に供しなければならない。

⑻　都道府県指定登録機関（士法第10条の20）

> **士法第10条の20**　都道府県知事は，その指定する者（以下「都道府県指定登録機関」という。）に，二級建築士及び木造建築士の登録の実施に関する事務並びに二級建築士名簿及び木造建築士名簿を一般の閲覧に供する事務（以下「二級建築士等登録事務」という。）を行わせることができる。

1）　都道府県知事は，都道府県指定登録機関に二級建築士及び木造建築士の登録の実務に関する事務，名簿の閲覧に供する事務を行わせることができる。

⑼　絶対的欠格事由（士法第7条）

> **士法第7条**　次の各号のいずれかに該当する者には，一級建築士，二級建築士又は木造建築士の免許を与えない。
> 一　未成年者
> 二　禁錮以上の刑に処せられ，その刑の執行を終わり，又は執行を受けることがなくなつた日から5年を経過しない者
> 三　この法律の規定に違反して，又は建築物の建築に関し罪を犯して罰金の刑に処せられ，その刑の執行を終わり，又は執行を受けることがなくなつた日から5年を経過しない者
> 四　第9条第1項第四号又は第10条第1項の規定により免許を取り消され，その取消しの日から起算して5年を経過しない者

確認問題

法令上正しいものに○を，正しくないものに×を付けなさい。
1．業務に関して不誠実な行為をして二級建築士の免許を取り消された者は，その後に一級建築士試験に合格した場合であっても，その取り消しの日から5年を経過しない間は，一級建築士の免許を受けることができない。

（　○　）

⑽　建築士の死亡等の届出（士法第8条の2）

士法第8条の2　一級建築士，二級建築士又は木造建築士が次の各号に掲げる場合のいずれかに該当することとなつたときは，当該各号に定める者は，その日（・・・）から30日以内に，その旨を，一級建築士にあつては国土交通大臣に，二級建築士又は木造建築士にあつては免許を受けた都道府県知事に届け出なければならない。
一　死亡したとき　その相続人

⑾　免許等の取消し（士法第9条）

士法第9条　国土交通大臣又は都道府県知事は，その免許を受けた一級建築士又は二級建築士若しくは木造建築士が次の各号のいずれかに該当する場合においては，当該一級建築士又は二級建築士若しくは木造建築士の免許を取り消さなければならない。
一　本人から免許の取消しの申請があつたとき。
二　前条（・・・）の規定による届出があつたとき。
三　前条の規定による届出がなくて同条一号又は二号に掲げる場合に該当する事実が判明したとき。
四　虚偽又は不正の事実に基づいて免許を受けたことが判明したとき。

⑿　懲戒（士法第10条）

士法第10条　国土交通大臣又は都道府県知事は，その免許を受けた一級建築士又は二級建築士若しくは木造建築士が次の各号のいずれかに該当する場合においては，当該一級建築士又は二級建築士若しくは木造建築士に対し，戒告し，若しくは1年以内の期間を定めて業務の停止を命じ，又はその免許を取り消すことができる。
一　この法律若しくは建築物の建築に関する他の法律又はこれらに基づく命令若しくは条例の規定に違反したとき。
二　業務に関して不誠実な行為をしたとき。

1）1項　建築士は，第一号，第二号のいずれかに該当する場合，業務停止命令や免許の取消しなどの処分を受けることがある。

2）5項　国土交通大臣又は都道府県知事は，処分をしたときはその旨を官報や広報などで広告しなければならない。

図7・2

⒀　審査請求（士法第10条の18）

士法第10条の18　中央指定登録機関が行う一級建築士登録等事務に係る処分又はその不作為について不服がある者は，国土交通大臣に対し，審査請求をすることができる。

7・1・2　業　務

(1)　設計及び工事監理の定義（士法第18条）

士法第18条　建築士は，設計を行う場合においては，設計に係る建築物が法令又は条例の定める建築物に関する基準に適合するようにしなければならない。

2　建築士は，設計を行う場合においては，設計の委託者に対し，設計の内容に関して適切な説明を行うように努めなければならない。

3　建築士は，工事監理を行う場合において，工事が設計図書のとおりに実施されていないと認めるときは，直ちに，工事施工者に対して，その旨を指摘し，当該工事を設計図書のとおりに実施するよう求め，当該工事施工者がこれに従わないときは，その旨を建築主に報告しなければならない。

4　建築士は，延べ面積が2,000 m²を超える建築物の建築設備に係る設計又は工事監理を行う場合においては，建築設備士の意見を聴くよう努めなければならない。ただし，設備設計一級建築士が設計を行う場合には，設計に関しては，この限りでない。

1）2項　建築士は，設計の委託者に対し適切な説明を行うように努めなければならない。

2）3項　工事監理は，工事が設計図書のとおりに実施されているか確認しなければならない。設計図書のとおりでないと認めるときは，工事施工者に対してその旨を指摘し，設計図書のとおりに実施するよう求め，工事施工者がこれに従わないときは，建築主に報告しなければならない。

図7・3

(2)　設計の変更（士法第19条）

士法第19条　一級建築士，二級建築士又は木造建築士は，他の一級建築士，二級建築士又は木造建築士の設計した設計図書の一部を 変更 しようとするときは，当該一級建築士，二級建築士又は木造建築士の承諾を求めなければならない。ただし，承諾を求めることのできない事由があるとき，又は承諾が得られなかつたときは， 自己の責任 において，その設計図書の一部を変更することができる

1）設計図書の一部を変更するときは，原則として，変更前の設計者の承諾が必要である。ただし，承諾が得られない事由があるときは，又は，得られない場合は，自己の責任において変更することができる。

図7・4

確認問題

法令上正しいものに〇を，正しくないものに×を付けなさい。

1．建築士事務所を管理する建築士は，当該建築士事務に属する他の建築士が設計した設計図書の一部を変更しようとするときは，設計した建築士の承諾を求めることなく，管理建築士としての権限で変更することができる。

（　×　）

⑶ 建築士免許証の提示（士法第19条の２）

士法第19条の２ 一級建築士，二級建築士又は木造建築士は，第23条第１項に規定する設計等の委託者（委託しよう とする者を含む。）から請求があつたときは，一級建築士免許証，二級建築士免許証若しくは木造建築士免許証又 は一級建築士免許証明書，二級建築士免許証明書若しくは木造建築士免許証明書を提示しなければならない。

１）建築士は，設計の委託者（設計の依頼者）か ら請求があった場合は，建築士免許証等を提示 しなければならない。

図７・５

⑷ 業務に必要な表示行為（士法第20条）

士法第20条 一級建築士，二級建築士又は木造建築士は，設計を行つた場合においては，その 設計図書 に一級建築 士，二級建築士又は木造建築士である旨の表示をして 記名 しなければならない。設計図書の一部を変更した場合 も同様とする。
２ 一級建築士，二級建築士又は木造建築士は，構造計算によつて建築物の安全性を確かめた場合においては，遅滞 なく，国土交通省令で定めるところにより，その旨の証明書を設計の委託者に交付しなければならない。ただし， 次条第１項又は第２項の規定の適用がある場合は，この限りでない。
３ 建築士は，工事監理を終了したときは，直ちに，国土交通省令で定めるところにより，その結果を文書で建築主 に報告しなければならない。
５ 建築士は，大規模の建築物その他の建築物の建築設備に係る設計又は工事監理を行う場合において，建築設備士 の意見を聴いたときは，第１項の規定による 設計図書 又は第３項の規定による 報告書 （前項前段に規定する方法 により報告が行われた場合にあつては，当該報告の内容）において，その旨を明らかにしなければならない。

１）１項 建築士が設計（変更の場合も含む。）を行った場合は，**設計図書に記名**しなければならな い。

２）２項 建築士が構造計算で建築物の安全性を 確かめた場合は，その**証明書を設計の委託者に 交付**しなければならない。

３）３項 建築士が工事監理を終了した場合は， その結果を文書（**工事監理報告書** 規則第17条 の15）で建築主に報告しなければならない。

４）５項 建築士が設計又は工事監理の際に，建 築設備士の意見を聞いた場合は，**設計の場合は 設計図書**に，**工事監理の場合は工事監理報告書** にその旨を明らかにしなければならない。

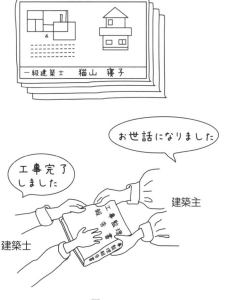

図７・６

```
┌─ 確認問題 ─┐
```

法令上正しいものに○を，正しくないものに×を付けなさい。
　1．管理建築士は，その建築士事務所の業務に係る技術的事項を総括する専任の建築士であるが，当該建築士事務所に属する他の建築士が設計を行った建築物の設計図書について，管理建築士である旨の表示をして記名する必要はない。　　　　　　　　　　　　　　　　　　　　　　　　　　　　　　　　　（　○　）

⑸　その他の業務（士法第21条）

士法第21条　建築士は，設計（・・・）及び工事監理を行うほか，建築工事契約に関する事務，建築工事の指導監督，建築物に関する調査又は鑑定及び建築物の建築に関する法令又は条例の規定に基づく手続の代理その他の業務（木造建築士にあつては，木造の建築物に関する業務に限る。）を行うことができる。ただし，他の法律においてその業務を行うことが制限されている事項については，この限りでない。

1）建築士は，設計及び工事監理の他に，

　①　建築工事契約に関する事務

　②　建築工事の指導監督

　③　建築物に関する調査又は鑑定

　④　建築物の建築に関する法令又は条例の規定に基づく手続きの代理

を行うことができる。なお，これらの業務は一級，二級建築士の違いはない。

⑹　非建築士等に対する名義貸しの禁止（士法第21条の2）

士法第21条の2　建築士は，次の各号のいずれかに該当する者に自己の名義を利用させてはならない。
　一　第3条第1項（・・・），第3条の2第1項（・・・），第3条の3第1項（・・・）又は第34条の規定に違反する者
　二　第3条の2第3項（・・・）の規定に基づく条例の規定に違反する者

⑺　違反行為の指示等の禁止（士法第21条の3）

士法第21条の3　建築士は，建築基準法の定める建築物に関する基準に適合しない建築物の建築その他のこの法律若しくは建築物の建築に関する他の法律又はこれらに基づく命令若しくは条例の規定に違反する行為について指示をし，相談に応じ，その他これらに類する行為をしてはならない。

1）建築士は，建築基準法等の**違反に関する指示，相談**に応じてならない。

2）士法第21条の4（信用失墜行為の禁止）とともに，建築士は社会的信用を守り専門職としての自覚をもって業務にあたるよう規定している。

図7・7

⑻　信用失墜行為の禁止（士法第21条の4）

士法第21条の4　建築士は，建築士の信用又は品位を害するような行為をしてはならない。

⑼　**知識及び技能の維持向上（士法第22条）**

> **士法第22条**　建築士は，設計及び工事監理に必要な知識及び技能の維持向上に努めなければならない。

⑽　**定期講習（士法第22条の2）**

> **士法第22条の2**　次の各号に掲げる建築士は，3年以上5年以内において国土交通省令で定める期間ごとに，次条第1項の規定及び同条第2項において準用する第10条の23から第10条の25までの規定の定めるところにより国土交通大臣の登録を受けた者（次条において「登録講習機関」という。）が行う当該各号に定める講習を受けなければならない。
>   一　一級建築士（第23条第1項の建築士事務所に属するものに限る。）　別表第2（一）の項講習の欄に掲げる講習
>   二　二級建築士（第23条第1項の建築士事務所に属するものに限る。）　別表第2（二）の項講習の欄に掲げる講習

1）**建築士事務所に所属する建築士**は定期的（規則第17条の36より**3年**）に講習を受けなければならない。

もうすぐ
定期講習だ！

図7・8

⑾　**定期講習の受講期間（規則第17条の36）**

> **規則第17条の36**　法第22条の2国土交通省令で定める期間は，法第22条の2各号に掲げる建築士が同条各号に規定する講習のうち直近のものを受けた日の属する年度の翌年度の開始の日から起算して 3年 とする

確認問題

法令上正しいものに〇を，正しくないものに×を付けなさい。
1．二級建築士は，5年ごとに，登録講習機関が行う所定の二級建築士定期講習を受けなければならない。

（　×　）

例題

例題07-1

　建築士の業務に関する次の記述のうち，建築士法上，**正しい**ものはどれか。

1．建築士は，建築物の工事監理を行う場合において，工事が設計図書の通りに実施されていないと認めるときは，直ちに，建築主事又は指定確認検査機関に報告しなければならない。
2．建築士は，大規模の建築物の建築設備に係る工事監理を行う場合において，建築設備士の意見を聴いたときは，設計図書にその旨を明らかにしなければならない。
3．二級建築士は，他の二級建築士が設計した設計図書について，いかなる場合も，変更することはできない。
4．二級建築士は，鉄筋コンクリート造3階建，延べ面積 350 m²，高さ 12 m，軒の高さ 9 m の物品販売業を営む店舗の新築に係る設計をすることができる。
5．二級建築士は，一級建築士でなければ設計又は工事監理をしてはならない建築物について，建築工事の指導監督の業務を，原則として，行うことができる。

例題07-2

　二級建築士に関する次の記述のうち，建築士法上，**誤っている**ものはどれか。

1．二級建築士は，設計図書の一部を変更した場合は，その設計図書に二級建築士である旨の表示をして記名及び押印をしなければならない。
2．二級建築士は，原則として，鉄筋コンクリート造2階建，延べ面積 500 m²，高さ 9 m の病院の新築に係る設計をすることが出来ない。
3．二級建築士は，一級建築士でなければ設計又は工事監理をしてはならない建築物に関する調査又は鑑定の業務を，原則として行うことができない。
4．二級建築士は，他の二級建築士の設計した設計図書の一部を変更しようとするときは，当該二級建築士の承諾を求めなければならないが，承諾が得られなかったときは，自己の責任において，その設計図書の一部を変更することができる。
5．二級建築士は，構造計算によって建築物の安全性を確かめた場合においては，遅滞なく，その旨の証明書を設計の委託者に交付しなければならない。

答え　➡ p.265, 266

7・2 建築士法－2

7・2・1 設計受託契約等

(1) 設計受託契約等の原則（士法第22条の3の2）

> **士法第22条の3の2** 設計又は工事監理の委託を受けることを内容とする契約（以下それぞれ「設計受託契約」又は「工事監理受託契約」という。）の当事者は，各々の対等な立場における合意に基づいて公正な契約を締結し，信義に従つて誠実にこれを履行しなければならない。

(2) 延べ面積が 300 m² を超える建築物に係る契約の内容（士法第22条の3の3）

> **士法第22条の3の3** 延べ面積が 300 m² を超える 建築物の新築に係る 設計受託契約 又は 工事監理受託契約 の当事者は，前条の趣旨に従つて，契約の締結に際して次に掲げる事項を書面に記載し，署名又は記名押印をして相互に交付しなければならない。
> 　一 設計受託契約にあつては，作成する設計図書の種類
> 　二 工事監理受託契約にあつては，工事と設計図書との照合の方法及び工事監理の実施の状況に関する報告の方法
> 　三 当該設計又は工事監理に従事することとなる建築士の氏名及びその者の一級建築士，二級建築士又は木造建築士の別並びにその者が構造設計一級建築士又は設備設計一級建築士である場合にあつては，その旨
> 　四 報酬の額及び支払の時期
> 　五 契約の解除に関する事項
> 　六 前各号に掲げるもののほか，国土交通省令で定める事項
> 　2 延べ面積が 300 m² を超える建築物の新築に係る設計受託契約又は工事監理受託契約の当事者は，設計受託契約又は工事監理受託契約の内容で前項各号に掲げる事項に該当するものを変更するときは，その変更の内容を書面に記載し，署名又は記名押印をして相互に交付しなければならない。
> 　5 設計受託契約又は工事監理受託契約の当事者が，第1項の規定により書面を相互に交付した場合（前項の規定により読み替えて準用する第20条第4項の規定により書面を交付したものとみなされる場合を含む。）には，第24条の8第1項の規定は，適用しない。

1）1項 **延べ面積300 m²を超える建築物の新築等に係る設計受託契約又は工事監理受託契約の当事者は，契約の締結に際して，法令で定める事項を書面に記載し，署名又は記名押印して相互に交付**しなければならない。

2）2項 書面の記載事項を**変更**する場合は，その変更の内容を書面に記載し，署名又は記名押印して相互に交付しなければならない。

3）5項 設計受託契約又は工事監理受託契約の際に書面を交付した場合，士法第24条の8第1項の規定（契約締結後の書面の交付）は適用しない。

建築士　　　建築主

相互に交付

設計・監理業務委託契約書

建築主：建益此処
建築家：猫山寶子

図7・9

確認問題

法令上**正しいもの**に〇を，**正しくないもの**に✕を付けなさい。

1. 延べ面積 300 m² の建築物の新築に係る設計受託契約の当事者は，契約の締結に際して，作成する設計図書の種類，設計に従事することとなる建築士の氏名，報酬の額，その他所定の事項について，情報通信の技術を利用する場合を除き，書面に記載し，署名又は記名押印して相互に交付しなければならない。（　✕　）

⑶　**適正な委託代金（士法第22条の3の4）**

> **士法第22条の3の4**　設計受託契約又は工事監理受託契約を締結しようとする者は，第25条に規定する報酬の基準に準拠した委託代金で設計受託契約又は工事監理受託契約を締結するよう努めなければならない。

7・2・2　建築士事務所

⑴　**登録（士法第23条）**

> **士法第23条**　一級建築士，<u>二級建築士</u>若しくは木造建築士又はこれらの者を使用する者は，他人の求めに応じ報酬を得て，設計，工事監理，建築工事契約に関する事務，建築工事の指導監督，建築物に関する調査若しくは鑑定又は建築物の建築に関する法令若しくは条例の規定に基づく手続の代理（・・・以下<u>「設計等」という。</u>）を<u>業として行おうとするとき</u>は，一級建築士事務所，二級建築士事務所又は木造建築士事務所を定めて，<u>その建築士事務所について，都道府県知事の登録を受けなければならない。</u>
> 2　前項の登録の有効期間は，登録の日から起算して|5年|とする。
> 3　第1項の登録の有効期間の満了後，引き続き，他人の求めに応じ報酬を得て，設計等を業として行おうとする者は，その建築士事務所について<u>更新の登録を受けなければならない。</u>

1）**1項**　建築士又は建築士を使用する者は，**設計等を業として行う場合**は，**都道府県知事に対して建築士事務所登録をしなければならない。**（建築士でなくとも，建築士事務所は開設できる。）

2）**2項**　登録の有効期間は**5年間**

3）**3項**　更新の登録は，有効期間満了の日前30日までに登録申請書を提出しなければならない。（士法施行規則第18条）

図7・10

確認問題

法令上**正しいもの**に〇を，**正しくないもの**に✕を付けなさい。

1. 建築士は，自らが建築主となる建築物のみの設計等をする場合であっても，建築士事務所を定めて，その建築士事務所について，都道府県知事（都道府県知事が指定登録事務所機関を指定したときは，原則として，当該指定事務所登録機関）の登録を受けなければならない。（　✕　）

2. 建築士事務所の登録は，5年間有効であり，その更新を受けようとする者は，有効期間満了の日までに登録申請書を提出しなければならない。（　✕　）

⑵　登録の申請（士法第23条の２）

> **士法第23条の２**　前条第１項又は第３項の規定により建築士事務所について登録を受けようとする者（以下「登録申請者」という。）は，次に掲げる事項を記載した登録申請書をその建築士事務所の所在地を管轄する都道府県知事に提出しなければならない。
> 一　建築士事務所の名称及び所在地
> 二　一級建築士事務所，二級建築士事務所又は木造建築士事務所の別
> 三　登録申請者が個人である場合はその氏名，法人である場合はその名称及び役員（業務を執行する社員，取締役，執行役又はこれらに準ずる者をいう。以下この章において同じ。）の氏名
> 四　第24条第２項に規定する管理建築士の氏名及びその者の一級建築士，二級建築士又は木造建築士の別
> 五　建築士事務所に属する建築士の氏名及びその者の一級建築士，二級建築士又は木造建築士の別
> 六　前各号に掲げるもののほか，国土交通省令で定める事項

１） 建築士事務所の開設者は，建築士事務所の名称及び所在地等を記載した登録申請書を，建築士事務所の所在地を管轄する**都道府県知事に提出**しなければならない。

⑶変更の届け出（士法第23条の５）

> **士法第23条の５**　第23条の３第１項の規定により建築士事務所について登録を受けた者（以下「建築士事務所の開設者」という。）は，第23条の２第一号，第三号，第四号又は第六号に掲げる事項について変更があつたときは，２週間以内に，その旨を当該都道府県知事に届け出なければならない。
> ２　建築士事務所の開設者は，第23条の２第五号に掲げる事項について変更があつたときは，３月以内に，その旨を当該都道府県知事に届け出なければならない。

１） 事務所登録の変更は，建築士事務所の開設者が都道府県知事に届け出る。

①　法第23条の２第一号又は第三号，第四号又は第六号に掲げる事項：**２週間以内**

②　法第23条の２第五号に掲げる事項：**３か月以内**

> **確認問題**
>
> 法令上正しいものに○を，正しくないものに×を付けなさい。
> 1．建築士事務所の開設者は，建築士事務所に属する建築士の氏名に変更があったときは，30日以内に，その建築士事務所の所在地を管轄する都道府県知事に届け出なければならない。　　　（　×　）

⑷　設計等の業務に関する報告書（士法第23条の６）

> **士法第23条の６**　建築士事務所の開設者は，国土交通省令で定めるところにより，事業年度ごとに，次に掲げる事項を記載した設計等の業務に関する報告書を作成し，毎事業年度経過後３月以内に当該建築士事務所に係る登録をした都道府県知事に提出しなければならない。
> 一　当該事業年度における当該建築士事務所の業務の実績の概要
> 二　当該建築士事務所に属する建築士の氏名
> 三　前号の建築士の当該事業年度における業務の実績（当該建築士事務所におけるものに限る。）
> 四　前三号に掲げるもののほか，国土交通省令【規則第20条の３】で定める事項

⑸　設計等の業務に関する報告書（規則第20条の３）

> **規則第20条の３**　士法第23条の６第四号に規定する国土交通省令で定める事項は，次のとおりとする。
> 一　当該建築士事務所に所属する建築士の一級建築士，二級建築士又は木造建築士の別，その者の登録番号及びその者が受けた法第22条の２第一号から第三号までに定める講習のうち直近のものを受けた年月日並びにその者が管理建築士である場合にあっては，その旨

１） 建築士事務所の開設者は，事業年度ごとに，当該事業年度における業務実績等の報告書を都道府県知事に提出しなければならない。

⑹ **登録の抹消（士法第23条の8）**

> **士法第23条の8** 都道府県知事は，次の各号のいずれかに該当する場合においては，登録簿につき，当該建築士事務所に係る登録を抹消しなければならない。
> 一 前条の規定による届出があつたとき。
> 二 第23条第1項の登録の有効期間の満了の際更新の登録の申請がなかつたとき。
> 三 第26条第1項又は第2項の規定により登録を取り消したとき。

⑺ **建築士事務所の管理（士法第24条）**

> **士法第24条** 建築士事務所の開設者は，一級建築士事務所，二級建築士事務所又は木造建築士事務所ごとに，それぞれ当該一級建築士事務所，二級建築士事務所又は木造建築士事務所を管理する専任の一級建築士，二級建築士又は木造建築士を置かなければならない。
> 2 前項の規定により置かれる建築士事務所を管理する建築士（以下「管理建築士」という。）は，建築士として3年以上の設計その他の国土交通省令で定める業務に従事した後，第26条の5第1項の規定及び同条第2項において準用する第10条の23から第10条の25までの規定の定めるところにより国土交通大臣の登録を受けた者（以下この章において「登録講習機関」という。）が行う別表第3講習の欄に掲げる講習の課程を修了した建築士でなければならない。
> 3 管理建築士は，その建築士事務所の業務に係る次に掲げる技術的事項を総括するものとする。
> 一 受託可能な業務の量及び難易並びに業務の内容に応じて必要となる期間の設定
> 二 受託しようとする業務を担当させる建築士その他の技術者の選定及び配置
> 三 他の建築士事務所との提携及び提携先に行わせる業務の範囲の案の作成
> 四 建築士事務所に属する建築士その他の技術者の監督及びその業務遂行の適正の確保
> 4 管理建築士は，その者と建築士事務所の開設者とが異なる場合においては，建築士事務所の開設者に対し，前項各号に掲げる技術的事項に関し，その建築士事務所の業務が円滑かつ適切に行われるよう必要な意見を述べるものとする。
> 5 建築士事務所の開設者は，前項の規定による管理建築士の意見を尊重しなければならない。

図7・11

確認問題

法令上正しいものに〇を，正しくないものに×を付けなさい。
1. 二級建築士事務所に置かれる管理建築士は，二級建築士として3年以上の建築物の設計又は工事監理に関する業務に従事した後に管理建築士講習の課程を終了した建築士でなければならない。　　　　　　　　（ × ）

⑻ **名義貸しの禁止（士法第24条の2）**

> **士法第24条の2** 建築士事務所の開設者は，自己の名義をもつて，他人に建築士事務所の業務を営ませてはならない。

1）建築士の名義貸しの禁止（法第21条の2）とともに，建築士事務所についても名義貸しの禁止がうたわれている。

⑼　**再委託の制限（士法第24条の 3 ）**

> **士法第24条の 3**　建築士事務所の開設者は，委託者の許諾を得た場合においても，委託を受けた<u>設計又は工事監理</u>の<u>業務</u>を建築士事務所の開設者以外の者に委託してはならない。
> 　2　建築士事務所の開設者は，委託者の許諾を得た場合においても，委託を受けた<u>設計又は工事監理</u>（いずれも<u>延べ面積が 300 m²を超える建築物</u>の<u>新築工事</u>に係るものに限る。）の業務を，それぞれ<u>一括して他の建築士事務所の開設者に委託してはならない</u>。

1 ）　1 項　建築士事務所の開設者が，建築士事務所の開設者以外の者（事務所登録を行っていない個人の建築士等）に設計又は工事監理を再委託することは禁止されている。

2 ）　2 項　建築士事務所の開設者が，**委託の許諾を得た場合においても，一括して他の建築士事務所の開設者に再委託してはならない業務の範囲は，延べ面積 300 m²を超える建築物の新築工事に係る設計又は工事監理の業務**となっている。

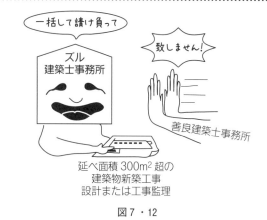

図 7 ・12

⑽　**帳簿の備付け等及び図書の保存（士法第24条の 4 ）**

> **士法第24条の 4**　建築士事務所の開設者は，国土交通省令で定めるところにより，その建築士事務所の業務に関する事項で国土交通省令で定めるものを記載した<u>帳簿</u>を備え付け，これを<u>保存</u>しなければならない。
> 　2　前項に定めるもののほか，建築士事務所の開設者は，国土交通省令で定めるところにより，その建築士事務所の業務に関する<u>図書</u>で国土交通省令で定めるものを<u>保存</u>しなければならない。

⑾　**帳簿の備付け等及び図書の保存（規則第21条）**

> **規則第21条**　法第24条の 4 第 1 項に規定する国土交通省令で定める事項は，次のとおりとする。
> 　一　契約の年月日
> 　二　契約の相手方の氏名又は名称
> 　三　業務の種類及びその概要
> 　四　業務の終了の年月日
> 　五　報酬の額
> 　六　業務に従事した建築士及び建築設備士の氏名
> 　七　業務の一部を委託した場合にあつては，当該委託に係る業務の概要並びに受託者の氏名又は名称及び住所
> 　八　法第二十四条第四項の規定により意見が述べられたときは，当該意見の概要
> 　3　建築士事務所の開設者は，法第24条の 4 第 1 項に規定する帳簿（前項の規定による記録が行われた同項のファイル又は磁気ディスク等を含む。）を各事業年度の末日をもつて閉鎖するものとし，当該閉鎖をした日の翌日から起算して<u>15年</u>間当該帳簿を保存しなければならない。
> 　4　法第24条の 4 第 2 項に規定する建築士事務所の業務に関する<u>図書</u>で国土交通省令で定めるものは，建築士事務所に属する建築士が建築士事務所の業務として作成した<u>設計図書</u>のうち次に掲げるもの又は<u>工事監理報告書</u>で，・・・建築士でなければ作成することができないものとする。
> 　一　配置図，各階平面図，二面以上の立面図及び二面以上の断面図
> 　5　建築士事務所の開設者は，法第24条の 4 第 2 項に規定する図書を作成した日から起算して<u>15年間</u>当該図書を<u>保存</u>しなければならない。

1 ）　建築士事務所の開設者は，**帳簿，図書を15年間保存**しなければならない。

⑿　書類の閲覧（士法第24条の 6 ）

> **士法第24条の 6**　建築士事務所の開設者は，国土交通省令で定めるところにより，次に掲げる書類を，当該建築士事務所に備え置き，設計等を委託しようとする者の求めに応じ，閲覧させなければならない。
> 　一　当該建築士事務所の業務の実績を記載した書類
> 　二　当該建築士事務所に属する建築士の氏名及び業務の実績を記載した書類
> 　三　設計等の業務に関し生じた損害を賠償するために必要な金額を担保するための保険契約の締結その他の措置を講じている場合にあつては，その内容を記載した書類
> 　四　その他建築士事務所の業務及び財務に関する書類で国土交通省令【規則第22条の 2 】で定めるもの

1 ）建築士事務所の開設者は，**業務実績等を記載した書類**を作成し，設計等の委託者の求めに応じて閲覧させなければならない。書類は，**事業年度経過後 3 か月以内に作成し， 3 年間保存する。**（規則第22条の 2 ）

⒀　書類の閲覧（規則第22条の 2 ）

> **規則第22条の 2**
> 2　建築士事務所の開設者は，法第24条の 6 第一号 及び第二号 に定める書類並びに前項各号に掲げる事項を記載した書類を，第 7 号の 2 書式により，事業年度ごとに当該事業年度経過後 3 月以内に作成し，遅滞なく建築士事務所ごとに備え置くものとする。
> 5　建築士事務所の開設者は，第 2 項の書類（前項の規定による記録が行われた同項のファイル又は磁気ディスク等を含む。）を，当該書類を備え置いた日から起算して 3 年を経過する日までの間，当該建築士事務所に備え置くものとする。

⒁　重要事項の説明等（士法第24条の 7 ）

> **士法第24条の 7**　建築士事務所の開設者は，設計受託契約 又は 工事監理受託契約 を建築主と締結しようとするときは，あらかじめ，当該建築主に対し，管理建築士その他の当該建築士事務所に属する建築士（次項において「管理建築士等」という。）をして，設計受託契約又は工事監理受託契約の内容及びその履行に関する次に掲げる事項について，これらの事項を記載した書面を交付して説明をさせなければならない。
> 　一　設計受託契約にあつては，作成する設計図書の種類
> 　二　工事監理受託契約にあつては，工事と設計図書との照合の方法及び工事監理の実施の状況に関する報告の方法
> 　三　当該設計又は工事監理に従事することとなる建築士の氏名及びその者の一級建築士，二級建築士又は木造建築士の別並びにその者が構造設計一級建築士又は設備設計一級建築士である場合にあつては，その旨
> 　四　報酬の額及び支払の時期
> 2　管理建築士等は，前項の説明をするときは，当該建築主に対し，一級建築士免許証，二級建築士免許証若しくは木造建築士免許証又は一級建築士免許証明書，二級建築士免許証明書若しくは木造建築士免許証明書を提示しなければならない。

1 ）1 項　建築士事務所の開設者は，設計受託契約又は工事監理受託契約を建築主と締結しようとするときは，あらかじめ，建築主に対して，**管理建築士等から契約の内容及びその履行に関する事項について，書面を交付して説明させなければならない。**

2 ）管理建築士等は，重要事項説明を行う場合は，**建築士の免許等を提示しなければならない。**

図 7・13

確認問題

法令上正しいものに○を，正しくないものに×を付けなさい。
1．建築士事務所の開設者は，建築物の建築に関する法令又は条例の規定に基づく手続きの代理の業務について，建築主と契約の締結をしようとするときは，あらかじめ，当該建築主に対し，重要事項の説明を行わなければならない。　　　　　　　　　　　　　　　　　　　　　　　（　×　）

⒂　書面の交付（士法第24条の8）

士法第24条の8　建築士事務所の開設者は，設計受託契約又は工事監理受託契約を締結したときは，遅滞なく，国土交通省令で定めるところにより，次に掲げる事項を記載した書面を当該委託者に交付しなければならない。
一　第22条の3の3第1項各号に掲げる事項
二　前号に掲げるもののほか，設計受託契約又は工事監理受託契約の内容及びその履行に関する事項で国土交通省令で定めるもの

1）法第22条の3の3による書類（延べ面積300 m²超の新築に係る契約）を交付した場合は，この書面は交付しなくてもよい。

⒃　保険契約の締結等（士法第24条の9）

士法第24条の9　建築士事務所の開設者は，設計等の業務に関し生じた損害を賠償するために必要な金額を担保するための保険契約の締結その他の措置を講ずるよう努めなければならない。

1）建築士事務所の開設者に，設計等の業務で生じた損害を賠償するための保険契約を締結するよう，努力義務が科せられている。

⒄　監督処分（士法第26条）

士法第26条　都道府県知事は，建築士事務所の開設者が次の各号のいずれかに該当する場合においては，当該建築士事務所の登録を取り消さなければならない。
一　虚偽又は不正の事実に基づいて第23条の3第1項の規定による登録を受けたとき。
二　第23条の4第1項第一号，第二号，・・・又は第九号のいずれかに該当するに至つたとき。
2　都道府県知事は，建築士事務所につき次の各号のいずれかに該当する事実がある場合においては，当該建築士事務所の開設者に対し，戒告し，若しくは1年以内の期間を定めて当該建築士事務所の閉鎖を命じ，又は当該建築士事務所の登録を取り消すことができる。
一　建築士事務所の開設者が第22条の3の3第1項から第4項まで又は第24条の2から第24条の8までの規定のいずれかに違反したとき。
三　建築士事務所の開設者が第23条の5第1項又は第2項の規定による変更の届出をせず，又は虚偽の届出をしたとき。

1）1項二号　都道府県知事は，建築士事務所の開設者が専任の管理建築士を置いていない場合（法第23条の4第1項第七号）は，当該建築士事務所の登録を取り消さなければならない。

2）2項　都道府県知事は，建築士事務所の開設者が，名義貸し，再委託の制限等の規定違反を行った場合，戒告，若しくは1年以内の期間を定めて当該建築士事務所の閉鎖を命じ，又は登録の取り消しをすることができる。

確認問題

法令上正しいものに○を，正しくないものに×を付けなさい。
1．建築士事務所の開設者が建築基準法に違反して建築士免許を取り消された場合，当該建築士事務所の登録は取り消される。　　　　　　　　　　　　　　　　　　　　　　　　　　　　（　○　）

⒅ 指定事務所登録機関の指定（士法第26条の 3 ）

士法第26条の 3 　都道府県知事は，その指定する者（以下「指定事務所登録機関」という。）に，建築士事務所の登録の実施に関する事務並びに登録簿及び第23条の 9 第三号に掲げる書類（国土交通省令で定める書類に限る。）を一般の閲覧に供する事務（以下「事務所登録等事務」という。）を行わせることができる。
2 　指定事務所登録機関の指定は，事務所登録等事務を行おうとする者の申請により行う。

7・2・3　罰　則

⑴　罰則（士法第38条）

士法第37条　次の各号のいずれかに該当するとき，その違反行為をした者は，1 年以下の懲役又は100万円以下の罰金に処する。
一　一級建築士，二級建築士又は木造建築士の免許を受けないで，それぞれその業務を行う目的で一級建築士，二級建築士又は木造建築士の名称を用いたとき
二　虚偽又は不正の事実に基づいて一級建築士，二級建築士又は木造建築士の免許を受けたとき
三　第 3 条第 1 項（・・・），第 3 条の 2 第 1 項（・・・）若しくは第 3 条の 3 第 1 項（・・・）の規定又は第 3 条の 2 第 3 項（・・・）の規定に基づく条例の規定に違反して，建築物の設計又は工事監理をしたとき
四　第十条第一項の規定による業務停止命令に違反したとき
五　第10条の36第 2 項（・・・）の規定による講習事務（第10条の22に規定する講習事務，第22条の 3 第 2 項において読み替えて準用する第10条の24第 1 項第一号に規定する講習事務及び第26条の 5 第 2 項において読み替えて準用する第10条の24第 1 項第一号に規定する講習事務をいう。第41条第八号において同じ。）の停止の命令に違反したとき
六　第20条第 2 項の規定に違反して，構造計算によつて建築物の安全性を確かめた場合でないのに，同項の証明書を交付したとき
七　第21条の 2 の規定に違反したとき
八　虚偽又は不正の事実に基づいて第23条の 3 第 1 項の規定による登録を受けたとき
九　第23条の10第 1 項又は第 2 項の規定に違反したとき
十　第24条第 1 項の規定に違反したとき
十一　第24条の 2 の規定に違反して，他人に建築士事務所の業務を営ませたとき
十二　第26条第 2 項の規定による建築士事務所の閉鎖命令に違反したとき
十三　第32条の規定に違反して，事前に試験問題を漏らし，又は不正の採点をしたとき

1 ）1 年以下の懲役又は100万円以下の罰金
　①　建築士でないのに，建築士の名称を用いた者
　②　一建築士でなければ設計できない建物を設計した二級建築士
　③　構造計算によって安全性を確かめていないのに，安全証明書を交付した者　など

図 7 ・14

確認問題

法令上正しいものに○を，正しくないものに×を付けなさい。
1 ．建築士事務所の業務に関する設計図書の保存をしなかった者や，設計図書を委託しようとする者の求めに応じて建築士事務所の業務の実績を記載した書類を閲覧させなかった者は，10万円以下の過料に処される。（　○　）

例題

例題07-3

　建築士事務所に関する次の記述のうち，建築士法上，**誤っている**ものはどれか。

1．建築士事務所の開設者は，その登録を受けた建築士事務所の名称を変更したときは，1月以内に，その旨を当該建築士事務所に係る登録をした都道府県知事（都道府県知事が指定事務所登録機関を指定したときは，原則として当該指定事務所登録機関）に届け出なければならない。

2．建築士事務所の開設者は，事業年度ごとに，設計等の業務に関する報告書を作成し，毎年事業年度経過後3月以内に当該建築士事務所に係る登録をした都道府県知事に提出しなければならない。

3．建築士事務所の登録の有効期間の満了の際，更新の登録の申請がなかったときは，都道府県知事（都道府県知事が指定事務所登録機関を指定したときは，原則として当該指定事務所登録機関）は，当該建築士事務所に係る登録を抹消しなければならない。

4．　建築士事務所に属する建築士が当該建築士事務所の業務として作成した設計図書又は工事監理報告書で，建築士事務所の開設者が保存しなければならないものの保存期間は，当該図書を作成した日から起算して15年間である。

5．建築士事務所の開設者は，当該建築士事務所の業務の実績を記載した書類等を，当該書類等を備え置いた日から起算して3年を経過する日までの間，当該建築士事務所に備え置き，設計等を委託しようとする者の求めに応じ，閲覧させなければならない。

例題07-4

　建築士事務所に関する次の記述のうち，建築士法上，**誤っている**ものはどれか。

1．建築士事務所の開設者は，設計受託契約を建築主と締結しようとするときは，あらかじめ，当該建築主に対し，管理建築士等をして，設計受託契約の内容及びその履行に関する所定の事項について，これらの事項を記載した書面を交付して説明をさせなければならない。

2．建築士事務所の開設者は，管理建築士の氏名に変更があったときは，4週間以内に，その旨を当該建築士事務所の所在を管轄する都道府県知事（都道府県知事が指定事務所登録機関を指定したときは，原則として当該指定事務所登録機関）に届け出なければならない。

3．建築士事務所の開設者は，委託者の許諾を得た場合においても，委託を受けた共同住宅（階数が3で，床面積の合計が1,000 m²）の新築工事に係る工事監理の業務を，一括して他の建築士事務所の開設者に委託してはならない。

4．建築士事務所に属する二級建築士は，建築物の設計又は工事監理の業務に従事しなくても，登録講習機関が行う二級建築士定期講習を受けなければならない。

5．建築士は，他人の求めに応じ報酬を得て，建築物の建築に関する法令又は条例の規定に基づく手続きの代理のみを業として行おうとするときは，建築士事務所を定めて，その建築士事務所について，都道府県知事（都道府県知事が指定事務所登録機関を指定したときは，原則として当該指定事務所登録機関）の登録を申請しなければならない。

答え　➡ p.266

例題　解答・解説

　例題は，二級建築士試験で良く出る問題を集めています。受験対策としても十分活用できます。

　問題を解く際は，○，×だけにとらわれず，その問題から学ぶべき事を意識して解いて下さい！

そのためのヒントを太字で表記しました。

　解説は必ず法令集で条文を確認しましょう！！

例題01-1	用語の定義は，出来る限り覚えましょう！！（法第2条，令第1条が中心）	
1	○	法第2条第一号により，土地に定着する工作物のうち観覧のための工作物は「建築物」である。　**建築物の5つの条件を確認！**
2	○	法第2条第二号，法別表-1により，自動車車庫は「特殊建築物」である。　**法別表-1の⑴項～⑹項の概要は覚えよう！**
3	○	法第2条第三号により，建築物に設ける消火設備は，「建築設備」である。　**建築設備は，建築物である！**
4	○	法第2条第四号により，継続的に使用する室は「居室」である。　**居室には，採光・換気・天井高さ等の規制がかかる！**
5	○	法第2条第六号により，1階は道路中心線より3m以内は「延焼のおそれのある部分」に該当する。建築物に附属する門・塀は建築物であるので該当する。　**1階3m，2階以上5mは覚えよう！**
6	×	法第2条第七号の二により，「準耐火性能」は，通常の火災による延焼を抑制するために当該建築物の部分に必要とされる性能をいう。設問は「耐火性能」の定義。**耐火性能と準耐火性能の違いを確認してみよう！**
7	○	令108条の2第一号～第三号により，「不燃性能」は火熱が加えられた場合に20分間防火上有害な変形等を生じさせないこと。　**不燃・準不燃・難燃性能は，第一号：燃えない，第二号：溶けない，第三号：ガス出さない，がそれぞれ20分・10分・5分と定められている。　外部の仕上げに使用する場合は第三号：ガス出さないは除外されている。**
8	×	法第23条により，「準防火性能」は建築物の周囲において発生する通常の火災による延焼の抑制に一定の効果を発揮するために外壁に必要とされる性能をいう。軒裏は規定されていない。　**防火性能と準防火性能の違いを確認してみよう！**
9	×	法第2条第五号により，「主要構造部」は壁，柱，床，はり，屋根，階段の6項目。土台は「構造耐力上主要な部分」（令第1条第三号）。**主要構造部6項目は覚えよう！**
10	○	法第2条第三号により，建築物に設ける消火設備は，「建築設備」である。

例題01-2	用語の定義は，出来る限り覚えましょう！！（法第2条，令第1条が中心）	
1	×	法第2条第十五号により，「大規模の模様替え」は主要構造部の一種以上について行う過半の模様替えをいう。最下階の床は主要構造部ではないので大規模の模様替えには該当しない。　**大規模の修繕・模様替えは，建築とは違う！**
2	○	法第2条第三十五号により，「特定行政庁」は建築主事を置く市町村においては市町村長，市町村に建築主事がいない場合は都道府県知事。　**建築主事と特定行政庁の違いを確認してみよう！**
3	○	法第2条第九号の二ロ，令第109条により，「防火設備」は防火戸，ドレンチャーその他火を遮る設備をいう。　**防火設備の性能「遮炎性能」を調べてみよう！**
4	○	法第2条第十号，士法第2条第6項により，「設計」とはその者の責任において設計図書を作成すること。　**「設計図書」とは，建築物の建築工事の実施のために必要な図面及び仕様書をいう！**
5	×	法第2条第十三号により，「建築」とは建築物を新築し，増築し，改築し，又は移転することをいう。　**大規模の修繕・模様替えと建築の違いを覚えよう！**
6	○	令第1条第四号により，「耐水材料」はれんが，石，人造石，コンクリート，アスファルト等をいう。
7	○	令第1条第一号により，「敷地」は一の建築物又は用途上不可分の関係にある2以上の建築物のある一団の土地をいう。　**一敷地に対して一建物が原則！**

8	×	令第1条第二号により，「地階」は床が地盤面下にある階で，床面から地盤面までの高さがその階の天井高さの1/3以上のものをいう。　**天井高さの1/3以上が地盤面より下にあることが条件！**
9	×	令第13条第一号により，「避難階」は直接地上へ通ずる出入り口のある階をいう。　**地上に出られることが条件！**
10	○	法第2条第十一号，士法第2条第8項により，「工事監理者」とはその者の責任において工事を設計図書と照合し，それが設計図書のとおりに実施されているかいないかを確認するものをいう。　**設計と工事監理の違いを確認しよう！**

例題01-3	NO.2	**敷地面積，建築面積，延べ面積，階数，高さの算出の仕方を覚える！**（令第2条）
1	×	敷地面積：$16\,m \times 25\,m = 400\,m^2$　**（計画道路は敷地面積不算入）**
2	○	建築面積：$(9\,m + 1\,m) \times 15\,m = 150\,m^2$　**（バルコニーは先端から1m減じて計算）**
3	×	延べ面積：B1F $(4\,m \times 4\,m = 16\,m^2)$ ＋1F $(8\,m \times 15\,m = 120\,m^2)$ ＋2F $(9\,m \times 15\,m = 135\,m^2)$ $= 271\,m^2$　**（各階の床面積の合計）**
4	×	高さ：$3.5\,m + 3.5\,m = 7.0\,m$　**（原則高さは，地盤面から測る）**
5	×	階数：地階（倉庫）は建築面積の1/8以下なので階数に不算入。　よって，階数は2　**（地階とPHの階数不算入の条件を確認）**

例題01-4	NO.4	**敷地面積，建築面積，延べ面積，階数，高さの算出の仕方を覚える！**（令第2条）
1	×	敷地面積：$20\,m \times (15\,m - 1\,m) = 280\,m^2$　**（法第42条第2項道路により道路境界線が後退して計算）**
2	×	建築面積：$(10\,m + 0.5\,m) \times 8\,m = 84\,m^2$　**（ひさしは先端より1m減じて計算）**
3	×	延べ面積：PH $(5\,m \times 3\,m = 15\,m^2)$ ＋1F $(9\,m \times 8\,m = 72\,m^2)$ ＋2F $(10\,m \times 8\,m = 80\,m^2)$ $= 167\,m^2$ **（各階の床面積の合計）**
4	○	法第56条第1項第二号の高さ：$4\,m + 3\,m + 2.5\,m = 9.5\,m$　**（隣地斜線による高さは，地盤面から測る。PHが建築面積の1/8以内の場合は12mまで高さから除外する。）**
5	×	階数：PHは建築面積の1/8を超えているので算入される。よって，階数は3　**（地階とPHの階数不算入の条件を確認）**

例題02-1	一般構造（採光計算の問題）採光計算：採光に有効な部分の面積 ≧ 居室の床面積×1/5～1/10（居室の用途による） 採光計算は，採光に有効な部分の面積を求める他に，居室の床面積の最大，Dを求める問題もある。（令第20条）
2．6.4 m²	**採光に有効な部分の面積＝窓面積×採光補正係数** 第一種低層住居専用地域の採光補正係数：$D/H \times 6.0 - 1.4$　$(D = 2.5\,m, H = 5\,m)$　**（Dは川の中心までの距離）** 採光に有効な部分の面積 $= 4.0\,m^2 \times (2.5/5 \times 6.0 - 1.4) = 6.4\,m^2$

例題02-2	第一種住居地域の採光補正係数：$D/H \times 6.0 - 1.4$　**（D/Hが複数ある場合は最小の値となる。**$D1/H1 = 2/2.5 = 0.8$と$D2/H2 = 3/5 = 0.6$となり，$D = 3\,m, H = 5\,m$）
4．8.8 m²	採光に有効な部分の面積 $= 4.0\,m^2 \times (3/5 \times 6.0 - 1.4) = 8.8\,m^2$

例題02-3	NO.1	一般構造（換気の問題）：火気使用室で，換気設備の設置が除外される室（令第20条の3第1項）がよく出題される。
1	×	令第20条の3第1項第三号により，調理室は除かれているので換気設備を設けなければならない。（火気使用室でも換気設備を設けなくてもいい条件，令第20条の3第1項第一号～第三号の確認！）
2	○	令第129条の2の5第1項第六号より，地階を除く階数が3以上の建築物，地下に居室を有する建築物，延べ面積が3,000㎡を超える建築物に設ける風道等は**不燃材料**で造らなければならない。
3	○	令第20条の3第1項第一号により，**密閉式燃焼器具のみを設けた室には換気設備は不要**

| 4 | ○ | 令第28条により，便所には，原則採光及び換気のために直接外気に接する窓を設けなければならないが，水洗便所で，これに代わる設備（照明・換気）をした場合においては，窓はなくてもよい。 |
| 5 | ○ | 令第129条の2の5第2項第一号により，機械換気設備は，第1種換気・第2種換気・第3種換気のいずれかとしなければならない。 |

例題02-4	令第20条の8第1項第一号により，必要有効換気量（Vr）＝換気回数（n）×居室の床面積（A）×居室の天井高さ（h）＝0.3×（2 m²＋2 m²＋24 m²＋10 m²）×2.5 m＝28.5 m³/ 時
2．28.5 m³/ 時	令第20条の7第1項第一号の，常時開放された開口部を通じてこれと相互に通気が確保される廊下その他の建築物の部分を含むより，集会室＋収納＋玄関・廊下で考える。

例題02-5	NO.3	一般構造の問題は，採光，換気以外では階段，天井高さ，床高，便所，建築設備等がよく出題される。（令第21条，第22条，第23条～第26条，第28条，令第129条の2の5）
1	○	法第29条，令第22条の2第一号により，地階の居室にはからぼり・換気設備・湿度を調節する設備のいずれかを設けなければならない。
2	○	令第20条の8第1項第一号により，居室には機械換気設備等を設けなければならない。また令第20条の7第1項一号により，居室と常時開放された開口部を通じてこれと相互に通気が確保される廊下等は一体で換気を行うことができる。（ホルムアルデヒドに関する24時間換気）
3	×	令第20条第2項第一号により，公園・川等はその幅の1/2だけ隣地境界線の外側にあるものとみなす。
4	○	令第23条第2項，令第23条第1項により，回り階段の踏面は，踏面の狭い方の端から30 cmの位置で15 cm以上とする。（住宅の階段，踏面15 cm以上，蹴上23 cm以下は覚えよう！）
5	○	令第20条の3第1項第一号により，密閉式燃焼器具等を設けたものは，換気設備を設ける必要はない。

例題02-6	NO.1	一般構造の問題は，採光，換気以外では階段，天井高さ，床高，便所，建築設備等がよく出題される。（令第21条，第22条，第23条～第26条，第28条，令第129条の2の5）
1	×	令第20条の3第1項第二号により，①床面積の合計が100 m²以内の住宅の調理室，②12 kW以下の火を使う設備，③調理室の床面積の1/10以上の面積（0.8 m²以下の場合は0.8 m²）の換気上有効な窓の3つの条件が揃えば，換気設備は不要となる。　問題は，100 m²以内の住宅ではないので，換気設備が必要になる。
2	○	令第21条第1項により，居室の天井高さは2.1 m以上の規定はあるが，居室以外には天井高さの規定がない。
3	○	法第31条第1項により，処理区域内においては，便所は水洗便所とし汚水管を公共下水道に連結させなければならない。
4	○	令第24条により，第23条第1項表(1)，(2)以外の階段なので，高さ4 m以内ごとに踊り場を設けなければならない。設問は高さ3.0 mなので該当しない。また，該当する階段の踊り場は踏幅1.2 m以上としなければならない。
5	○	令第22条第一号により，居室の場合は床高45 cm以上の規定があるが，居室以外の室については床高の規定はない。

例題03-1	NO.2	構造計算規定の問題は，荷重・外力・許容応力度等が多く出題される。（令第85条～令第98条）
1	○	令第86条第1項により，積雪荷重＝積雪の単位荷重×屋根の水平投影面積×その地方における垂直積雪量
2	×	令第82条第二号表により，多雪区域の長期はG＋P又はG＋P＋0.7S。　地震力（K）は考慮しない。
3	○	令第93条表により，密実な砂質地盤の長期は200 kN/m²，短期は長期の2倍の400 kN/m²
4	○	令第85条第3項により，倉庫業を営む倉庫の積載荷重は，3,900 N/m²以上とする。
5	○	令第85条第2項により，柱又は基礎の垂直荷重による圧縮力を計算する場合は，令第85条第1項表の数値をその支える床の数に応じて減ずることができるが，劇場，映画館，集会場等の場合は減ずることができない。

（令和7年4月施行予定の法に基づいて解答）

例題03-2	NO.3	構造計算が必要な建築物は，法第20条第1項第一号～第三号による。
1	×	法第20条1項第三号（木造建築物で300 m²超）に該当するので，構造計算による確認が必要。
2	×	法第20条1項第三号（法第6条第1項第二号　木造以外の建築物で2階以上，延べ面積200 m²超）に該当するので，構造計算による確認が必要。
3	○	法第20条1項第三号（法第6条第1項第一号，第二号　特建200 m²超，木造以外の建築物で2階以上，延べ面積200 m²超）に該当しないので，構造計算不要。
4	×	法第20条1項第三号（法第6条第1項第一号，第二号　特建200 m²超，木造以外の建築物で延べ面積200 m²超）に該当するので，構造計算による確認が必要。
5	×	法第20条1項第三号（法第6条第1項第二号　木造以外の建築物で2階以上）に該当するので，構造計算による確認が必要。

例題03-3	令第46条第4項　木造の壁量計算：存在壁量の計算（存在壁量＝実長×倍率）
4．張り間：36 m　けた行：40 m	倍率：木ずり両面＝×1，木ずり片面＝×0.5，筋かい4.5 cm×9.0 cm たすき掛け＝×4，筋かい4.5 cm×9.0 cm＝×2
	けた行方向の存在壁量＝2 m×（0.5倍＋2倍）×4ヶ所＋2 m×（1倍＋4倍）×2ヶ所＝40 m
	張り間方向の存在壁量＝2 m×（0.5倍＋4倍）×4ヶ所＝36 m

例題03-4	令第46条第4項　木造の壁量計算：存在壁量　≧　必要壁量 必要壁量の計算（地震による必要壁量＝床面積×表2と，風圧力による必要壁量＝見付面積×表3の大きい方）
3．1,425 cm	床面積＝10 m×9 m＝90 m²　地震による必要壁量＝90 m²×29 cm/m²＝2, 610 cm けた行方向の見付面積＝57 m²　風圧力による必要面積＝57 m²×50 cm/m²＝2,850 cm 必要壁量は2,850 cm この問題は，存在壁量（実長×倍率）≧必要壁量より，実長を求める問題 筋かい4.5 cm×9.0 cm の倍率は2.0倍，実長×2.0≧2,850より，実長≧1,425 cm となる。

例題03-5	NO.4	各種構造の規定の問題は，木造，鉄骨造，鉄筋コンクリート造等がよく出題される。（令第37条～令第79条）
1	○	令第48条第1項第一号により，令第46条第4項表1(5)の筋かい（**9 cm×9 cm**）を使用すること。
2	○	令第79条第1項により，**直接土に接する部分のかぶり厚さは4 cm以上**とする。
3	○	令第73条第3項，第4項により，**軽量コンクリートの場合は50倍以上**とする。
4	×	令第62条の4第6項第一号により，**耐力壁の端部以外の部分**における異形鉄筋の端部は，**かぎ状に折り曲げなくてもよい。**
5	○	令第68条第1項，第2項により，**高力ボルト相互間の中心距離は，その径の2.5倍以上，高力ボルト孔の径は高力ボルトの径より2 mmを超えて大きくしてはならない。**

例題03-6	NO.1	各種構造の規定の問題は，木造，鉄骨造，鉄筋コンクリート造等がよく出題される。（令第37条～令第79条）
1	×	令第38条第6項により，基礎に木ぐいを使用する場合は，常水面下にあるようにしなければならない。ただし，**平屋建ての場合は除かれている。**
2	○	令第42条第1項第二号により，柱の最下階の下部には土台を設けなければならないが，**平屋建てで足固めを設けた場合は土台を設けなくてもいい。**
3	○	令第62条の5第1項により，補強コンクリートブロック造の耐力壁には，壁頂に鉄筋コンクリート造の臥梁を設けなければならないが，**階数が1で鉄筋コンクリート造の屋根版を設けた場合は臥梁は設けなくてもいい。**
4	○	令第65条により，構造耐力上主要な部分である鋼材の圧縮材の**有効細長比は，柱にあっては200以下，柱以外は250以下**としなければならない。
5	○	令第93条表により，砂質地盤は長期で50 kN/m²，**短期は長期の2倍で100 kN/m²**とすることができる。

例題04-1	NO.1	特殊建築物で，法別表1で（ろ）欄⑹項又は（は）欄⑸項に該当する建築物は，耐火建築物としなければならない。法別表1で（に）欄⑸項，⑹項に該当する建築物は，耐火建築物又は準耐火建築物としなければならない。法別表1⑴項〜⑷項に該当する建築物は，政令で定める構造の建築物とする。
1	○	法第27条第3項第一号，法別表1（に）欄⑹項により，150 m²以上は耐火建築物又は準耐火建築物としなければならない。
2	×	法別表1に該当しない。（3階以上，又は2階の部分が300 m²以上が耐火建築物又は避難時対策建築物）
3	×	法別表1に該当しない。（3階以上，又は2階の部分が300 m²以上が耐火建築物又は避難時対策建築物）
4	×	法別表1に該当しない。（事務所は特殊建築物ではない）
5	×	法別表1に該当しない。（機械製作工場は，法別表1に該当する特殊建築物ではない）

例題04-2	NO.1	特殊建築物で，法別表1で（ろ）欄⑹項又は（は）欄⑸項に該当する建築物は，耐火建築物としなければならない。法別表1で（に）欄⑸項，⑹項に該当する建築物は，耐火建築物又は準耐火建築物としなければならない。法別表1⑴項〜⑷項に該当する建築物は，政令で定める構造の建築物とする。
1	○	法第27条第2項第一号，法別表1（は）欄⑸項により，3階以上が200 m²以上は耐火建築物としなければならない。
2	×	法別表1に該当しない。（3階以上，又は客席が200 m²以上が耐火建築物又は避難時対策建築物）
3	×	法第27条第3項第一号，法別表1（に）欄⑹項により，150 m²以上は耐火建築物又は準耐火建築物としなければならない。
4	×	法別表1に該当しない。（3階以上，又は2階の部分が300 m²以上が耐火建築物又は避難時対策建築物）
5	×	法別表1に該当しない。（3階以上，又は2階の部分が500 m²以上が耐火建築物又は避難時対策建築物）

例題04-3	NO.5	防火地域・準防火地域内の建築物の構造は，法別表1と合わせて確認する。（令第136条の2）
1	○	令第136条の2第一号イにより，防火地域内の建築物で，階数3以上延べ面積が100 m²超は，耐火建築物等としなければならない。
2	○	法第64条により，防火地域内にある看板等で，①建築物の屋上に設ける場合，②高さ3mを超えるものは，その主要な部分を不燃材で造り，又は覆わなければならない。
3	○	令第136条の2第五号により，防火地域で高さ2mを超える門又は塀は，延焼防止上支障のない構造としなければならない。
4	○	令第136条の2第二号イにより，準防火地域内の建築物で，階数3延べ面積1,500 m²以下は準耐火建築物等としなければならない。また，患者の収容施設がないので，法別表1には該当しない。
5	×	法第65条により，建築物が防火地域及び準防火地域に渡る場合は，防火地域の規定が適用されるので，建築物の位置にかかわらずは誤り。

例題04-4	NO.2	防火地域・準防火地域内の建築物の構造は，複雑なので政令をしっかり確認すること！（令第136条の2）
1	○	令第136条の2第一号イにより，防火地域内の建築物で，階数3以上若しくは延べ面積100 m²超は主要構造部を耐火構造等とし，外壁開口部設備が遮炎性能に適合すること。
2	×	令第136条の2第三号イにより，準防火地域内の木造建築物で，地階を除く階数が2以下延べ面積500 m²以下は，外壁及び軒裏で延焼のおそれのある部分は防火構造としなければならない。準耐火構造とする必要はない。
3	○	法第65条により，建築物が防火地域及び準防火地域に渡る場合は，防火地域の規定が適用されるので，耐火建築物等としなければならない。

| 4 | ○ | 令第136条の2第五号により，防火地域で**高さ2mを超える門又は塀**は，延焼防止上支障のない構造としなければならないが，2mを超えていないので規制されない。 |
| 5 | ○ | 令第136条の2の2第一号，第二号により，屋根の性能が規定されている。 |

例題04-5	NO.5	防火区画の問題は，**令第112条，令第113条，令第114条**が中心に出題される。
1	○	令第114条第2項により，寄宿舎等の**防火上主要な間仕切り壁**は，天井を強化天井とする場合を除き，**準耐火構造**とし小屋裏又は天井裏に達せしめなければならない。
2	○	令第114条第3項により，**建築面積300m²を超える建築物**の小屋組みが木造である場合は，小屋裏の直下の天井の全部を強化天井とするか，又は桁行間隔12m以内ごとに小屋裏に**準耐火構造**の隔壁を設けなければならない。
3	○	法第26条，令第113条第1項第一号により，**防火壁は耐火構造**としなければならない。
4	○	令第113条第1項第四号により，**防火壁**に設ける開口部の幅及び高さは，それぞれ**2.5m以下**とし，かつ，これに**特定防火設備**を設けなければならない。
5	×	令第112条第18項により，建築物の一部が法別表1に該当する場合は**異種用途区画**が必要だが，**自動車車庫**は**3階以上又は150m²以上**が対象となる。

例題04-6	NO.4	防火区画の問題は，**令第112条，令第113条，令第114条**が中心に出題される。
1	○	令第112条第1項により，「**特定防火設備**」は加熱開始後**1時間**加熱面以外の面に火炎を出さない防火設備をいう。（防火設備と特定防火設備の違いを確認！）
2	○	令第112条第18項により，建築物の一部が法別表1に該当する場合は**異種用途区画**が必要だが，**自動車車庫**は**3階以上又は150m²以上**が対象となる。
3	○	令第114条第4項により，延べ面積200m²超で耐火建築物以外のものの相互を連絡する渡り廊下で，小屋組みが木造でかつ桁行4mを超えるものは，小屋裏に**準耐火構造**の隔壁を設けなければならない。
4	×	令第112条第11項第二号により，**階数3以下**で延べ面積が**200m²以内**の一戸建て住宅の階段の部分は区画しなくてもよい。
5	○	令第112条第4項第一号により，「**強化天井**」は天井のうち，その下方からの通常の火災時の加熱に対してその上方への延焼を有効に防止することができるものとして，国土交通大臣が定めた構造方法を用いるもの又は国土交通大臣の認定を受けたものをいう。

例題04-7	NO.5	避難施設の問題は，**2直階段（令第121条）**を中心に避難階段関係がよく出題される。
1	○	令第120条第1項により歩行距離は50mだが，第2項により，主要構造部が準耐火構造であるか又は不燃材料で造られている建築物の居室で，**避難上の通路等の仕上げ**を準不燃材料でしたものは**＋10m**となり歩行距離は**60m**となる。
2	○	令第125条第2項により，**劇場，集会場等**の客用に供する屋外への出り口の戸は，**内開き**としてはならない。
3	○	令第121条第1項第五号により，原則ホテルは宿泊室の床面積の合計が100m²超は2階段必要だが，第2項により，**主要構造部が準耐火構造等**である場合は倍読みの200m²超となる。設問は構造の指定はないが，倍読みしても該当するので2階段必要。
4	○	令第123条第1項二号により，屋内に設ける**避難階段の仕上げ**は，**下地共不燃材料**としなければならない。
5	×	令第125条第3項により，物販店舗の屋外への出口の幅が規定されているが，令第121条第1項第二号により，床面積の合計が**1,500m²超**が対象となっている。

例題04-8	NO.1	避難施設の問題は，**2直階段（令第121条）**を中心に避難階段関係がよく出題される。
1	×	令第121条第1項第五号により，原則下宿は寝室の床面積の合計が100m²超は2階段必要だが，第2項により，主要構造部が**不燃材料で造られている**場合は倍読みの200m²超となるので2階段は必要ない。
2	○	令第119条により，**小学校の児童用の廊下**で，両側に居室がある場合は，幅は**2.3m以上**としなければならない。

3	○	令第126条第1項により，バルコニーの手すりの高さは，1.1 m 以上としなければならない。なお，この規定は，令第117条の適用の範囲に該当する建築物が対象だが，共同住宅なので該当する。
4	○	令第121条第1項第四号により，原則診療所は病室の床面積の合計が50 m²超は2階段必要だが，第2項により，主要構造部が不燃材料で造られた場合は倍読みの100 m²超となるので，2階段は必要ない。
5	○	令第122条第1項により，地下2階に通ずる直通階段は，地下2階以下の階の床面積の合計が100 m²以下を除き，避難階段又は特別避難階段としなければならない。

例題04-9	4．ロとニ	避難施設の問題は，排煙設備，非常用照明，非常用進入口も含まれる。（令第126条の2～第126条の7）
イ	○	令第126条の4第一号により，一戸建ての住宅又は長屋若しくは共同住宅の住戸には，非常用照明装置を設けなくてもよい。
ロ	×	令第119条表により，住戸の床面積の合計が100 m²超の階の共用の階段が対象なので，設問は対象外。
ハ	○	令第121条第1項第五号により，原則共同住宅は居室の床面積の合計が100 m²超は2階段必要だが，100 m²を超えていないので，2階は段要らない。
ニ	×	令第126条の6により，3階以上が対象なので，各階の外壁面に設ける必要はない。

例題04-10	NO.5	区画避難検証法，階避難検証法，全館避難検証法をした場合の適用除外条文が確認できるように！（令第128条の7，令第129条，令第129条の2）
1	○	第126条の2第1項第三号により，階段の部分には，排煙設備を設けなくてもよい。
2	○	令第126条の3第1項第五号により，壁に設ける場合は床面から80 cm 以上 1.5 m 以下，天井から吊り下げて設ける場合は床面からおおむね 1.8 m の位置に設ける。
3	○	令第126条の4第三号により，学校等は非常用照明の設置は除かれている。（学校等（令第126条の2第1項第二号）確認！非常用照明以外にも，排煙と内装制限が除外される）
4	○	令第129条第1項により，階避難安全性能を有することについて，階避難安全検証法により確かめられた場合，一定の規定は適用されないが，屋内に設ける避難階段の構造の規定（令第123条第1項）は適用除外とはならない。
5	×	令第129条の2第1項により，全館避難安全性能を有することについて，全館避難安全検証法により確かめられた場合，排煙設備の設置及び構造の規定（令第126条の2及び令第126条の3）は適用除外となるので誤り。

例題04-11	NO.4	内装制限の問題は，内装制限がかかるかどうか（令第128条の4）と，かかった場合の仕上げ（令第128条の5）について問われる。
1	○	令第128条の5第1項により，令第128条の4第1項第一号で内装制限がかかる場合は，3階以上に居室がある場合を除き，居室の内部は難燃材料とすることができる。
2	○	令第128条の5第6項により，内装制限を受ける調理室等の内装は，準不燃材料とすることができる。
3	○	令第128条の4第1項第二号により，自動車車庫又は自動車修理工場は，構造・規模にかかわらず内装制限を受ける。
4	×	令第128条の4第4項により，一戸建て住宅の最上階にある火を使用する設備を設けた調理室は，内装制限を受けない。
5	○	令第128条の4第1項第三号により，地階に設けるバーの居室は，構造・規模にかかわらず内装制限を受ける。

| 例題04-12 | NO.4 | 火気使用室の内装制限は，住宅の最上階はかからない。その他の火気使用室はかかるが，主要構造部を耐火構造としたものは内装制限は除外される。（令第128条の4第4項） |
| 1 | × | 令第128条の4第1項第二号により，自動車車庫又は自動車修理工場は，構造・規模にかかわらず内装制限を受ける。 |

2	×	令第128条の４第１項第一号表により，耐火・準耐火建築物以外で有料老人ホームの用途に供する部分の面積が **200 m² 以上**のものは内装制限を受ける。
3	×	令第128条の５第１項〜第５項により，内装制限を受ける居室から**地上に通ずる廊下の壁及び天井**の仕上げは，**準不燃材料**としなければならない。
4	○	令第128条の４第４項により，**一戸建て住宅の最上階にある火を使用する設備を設けた調理室**は，内装制限を受けない。
5	×	令第128条の４第１項第一号表により，耐火建築物の飲食店は当該用途に供する３階以上の部分の床面積の合計が **1,000 m² 以上**のものが内装制限を受ける。

例題05-1	4．ロとニ	敷地等と道路の問題は，**道路の定義，敷地の接道条件，道路内の建築制限，道の基準**等がよく出題される。（法第42条〜法第47条，令第145条）
イ	○	法第47条により，建築物の壁若しくはこれに代わる柱又は高さ２mを超える門若しくはへいは，**壁面線**を超えて建築してはならないが，**庇や屋根**は制限されていない。
ロ	×	法第42条，法第43条第１項により，建築物の敷地は**建築基準法上の道路に２m以上接し**なければならない。道路法による幅員４mの道路は建築基準法上の道路であり，自転車歩行者専用道路であっても２m以上接していれば建築物を建築することができる。
ハ	○	法第42条第１項第三号，法第43条第１項により，建築基準法第３章の規定が適用されるに至った際現に存在する幅員４m以上の道路は**建築基準法上の道路**なので，**２m以上接していれ**ば建築物を建築することができる。
ニ	×	法第42条第１項第四号により，計画道路は，**①各法による新設又は変更の事業計画のある道路**，**②２年以内にその事業が執行される予定**，**③特定行政庁が指定**の３つの条件が揃わなければ建築基準法上の道路とみなさない。

例題05-2	5．ハとニ	敷地等と道路の問題は，**道路の定義，敷地の接道条件，道路内の建築制限，道の基準**等がよく出題される。（法第42条〜法第47条，令第145条）
イ	○	法第43条第２項第二号により，建築物の敷地は道路に２m以上接しなければならないが，その敷地の周囲に広い空地を有し，特定行政庁が建築審査会の同意を得て許可した場合は，**２m以上接していなくても建築物を建築する**ことができる。
ロ	○	法第68条の６第二号により，地区計画等に道の配置及び規模又はその区域が定められている場合には，当該地区計画等の区域における道路の位置の指定は，**地区計画等に定められた道の配置又はその区域に即して行わ**なければならない。
ハ	×	令第144条の４第１項第一号により，道路の位置指定を受ける場合は原則通り抜け道路だが，**幅員を６m以上，延長が35m以内，終端に自動車の回転広場を設ける**等，どれか一つを行えば袋路状とすることができる。
ニ	×	法第42条第１項第四号による計画道路を特定行政庁が指定する場合に，建築審査会の同意が必要との規定はない。なお，法第42条第６項により，**第２項の幅員1.8m未満道路を指定する場合又は第３項による水平距離を指定する場合**は，建築審査会の同意が必要。

例題05-3	NO.2	用途地域の問題は，**法別表第２の見方**が重要。政令で細部が確認できるように！
1	○	法別表第２（い）項第九号，令第130条の４第二号により，**600 m² 以内の児童厚生施設**は建築できる。
2	×	法別表第２（ろ）項第二号，令第130条の５の２第五号により，学習塾は**２階以下で150 m²以内**しか建てることはできない。
3	○	法別表第２（に）項で規制されていないので，建築できる。
4	○	法別表第２（を）項で規制されていないので，建築できる。
5	○	法別表第２（わ）項で規制されていないので，建築できる。

| 例題05-4 | NO.3 | 敷地に用途地域が２以上渡る場合は，**過半の属する地域の規定**を受ける。（この問題は，第一種中高層住居専用地域の規定を受ける）（法第91条） |
| 1 | × | 法別表第２（は）項第五号により，飲食店は**２階以下500 m²以内**しか建築することはできない。 |

2	×	法別表第2（は）項第一号により，兼用住宅は令第130条の3より①延べ面積の1/2以上を居住の用に供し，②兼用部分の用途は第一号〜第七号，③兼用部分が50 m²以下の3つの条件がある。事務所が100 m²で50 m²を超えているので建築することはできない。
3	○	法別表第2（は）項第七号，令第130条の5の4により，保健所は4階以下なら建築することができる。
4	×	法別表第2（は）項により，建築することができる建築物に指定されていないので，建築することはできない。カラオケボックスは，法別表第2（ほ）項第三号で禁止されている。
5	×	法別表第2（は）項により，建築することができる建築物に指定されていないので，建築することはできない。旅館は，法別表第2（に）項第四号で禁止されている。

例題05-5	NO.3	建ぺい率の問題。緩和規定を理解することが重要！　（法第53条第1項，第3項，第6項）
1	○	耐火建築物＋準防火地域　5/10＋1/10＝6/10
2	○	耐火建築物＋防火地域　6/10＋1/10＝7/10
3	×	耐火建築物＋防火地域　8/10　→　制限なし　10/10
4	○	準耐火建築物＋準防火地域　5/10＋1/10＝6/10
5	○	準耐火建築物＋防火地域　8/10　→　緩和なし　8/10

| 例題05-6 | 建築面積の計算問題。建築面積の最高限度＝敷地面積×建ぺい率　（法第53条第1項，第3項） |
| 4．150 m² | 敷地面積：近隣商業地域＝5 m×12 m＝60 m²，第二種住居地域＝（16 m－1 m）×12 m＝180 m²
建ぺい率：近隣商業地域＝6/10＋1/10＝7/10，第二種住居地域＝5/10＋1/10＝6/10
建築面積の最高限度：近隣商業地域＝60 m²×7/10＝42 m²，第二種住居地域＝180 m²×6/10＝108 m²
42 m²＋108 m²＝150 m² |

| 例題05-7 | 容積率の計算問題。延べ面積の最高限度＝敷地面積×容積率　（容積率は Vd と Vs の小さい方を使う）
法第52条第1項 |
| 2．510 m² | 敷地面積：第二種住居地域＝20 m×5 m＝100 m²，第一種中高層住居専用地域＝20 m×（10 m－1 m）＝180 m²
容積率：第二種住居地域＝Vs（30/10）≧Vd（6 m×4/10＝24/10）　∴　24/10
　　　　　　第一種中高層住居専用地域：Vs（15/10）≧Vd（6 m×4/10＝24/10）　∴　15/10
延べ面積の最高限度：第二種住居地域＝100 m²×24/10＝240 m²，第一種中高層住居専用地域＝180 m²×15/10＝270 m²
240 m²＋270 m²＝510 m² |

| 例題05-8 | 容積率の算定の基礎となる延べ面積を求める問題。容積率算定の基礎となる延べ面積の緩和を理解しているか。（地階の住宅等，自動車車庫，共同住宅等の共用の廊下等，EV シャフト，備蓄倉庫部分等）（法第53条，令第2条第3項） |
| 4．270 m² | 法第52条第3項により，地階の住宅は住宅部分の床面積の合計の1/3は緩和される
住宅部分の延べ面積：50 m²（2階）＋70 m²（1階）＋30 m²（地階）＝150 m²
住宅部分の1/3＝150 m²×1/3＝50 m²　地階は50 m²まで除外される　（30 m²－50 m²＝0 m²）
容積率の算定の基礎となる延べ面積＝50 m²（2階）＋145 m²（1階）＋75 m²（地階）＝270 m² |

| 例題05-9 | 高さ制限の問題。法第56条により，道路斜線，隣地斜線，北側斜線の計算の仕方は覚える。また，それぞれの斜線制限の場合の川や道路等の緩和規定が問われてくる。（令第132条〜令第135条の8） |

3．20.00 m	法第56条第1項により，第一種中高層住居専用地域なので，道路斜線，隣地斜線，北側斜線がかかるが，隣地斜線は20m超なので，道路斜線と北側斜線の検討をおこなう。 道路斜線の検討：L×1.25　令第134条より道路の反対側に水路があるので道路幅員＝6m＋2m＝8m，法第56条第2項より前面道路の境界線から建物までの後退距離が4mあるので，L＝3m＋4m＋8m＋4m＝19m（法別表第3で適用距離の確認：20m）　A点の道路斜線による高さは　L×1.25＝19m×1.25＝23.75m 北側斜線の検討：L×1.25＋10m　北側の公園は北側斜線の緩和はないので，L＝6m＋2m＝8m　北側斜線によるA点の高さは　8m×1.25＋10m＝20m 道路斜線と北側斜線の厳しい方がA点の高さとなる　20m（北側斜線で決まる）

例題05-10	道路斜線の**2方向道路の緩和**，道路と敷地の高低差の緩和はよく出題される。**後退距離の緩和**（令第130条の12）も確認！
4．15.0 m	A点は第一種住居地域内にあるので，道路斜線と隣地斜線がかかるが隣地斜線は20m超なので道路斜線の検討を行う。 道路斜線の検討：L×1.25　令132条第1項により2以上の前面道路による緩和の確認。6m道路境界線より2A（8m×2＝16m）の範囲にA点があるので，4m道路を8mとみなしてLを算出する。　北側道路によるL＝2m＋8m＋2m＝12m　西側道路によるL＝10m＋8m＋8m＋4m＝26m　北側道路の方がLが短い（斜線が厳しい）ので北側道路で検討する。 A点の道路斜線による高さはL×1.25＝12m×1.25＝15m

例題05-11	NO.1	日影規制の問題，高さ規制の文章問題と融合で出題される場合が多い。**法別表第4の見方を覚える！**（法第56条の2）
1	×	法第56条第1項第三号により，**第一種中高層，第二種中高層住居専用地域については日影規制の対象区域においては北側高さは適用されない**が，第一種低層，第二種低層住居専用地域若しくは田園住居地域においては，日影規制の対象区域であっても適用される。
2	○	法第56条第1項第二号により，**第一種低層，第二種低層住居専用地域及び田園住居地域においては，隣地高さ制限は適用されない。**
3	○	法別表第4により，第二種低層住居専用地域は，軒の高さが7mを超える建築物又は地階を除く階数が3以上の建築物が対象となる。
4	○	法別表第4により，**商業地域・工業地域・工業専用地域は日影規制の適用を受けない。**
5	○	法第56条第1項第二号により，**準工業地域内は31mを超える部分に，隣地高さ制限が適用される。**（L×1.25＋31m）

例題05-12	NO.4	日影規制の緩和規定を確認する。（令第135条の12）
1	○	令第135条の4第1項第一号により，**北側高さ制限において，敷地の北側に線路敷がある場合隣地境界線は，その幅の1/2だけ外側にあるものとみなす。**
2	○	令第135条の2第1項により，道路高さ制限において，敷地の地盤面が道路面より1m以上高い場合は，その**高低差から1mを減じたものの1/2だけ道路面が高い位置**にあるものとみなす。
3	○	法第56条の2第4項により，対象区域外にある高さ10mを超える建築物で，冬至日において，対象区域内に日影を生じさせるものは当該対象区域内にあるものとみなして，日影規制を適用する。
4	×	法別表第4第4項において，用途地域の指定の無い区域は軒の高さが7mを超えるか又は地階を除く階数が3以上の建築物は，平均地盤面からの高さ1.5mの位置で日影規制を適用する。高さが10mを超える建築物は4mとなる。
5	○	令第135条の12第3項第二号により，敷地の平均地盤面が日影を生ずる地盤面より1m以上低い場合は，高低差から1mを減じたものの1/2だけ平均地盤面を高い位置にあるものとみなす。

（令和7年4月施行予定の法に基づいて解答）

例題06-1	NO.4	確認申請の問題，**法第6条第1項第一号〜第三号の建物規模**等は必ず覚えましょう！
1	×	法第87条第1項により，特殊建築物200m²超への用途変更は確認申請が必要だが，令第137条の18第五号により**類似の用途間のため確認申請不要。**
2	×	法第6条第1項第一号，第二号に該当しないため，確認申請不要。
3	×	法第6条第2項により，**10m²以内の増築は確認申請不要。**

| 4 | ○ | 法第6条第1項第一号，第二号により，**延べ面積200 m²超の改築なので，第一号，第二号共**に該当する。確認申請が必要となる。 |
| 5 | × | 法第6条第1項第一号，第二号に該当しないため，確認申請不要。（**第三号建物**なので，都市計画区域内では必要） |

（令和7年4月施行予定の法に基づいて解答）

例題06-2	NO.4	確認申請の問題，法第6条以外にも，**用途変更**（法第87条），**工作物**（法第88条），**仮設物**（法第85条），**建築設備**（法第87条の2）から出題される。
1	×	法第6条第1項第一号，第二号に該当しないため，確認申請不要。（**第三号建物**なので，都市計画区域内では必要）
2	×	法第6条第1項第一号，第二号に該当しないため，確認申請不要。（**第三号建物**なので，都市計画区域内では必要）
3	×	法第85条第2項により，**工事を施工するための現場に設ける事務所等**は，第6条の規定（確認申請）は適用しない。
4	○	法第6条第1項第二号により，**鉄骨造2階建なので第二号に該当する**。確認申請が必要となる。
5	×	法第87条第1項により，特殊建築物200 m²超への用途変更は確認申請が必要だが，**事務所は特殊建築物ではないので**，確認申請不要。

例題06-3	NO.2	手続き関係の問題，**完了検査**（法第7条），**中間検査**（法第7条の3），**仮使用**（法第7条の6），**報告検査**（法第12条），**届け出及び統計**（法第15条）がよく出題される。
1	○	法第7条の6第1項により，**法第6条第1項第一号から三号までの建築物は，完了検査済証の交付を受けた後でなければ**使用することができない。
2	×	法第15条第1項により，建築届・除却届は，床面積の合計が**10 m²以内の場合は適用されない**。
3	○	令第9条第一号により，消防法に基づく住宅用防災機器の設置の規定（消防法第9条の2）は，**建築基準関係規定である**。
4	○	法第7条の3第6項により，特定工程後の工事は**中間検査合格証の交付を受けた後でなければ**，施行してはならない。
5	○	法第7条第2項により，完了検査申請は，当該工事が完了した日から**4日以内に建築主事に到達するように申請しなければならない**。

例題06-4	NO.4	手続き関係の問題，**完了検査**（法第7条），**中間検査**（法第7条の3），**仮使用**（法第7条の6），**報告検査**（法第12条），**届け出及び統計**（法第15条）がよく出題される。
1	○	法第9条第1項により，建築基準法令の**規定に違反した建築物等**に対して，当該建築物に関する建築主，工事の請負人，管理者等に対して，**施工の停止，使用の禁止等を命ずることが**できる。
2	○	法第15条第1項により，建築届・除却届は，床面積の合計が**10 m²以内の場合は，届け出る必**要はない。
3	○	法第93条第1項により，建築主事又は指定確認検査機関は，**防火地域又は準防火地域内に**おいて確認をする場合は，**消防長等の同意を得なければならない**。
4	×	法第7条の2第4項により，指定確認検査機関が完了検査を引受けを行った時は，**工事が完了した日又は検査の引受けを行った日のいずれか遅い方から7日以内に検査を行わなければ**ならない。
5	○	法第7条の3第1項第二号により，**特定行政庁はその地方の建築物の動向等を勘案して特定**工程を指定することができる。

例題06-5	NO.2	雑則・その他規定の問題，**法の適用**（法第3条），**仮設建築物**（法第85条），**簡易な構造の建**築物の緩和（法第82条の2），**工事現場の危害防止等**（法第89条，第90条），**罰則**（法第98条）等がよく出題される。

1	○	法第86条の7第1項により，法第3条第2項の規定により法第48条第1項から第13項の規定の適用を受けない建築物（**用途地域の規定で既存不適格になっている建築物**）は，政令で定める範囲であれば増改築等（増築，改築，大規模の修繕等）を現行法に適応せずに行うことができる。
2	×	法第93条第1項，令第147条の3により，建築主事又は指定確認検査機関は，防火地域又は準防火地域以外において住宅（兼用住宅は，**住宅の用途に供する部分の面積の合計が延べ面積の1/2超かつ，兼用部分が 50 m²以下の建築物**）を確認をする場合は，消防長等の同意を得る必要はない。
3	○	法第99条第1項第二号により，法第6条第8項（**確認済証の交付を受けないで工事**）に違反した工事施工者は，**1年以下の懲役又は100万円以下の罰金**に処せられる。
4	○	法第85条第5項により，許可された仮設興行所等は，**第3章の規定は適用されない**。建ぺい率，容積率は第3章の規定。
5	○	法第88条，令第138条第1項第三号により，**4 mを超える広告塔は法第6条（確認申請），法第20条（構造計算）等が必要**となるが，4 mを超えていないので該当しない。

例題06-6	NO.2	雑則・その他規定の問題，法の適用（法第3条），仮設建築物（法第85条），簡易な構造の建築物の緩和（法第82条の2），工事現場の危害防止等（法第89条，法第90条），罰則（法第98条）等がよく出題される。
1	○	令第136条の6により，建築物の建て方を行う場合，仮筋かいを取り付ける等荷重又は外力による倒壊を防止するための措置を講じなければならない。
2	×	令第136条の3第5項第三号ロにより，鋼材は短期に生ずる力に対する許容応力度で計算しなければならない。**短期は長期の1.5倍**なので，長期の2倍は誤っている。
3	○	法第3条第1項第一号により，**文化財保護法の規定によって国宝，重要文化財等に指定されたものは，建築基準法令の規定は適用しない**。
4	○	法第85条第1項第二号により，**非常災害区域等内**において，被災者自らが使用するために建築するもので延べ面積 30 m²以内のものは，**建築基準法令の規定は適用しない**。
5	○	法第85条第2項により，**工事を施工するために現場に設ける事務所**，材料置き場等は，**法第6条，法第3章等の規定は適用されない**。確認申請は法第6条。

例題07-1	NO.5	建築士法の問題，二級建築士が行うことができる設計．工事監理の規模，**建築士の業務内容**がよく出題される。（士法第18条〜士法第22条の2）
1	×	士法第18条第3項により，建築士は工事監理を行う場合は，工事が設計図書の通りに実施されていないと認めた時は，直ちに**工事施工者に対してその旨を指摘**し，設計図書の通りに実施するように求め，**施工者がこれに従わない場合は，その旨を建築主に報告**しなければならない。
2	×	士法第20条第5項により，建築士は，設備士の意見を聴いたときは，**設計の場合は設計図書**に，**工事監理の場合は工事監理報告書**にその旨を明らかにしなければならない。
3	×	士法第19条により，二級建築士は他の二級建築士が設計図書の一部を変更しようとするときは，原則当該設計者に承諾を得なければならない。ただし，承諾を求められなかったときは，**自己の責任において，その設計図書の一部を変更することができる**。
4	×	士法第3条第1項第三号により，鉄筋コンクリート造で延べ面積が300 m²超は，一級建築士でなければ設計を行うことができない。
5	○	士法第21条により，設計，工事監理においては，二級建築士は建物規模の制限（士法第3条）があるが，**その他の業務については建物規模の制限はない**。

例題07-2	NO.3	建築士法の問題，**二級建築士が行うことができる設計・工事監理の規模**，建築士の業務内容がよく出題される。（士法第3条）
1	○	士法第20条第1項により，建築士は設計や設計図書の一部を変更した場合は，その設計図書に，一級，二級，木造建築士である旨を明示して，**記名及び押印をしなければならない**。
2	○	士法第3条第1項第三号により，**鉄筋コンクリート造で延べ面積が 300 m²超は，一級建築士でなければ設計を行うことができない**。

3	×	士法第21条により，設計，工事監理においては，二級建築士は建物規模の制限（士法第3条）があるが，その他の業務については建物規模の制限はない。調査・鑑定の業務を行うことができる。
4	○	士法第19条により，二級建築士は他の二級建築士が設計図書の一部を変更しようとするときは，原則当該設計者に承諾を得なければならない。ただし，承諾を求められなかったときは，**自己の責任において，その設計図書の一部を変更することができる**。
5	○	士法第20条により，建築士は，構造計算によって建築物の安全性を確かめた場合は，その旨の証明書を設計の委託者に交付しなければならない。

例題07-3	NO.1	建築士法の問題，**建築士事務所の登録**，設計等の契約についてよく出題される。（士法第23条）
1	×	士法第23条の5第1項，士法第23条の2により，**建築士事務所の名称変更は2週間以内**に当該都道府県知事に届け出なければならない。事務所に属する管理建築士以外の建築士の変更は，**3か月以内**の届け出。
2	○	士法第23条の6により，建築士事務所の開設者は，**事業年度ごとに設計等の業務に関する報告書を作成し，毎事業年度経過後3月以内に登録をした都道府県知事に提出**しなければならない。
3	○	士法第23条の8第1項第二号により，都道府県知事は，事務所登録の有効期間の満了の際更新の登録の申請がなかったときは，その登録を抹消しなければならない。
4	○	士法第24条の4第1項，第2項，規則第21条第3項，第5項により，**設計図書又は工事監理報告書の保存期間は15年間である**。
5	○	士法第24条の6，規則第22条の2第5項により，建築事務所の開設者は，**業務の実績を記載した書類等を事務所に備え置き，設計等の委託者に閲覧させなければならない**。また，その書類等は**3年間**事務所に備え置く。

例題07-4	NO.2	建築士法の問題，建築士事務所の登録，**設計等の契約**についてよく出題される。（士法第24条の3～第24条の8）
1	○	士法第24条の7により，建築士事務所の開設者は，設計契約等を締結する場合あらかじめ建築主に対して，**管理建築士等**をして，契約の内容等を記載した書類を交付して**説明**させなければならない。
2	×	士法第23条の5第1項，士法第23条の2により，**管理建築士の氏名変更は2週間以内**に当該都道府県知事に届け出なければならない。
3	○	士法第24条の3により，建築士事務所の開設者は，委託者の許諾を得た場合においても，**延べ面積が300 m²を超える建築物の新築工事に関する設計・工事監理に関する業務を，一括して他の建築士事務所に委託してはならない**。
4	○	士法第22条の2第二号により，**建築士事務所に属する二級建築士は3年ごとに定期講習を受け**なければならない。
5	○	士法第23条第1項により，**建築士は他人の求めに応じて報酬を得て設計等を行おうとするときは，建築士事務所を定めて都道府県知事の登録を申請**しなければならない。

索　　引

初学者の建築講座 編修委員会〔建築法規〈第五版〉〕

監　修　　長澤　泰　Yasushi NAGASAWA
　　　　　1968 年　東京大学工学部建築学科卒業
　　　　　1978 年　北ロンドン工科大学大学院修了
　　　　　1994 年　東京大学工学系研究科建築学専攻　教授
　　　　　2011 年　工学院大学副学長，建築学部長
　　　　　現　在　東京大学名誉教授，工学院大学名誉教授　工学博士

専門監修　　塚田市朗　Ichiro TSUKATA
　　　　　1978 年　東京大学工学部建築学科卒業
　　　　　現　在　一般財団法人 日本建築センター 上席参与

著　者　　河村春美　Harumi KAWAMURA
　　　　　1985 年　東京理科大学工学部Ⅱ部建築学科卒業
　　　　　現　在　読売理工医療福祉専門学校　講師
　　　　　　　　　青山製図専門学校　講師
　　　　　　　　　東京都立職業能力開発センター　講師
　　　　　　　　　architect.coach（河村建築事務所　代表）

　　　　　鈴木洋子　Yohko SUZUKI
　　　　　1989 年　神奈川大学工学部建築学科卒業
　　　　　現　在　一級建築士事務所　鈴木アトリエ　共同主宰

イラスト　　鈴木洋子

（肩書きは，第五版発行時）

初学者の建築講座　　建築法規（第五版）

2004年11月22日	初　版　発　行
2007年10月 5日	改 訂 版 発 行
2017年 1月27日	第 三 版 発 行
2019年11月25日	第 四 版 発 行
2024年 2月26日	第 五 版 印 刷
2024年 3月12日	第 五 版 発 行

監　修　長　澤　　泰　（他 4 名）
発 行 者　澤　崎　明　治
　　　　　図版　丸山図芸社
　　　　　印刷・製本　大日本法令印刷㈱

発 行 所　株式会社市ヶ谷出版社
　　　　　東京都千代田区五番町 5
　　　　　電話　03-3265-3711（代）
　　　　　FAX　03-3265-4008
　　　　　http://www.ichigayashuppan.co.jp

ⓒ 2024　　　　ISBN978-4-86797-022-5

〔初学者の建築講座〕

- **建築計画**（第三版）
    佐藤考一・五十嵐太郎　著
    B5判・200頁・本体価格2,800円

- **建築構造**（第三版）
    元結正次郎・坂田弘安・藤田香織・
    日浦賢治　著
    B5判・192頁・本体価格2,900円

- **建築構造力学**（第三版）
    元結正次郎・大塚貴弘　著
    B5判・184頁・本体価格2,800円

- **建築施工**（第三版）
    中澤明夫・角田　誠・砂田武則　著
    B5判・208頁・本体価格3,000円

- **建築製図**（第三版）
    瀬川康秀　著，大野隆司　監修
    A4判・152頁・本体価格2,700円

- **建築家が使うスケッチ手法**
    ─自己表現・実現のためのスケッチ戦略─
    川北　英　著
    A4判・176頁・本体価格2,800円

- **住宅の設計**（第二版）
    鈴木信弘　編著
    戸高太郎・岸野浩太・鈴木利美　著
    A4判・120頁・本体価格3,000円

- **建築インテリア**
    佐藤　勉・山田俊之　著，長澤　泰・倉渕　隆　専門監修
    B5判・168頁・本体価格2,800円

- **建築法規**（第五版）
    河村春美・鈴木洋子　著
    塚田市朗　専門監修
    B5判・280頁・本体価格3,000円

- **建築設備**（第五版）
    大塚雅之　著，安孫子義彦　専門監修
    B5判・216頁・本体価格3,000円

- **建築環境工学**（第四版）
    倉渕　隆　著，安孫子義彦　専門監修
    B5判・208頁・本体価格3,000円

- **建築材料**（第二版）
    橘高義典・小山明男・中村成春　著
    B5判・224頁・本体価格3,000円

- **建築構造設計**（第二版）
    宮下真一・藤田香織　著
    B5判・216頁・本体価格3,000円